DROIT ROMAIN

DE L'ACTION COMMUNI DIVIDUNDO

DROIT FRANÇAIS

ENGAGEMENTS DES SOCIÉTÉS CIVILES ET COMMERCIALES

ENVERS LES TIERS

THÈSE POUR LE DOCTORAT

PRÉSENTÉE

Par Paul LOMBARD

AVOCAT A LA COUR D'APPEL

SAINT-NICOLAS ET NANCY

TYPOGRAPHIE DE N. COLLIN.

1873

THÈSE POUR LE DOCTORAT

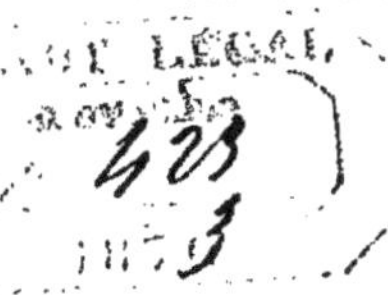

DROIT ROMAIN
DE L'ACTION COMMUNI DIVIDUNDO

DROIT FRANÇAIS
ENGAGEMENTS DES SOCIÉTÉS CIVILES ET COMMERCIALES
ENVERS LES TIERS

THÈSE POUR LE DOCTORAT

PRÉSENTÉE

Par Paul LOMBARD

AVOCAT A LA COUR D'APPEL

L'acte public sur les matières ci-après sera présenté et soutenu le mercredi 17 décembre 1873, à 3 heures de l'après-midi.

Président :   M. VAUGEOIS, professeur.

Suffragants :   MM. LEDERLIN, DUBOIS, } professeurs.
CHOBERT, BINET, } agrégés.

Le candidat répondra en outre aux questions qui lui seront faites sur les autres matières de l'enseignement.

SAINT-NICOLAS ET NANCY
TYPOGRAPHIE DE N. COLLIN.
1873

FACULTÉ DE DROIT DE NANCY

MM. JALABERT, ✻,   Doyen, Professeur de Code civil (1re chaire) et Chargé du cours d'histoire du Droit romain et du Droit français.

LEDERLIN,   Professeur de Droit romain (2e chaire), autorisé à faire le cours de Pandectes.

LOMBARD,   Professeur de Droit commercial , et Chargé du cours de Droit des gens.

VAUGEOIS,   Professeur de Code civil (3e chaire, et Chargé du cours de Droit français étudié dans ses origines féodales et coutumières.

LIÉGEOIS,   Professeur de Droit administratif et Chargé du cours d'Economie politique.

DUBOIS,   Professeur de Droit romain (1re chaire).

CHOBERT,   Agrégé, Chargé du cours de Code civil (2e chaire).

VILLEY,   Agrégé , Chargé du cours de Droit criminel.

BLONDEL,   Agrégé, chargé du cours de Pandectes, autorisé à faire le cours de Droit romain (2e chaire).

BINET,   Agrégé, Chargé du cours de Procédure civile.

ORTLIEB,   Agrégé.

LACHASSE,   Docteur en Droit, secrétaire, agent comptable.

A MON GRAND-PÈRE

A MA GRAND'MÈRE

A MON PÈRE — A MA MÈRE

ACTION COMMUNI DIVIDUNDO

(Dig. X. 3. — Code III. 37, 38.)

On peut définir l'indivision l'état d'un chose sur laquelle plusieurs personnes ont un droit réel, ordinairement un droit de propriété, de telle
sorte que la quote-part du droit afférente à l'une quelconque d'entre
elles porte sur la chose entière. Le droit de chacun des *communistes* n'est
pas circonscrit sur une portion matériellement déterminée ; il s'étend à
chaque parcelle ; sur chaque pierre de la maison, sur chaque fragment
de la pièce de terre, on trouve toujours les droits de tous en présence.
Cette situation peut avoir son origine dans un fait volontaire, société,
contrats innomés qui s'en rapprochent, et acquisitions faites en commun,
ou bien dans un fait involontaire de la part des communistes, legs, succession testamentaire et succession ab intestat.

Si l'on considère les rapports constants et multiples que produit l'indivision, on jugera facilement combien il en sort de conflits. Tous les communistes ayant en principe des droits égaux, l'un ne peut faire aucune opération juridique concernant la chose commune prise dans son entier, sans
le concours des autres ; l'opposition d'un seul interdit un acte que les autres pensent avantageux : *in re enim pari potiorem causam esse prohiben-
tis constat* (1). Sans doute il faut que l'opposition soit fondée (2), mais si
injuste qu'elle soit, elle peut rendre un procès nécessaire. De plus, comme
en fait les copropriétaires ne peuvent toujours agir ensemble, ils agiront
fréquemment comme mandataires les uns des autres ; il s'établira des
comptes réciproques, nouvelle source de difficultés. Souvent aussi des

(1) 23. D. 10. 3, *Communi dividundo*. Il n'existait d'exceptions qu'en faveur du fisc.
(2) Sinon les communistes peuvent passer outre et se faire rembourser sur leurs
dépenses une somme proportionnelle à la part des opposants. D'après une constitution de Marc-Aurèle, en cas de société, si des associés refusent le paiement de cette
indemnité, ils perdent au bout de quatre mois leurs droits sur la chose commune.
52. § 10, D. 17. 2. *Pro socio*, 4, C. 8. 10. *De ædif. priv.*

fautes seront commises, des dégradations occasionnées ; il en naîtra des dettes de dommages intérêts dont le règlement n'ira pas sans contestation.

L'indivision n'est pas non plus sans dangers pour les tiers ; l'aliénation de la chose consentie par un seul des communistes est nulle pour tout ce qui excède sa part ; de là des surprises et des évictions (1).

A tous ces points de vue on comprend que l'indivision est contraire à l'intérêt général. Aussi le droit romain (de même qu'aujourd'hui notre droit civil) considère-t-il comme une obligation, pour tous les communistes, de laisser ceux d'entre eux qui en font la demande sortir de l'indivision, et liquider les créances et les dettes réciproques existant à raison de la chose commune.

L'action qui sanctionne cette obligation est différente suivant qu'elle s'applique à une succession ou à tout autre objet : c'est, dans le premier cas, l'action *familiæ erciscundæ ;* dans le second, l'action *communi dividundo.* On s'occupera exclusivement de l'action *communi dividundo.*

(1) 63. pr. D. 17, 2. *Pro socio.* — 1. 3. 4. C. 4. 52, *De comm. rer. alien.* — Un. C. 8. 21. *Si comm. res pignor.*

CHAPITRE PREMIER

ORIGINE ET CARACTÈRES DE L'ACTION COMMUNI LIVIDUNDO

L'action *communi dividundo* est une action de droit civil : aucun texte n'indique l'époque où elle apparut ; mais on peut la faire remonter avec la plus grande probabilité au moins jusqu'à la loi des XII tables. Elle forme avec l'action en partage des successions (*familiæ erciscundæ*) et l'action en bornage (*finium regundorum*) le groupe des actions divisoires sans lesquelles on ne conçoit guère l'organisation individuelle de la propriété ; la loi 1. pr. D. 10. 2, rapporte l'action *familiæ erciscundæ* à la législation des décemvirs ; divers passages de Cicéron attribuent la même origine à l'action *finium regundorum* (1) ; l'action *communi dividundo* plus générale et par conséquent plus nécessaire que l'action *familiæ erciscundæ* (2), plus nécessaire aussi que l'action *finium regundorum* qu'une revendication remplacerait au besoin, ne peut être d'une date postérieure. La forme archaïque de sa désignation, que l'on retrouve dans la désignation des autres actions divisoires, complète la preuve de son antiquité.

Outre le caractère civil, qu'elle tient de son origine, l'action *communi dividundo* présente, comme les autres actions divisoires, les trois suivants : elle est double, *in personam*, de bonne foi.

---

(1) *De legibus*, 1. 18 et 21. — *De repub.* IV, 8, cité par Nonius Marcellus, *in Libris de compendiosa doctrina. V° Jurgium.*

(2) Maynz (II, § 369), tire, il est vrai, de la généralité de l'action une conclusion exactement inverse. Il pense qu'en cette matière les Romains ont, selon leur habitude, procédé du particulier au général et qu'ainsi l'action *familiæ erciscundæ* a précédé l'action *communi dividundo*. Mais nous ne croyons pas cette opinion admissible. Les idées les moins générales ne sont pas toujours les plus simples et les plus voisines de la réalité concrète ; souvent elles dérivent d'idées plus générales qu'une analyse perfectionnée a décomposées. Il est plus facile de concevoir un objet indivis en général qu'une hérédité indivise. Pour se former la notion de l'un, il suffit de considérer une chose appartenant à plusieurs. La notion de l'autre est au contraire très-complexe. Elle suppose acquise la notion de *l'universitas juris*, c'est-à-dire d'une des abstractions les plus scientifiques du droit.

1° *L'action communi dividundo est double.* — Ordinairement, dans une action, le rôle de chaque partie est absolument distinct: l'une est demanderesse, l'autre défenderesse; dans les actions divisoires, au contraire, la situation de toutes deux est égale; elles ne prétendent pas à des droits qui s'excluent réciproquement, aussi chacune y est-elle considérée comme ayant à la fois le rôle du demandeur et celui du défendeur: *in eis singulæ personæ duplex jus habent, agentis et ejus cum quo agitur* (1). De là d'importantes conséquences.

a) Contrairement à la règle générale, chacune des parties pouvait être condamnée (2).

b) Dans les actions simples, le demandeur devait jurer qu'il n'agissait pas par esprit de chicane (*non calumniæ causa litem intendere*), et le défendeur que ce n'était pas non plus par esprit de chicane qu'il soutenait le procès (*non calumniæ causa ad inficias ire*) (3). Dans les actions divisoires, chaque partie devait prêter les deux serments (4).

c) On rencontre un résultat analogue en matière de *satisdationes*. En principe, d'après le droit classique, le mandataire du demandeur dans une action personnelle devait la caution *ratam rem dominum habiturum;* celui du défendeur et le défendeur lui-même, si sa solvabilité inspirait des doutes, la caution *judicatum solvi*; dans les actions divisoires, les mandataires devront toujours les deux cautions (5), et chaque partie plaidant pour son compte pourra être obligée à fournir comme défenderesse la caution *judicatum solvi*. La règle s'applique dans le droit de Justinien sous les modifications résultant des dispositions nouvelles appliquées aux cautions judiciaires.

Malgré le double rôle que les textes attribuent à chacune des parties, diverses lois indiquent que l'on se préoccupait dans certains cas de déterminer laquelle on devait plus spécialement considérer comme demanderesse. D'après les lois 13. D. 5. 1, et 2. § 1. D. 10.3, ce sera celle qui aura provoqué le procès, ou d'après la loi 14. § 1. D. 5. 1., si l'action

---

(1) 10. D. 10.1. — 2. § 3. D. 10. 2. — 2. § 1, D. h. t. — 37, § 1. D. 44.7. *De oblig. et act.* Cette dernière loi indique qu'il existait aussi deux interdits doubles : les interdits *uti possidetis* et *utrubi.*

(2) 52. § 2, D. 10. 2.

(3) Gaius, *Comment.*, IV, §§ 172-174.

(4) 44. § 4, D. 10. 2.

(5) 13, § 1. D. 3. 3.

a été intentée concurremment, celle que le sort désignera. Il est en effet important de savoir qui est demandeur, afin d'assigner l'ordre dans lequel les parties se présenteront pour plaider ou faire leur preuve ; en un mot selon l'expression de Cujas, *litis ordinandæ causa*.

II° *L'action communi dividundo est in personam.* — On sait qu'au point de vue du fond du droit, une action est *in personam* quand elle sanctionne une obligation. Or tel est bien le cas de l'action *communi dividundo* ; elle sert uniquement à faire valoir le droit qu'a chacun des communistes de réclamer la fin de l'indivision. Dès que le droit réel d'où résulte l'indivision est contesté par l'une des parties, il faut, en principe, abandonner l'action en partage et recourir à l'action en revendication ou à toute autre action propre à établir le droit litigieux. La partie qui soulève cette difficulté est armée d'un moyen spécial pour arrêter l'action *communi dividundo*, c'est-à-dire du *præjudicium quod fundo partive ejus non fiat* (1).

Plusieurs textes confirment le caractère personnel de notre action. La constitution 1. § 1 C. 7.40 *de ann. except.* est formelle en ce sens. D'après la loi 1. D. 10. 1 : *finium regundorum actio personalis est*: et il n'y a pas de doute que, quant à leur classification, les trois actions divisoires ne suivent les mêmes règles. Enfin on verra que l'action *communi dividundo* doit être rangée parmi les actions de bonne foi ; or la division en actions de bonne foi et en actions de droit strict ne concerne que les actions personnelles.

Au point de vue de la formule, la désignation *in personam*, fondée alors sur la présence du nom du demandeur dans l'*intentio*, s'appliquant à toute action née d'un droit de créance et *concepta in jus*, s'appliquera également à l'action *communi dividundo*, puisque, ainsi qu'il a été dit plus haut, elle est de droit civil et fait comme telle partie des actions *in jus*.

Ces principes sont incontestables, il semblerait donc que la question ne pût soulever de controverses ; mais un texte des Institutes y introduit une grave difficulté : nous voulons parler du § 20, Liv. IV, T. VI, qui est ainsi conçu : « *Quædam actiones mixtam causam obtinere videntur, tam in rem quam in personam : qualis est familiæ erciscundæ*

____

(1) 18 D. 44. 1. *De except.* Cf. infra p. 7 et 33.

actio, quæ competit coheredibus de dividenda hereditate : item communi dividundo, quæ inter eos redditur inter quos aliquid commune est, ut id dividatur; item finium regundorum quæ inter eos agitur qui communes fines habent. In quibus tribus judiciis permittitur judici, rem alicui ex litigatoribus ex bono et æquo adjudicare, et si unius pars prægravare videbitur, cum invicem certa pecunia alteri condemnare.

Ce paragraphe semble ajouter un troisième terme à la division en actions in personam et actions in rem ; la classe nouvelle, celle des actions mixtes, serait formée des trois actions divisoires. Mais alors, comment concilier cette adjonction avec les textes nombreux qui présentent la division comme bipartite ? Comment expliquer ceux qui traitent de purement personnelles ces prétendues actions mixtes ? La vérité est qu'au double point de vue auquel s'est placé le droit romain pour faire la division en actions réelles et actions personnelles, il n'existe pas et ne peut exister d'actions mixtes, et qu'en conséquence les principes précédemment posés restent intacts. Si l'on considère le fond du droit, on ne conçoit guère à Rome, où les différents droits étaient si exactement distingués, une même action faisant valoir à la fois un droit réel et un droit de créance. Si l'on considère la formule, il est clair que *l'intentio* ne peut à la fois renfermer et ne pas renfermer le nom du défendeur.

C'est donc dans un autre sens que les Institutes appellent les actions divisoires *actiones mixtæ tam in rem quam in personam ;* de nombreuses explications ont été proposées.

1° Les mots *tam in rem quam in personam* ne seraient pas un développement des mots *mixtam causam. Mixta* serait synonyme de *duplex.* Justinien aurait simplement voulu dire : il existe quelques actions où chaque plaideur est à la fois demandeur et défendeur ; de ces actions les unes sont *in rem*, les autres *in personam.* Cette explication trouve un argument de la plus grande valeur dans la loi 37. § 1. D, 44.7, où Ulpien donne précisément des mots *mixtæ actiones* l'interprétation qu'elle adopte: *mixtæ sunt actiones in quibus uterque actor est ; ut puta finium regundorum familiæ erciscundæ, communi dividundo.* Elle peut de même invoquer la fin de Notre § 20, qui, paraissant bien résumer les caractères essentiels des actions mixtes, rappelle que le juge a pouvoir d'y prononcer des con-, damnations réciproques. Enfin son interprétation de la locution *tam in rem quam in personam* s'appuie sur les §§ 3 et 31, *Inst.* IV. 6.

Mais elle échoue devant l'impossibilité de découvrir des actions réel-les doubles, les seules que les textes indiquent et dans lesquelles cette anomalie puisse exister, étant les actions divisoires qu'elle reconnaît être *in personam.*

2° C'est à raison d'une particularité de la formule que nos actions étaient appelées mixtes. Leur formule était plus compliquée que celle des actions ordinaires : elle renfermait une *adjudicatio* conférant au juge le pouvoir d'opérer les transferts de propriété nécessaires à l'accomplissement du partage. *L'intentio* était *in personam,* mais *l'adjudicatio* ne pouvait contenir le nom du défendeur ; de celui auquel la propriété devait être enlevée pour passer à l'autre partie : il est clair en effet que ce nom n'était connu qu'à la suite des opérations du partage dans lesquelles le Préteur n'avait pas à intervenir, aussi, d'après Gaius, l'adjudication était-elle ainsi conçue : *Quantum adjudicari oportet, judex Titio* (1) *adjudicato* (G. II, § 42).

Cette explication doit être écartée sans hésitation. C'est un principe certain que, dans la division en actions *in personam* et *in rem* faite d'après la formule, on considérait exclusivement *l'intentio.* Aucune dérogation n'est indiquée par les textes. Comment supposer que les jurisconsultes aient ainsi abandonné leurs règles simples et rationnelles, au risque de jeter la confusion dans la procédure ; et surtout qu'ils aient imaginé de tenir compte de *l'adjudicatio,* qui n'a aucun rapport avec *l'intentio ?*

3° En principe, les actions divisoires sanctionnent des obligations, mais exceptionnellement le juge peut avoir à y résoudre une question de droit réel. Gaius indique l'hypothèse dans la loi 1. § 1, D. 10. 2 ; il suppose qu'au cours d'une action *familiæ erciscundæ* l'une des parties conteste à l'autre la qualité d'héritier : si celle-ci n'est pas en posses-sion, le Préteur insérera en tête de la formule la *præscriptio si in ea re*

____

(1) On peut même douter que la formule renfermât le nom de l'adjudicataire : comme celui de son adversaire, il n'était pas connu avant le partage : le passage de Gaius paraît donc en ce point inexact ou altéré (Cf. M. Lyon-Caen, *Thèse sur l'action familiæ erciscundæ,* p. 16, note).

qua de agitur præjudicium hereditati non fiat et le juge renverra la partie dont le droit est contesté à intenter la pétition d'hérédité : mais si le défendeur est en possession, on suit une marche toute différente. Il est impossible de le renvoyer à la pétition d'hérédité, qui ne peut être exercée par un possesseur : provisoirement la possession vaut titre ; il faudra donc de toute nécessité que le juge de l'action *familiæ erciscundæ* connaisse du débat élevé sur le droit héréditaire.

La loi 18. D. 44, 1, *de excepl.*, étend implicitement les mêmes règles à l'action *communi dividundo*.

A coup sûr, cette explication est des plus plausibles ; on peut seulement lui objecter qu'elle qualifie l'action d'après une circonstance accidentelle.

4° Le § 20 se place au point de vue des pouvoirs du juge : le juge a un pouvoir sur la chose, puisqu'il doit la partager ou l'adjuger en entier à l'un des communistes ; il a en même temps un pouvoir sur les personnes, puisqu'il prononce des condamnations à raison des dépenses occasionnées par la chose indivise, des dégradations qui lui ont été causées, etc. C'est en ce sens qu'Ulpien disait de l'action *familiæ erciscundæ : ex duobus constat, id est rebus atque præstationibus, quæ sunt personales actiones* (22, § 4, D. 10, 2).

Mais à ce compte, toutes les actions *in rem* devraient être qualifiées d'actions mixtes, car dans toutes le juge peut condamner à des prestations personnelles ; par exemple, dans la revendication, dans la pétition d'hérédité, le demandeur peut avoir droit à une restitution de fruits.

5 Les Jurisconsultes romains, tout en reconnaissant que les actions divisoires sont fondées sur un droit personnel, auraient été frappés de l'analogie existant entre leurs résultats et ceux des actions réelles. Dans les unes et dans les autres, le juge prononce qu'il existe au profit du demandeur un droit réel. Sans doute, dans les actions vraiment réelles, il ne fait que constater un droit préexistant ; au lieu qu'il

---

(1) Savigny réunit cette explication à la précédente : il arrive ainsi à justifier dans son opinion, la désignation d'actions mixtes et quant à la formule et quant au fond du droit. (T. V, § 200, p. 33 et § 216, p. 0J, trad. Guenoux.) Nous avons dédoublé son interprétation pour plus de clarté et aussi parce que les deux parties, d'ailleurs complétement indépendantes l'une de l'autre, nous semblent de valeur très-inégale ; la première est une hypothèse arbitraire et invraisemblable ; la seconde met en relief une particularité remarquable des actions divisoires et y trouve une base solide.

créé le droit dans les actions divisoires ; mais les jurisconsultes n'ont pas toujours fait la distinction avec exactitude. Marcien, par exemple, parlant du résultat de l'action *pigneratitia in rem*, à l'aide de laquelle un créancier a fait reconnaître son hypothèque, s'exprime ainsi : *Creditor hypothecam sibi adjudicatam quemadmodum habiturus sit quæritur.....* (1).

Ce système est peu satisfaisant. Dans tous les écrits des jurisconsultes qui nous sont parvenus, on n'a relevé que deux exemples de cette impropriété de langage, tous deux de Marcien (2), tous deux dans la matière des hypothèques. Il y a loin de là à une erreur portant sur le fond des idées et surtout à une erreur si générale qu'elle aurait fait admettre, sans contestation, une branche particulière dans la division des actions ;

6° L'opinion la plus probable nous paraît être la suivante : les jurisconsultes classiques n'ont jamais connu la classe des actions mixtes à la fois réelles et personnelles : la rigueur de leur analyse, contrôlée par le moyen matériel de vérification que leur fournissait la formule, les mettait à l'abri de pareilles méprises. Lors de la rédaction des Institutes, les idées juridiques étaient moins précises ; les compilateurs, sans perdre de vue que les actions divisoires mettaient en œuvre un droit personnel, ont observé qu'elles exigeaient comme condition préalable l'existence d'un droit réel. Oubliant que la nature de l'action se détermine, non pas d'après ses conditions extrinsèques, mais d'après le droit dont le juge doit assurer le respect, ils ont, dans leur classification, attribué une valeur égale au droit réel, nécessaire sans doute à l'état d'indivision, mais qui n'est

(1) 16. § 5, D. 20. 1. Comp. du même jurisconsulte, la loi 12, pr. D. 20. 4. *Qui potiores in pignore.*

(2) Ulpien, au contraire, s'occupant de l'action confessoire, dit très-exactement : *per sententiam non debet servitus constitui, sed quæ est,* declarari.

(3) Le mot *mixte* est appliqué dans une constitution de Dioclétien, (7. C. 3, 31) à la pétition d'hérédité que ce texte appelle *mixta personalis actio,* bien qu'elle soit incontestablement réelle. Doneau expliquait la qualification par les prestations personnelles que peut contenir la pétition ; mais comme on l'a indiqué au sujet des actions divisoires, ces prestations existent éventuellement dans toutes les actions *in rem.* D'après une autre explication, la raison serait que la pétition d'hérédité peut être intentée contre des personnes qui se prétendent, en qualité d'héritiers, titulaires de droits de créance. Savigny pense que Dioclétien fait allusion à la règle que dans la pétition d'hérédité la personne du défendeur est moins indéterminée que dans la revendication : on sait en effet que la pétition ne peut être exercée que contre un possesseur *pro herede* ou un possesseur *pro possessore.*

pas en cause dans le procès, et au droit personnel que sanctionne l'action. La paraphrase de Théophile ne permet guère de douter que telle ait été leur pensée : *Sunt quædam actiones*, dit Théophile, *quæ et actionis in rem et actionis in personam naturam in se habent. Talis est familiæ erciscundæ actio, quæ heredibus competit de dividendâ hereditate. Nam et actionis in rem proprietatem in se habet quod ea de rebus agitur. Ex parte enim singuli coheredum domini sunt. Habet et actionis in personam effectum, nam capita quædam in ea et excutiuntur et in condemnationem deducuntur, quæ actionis in personam et non actionis in rem propria sunt.*

III° *L'action communi dividundo est de bonne foi.* — C'est un point certain sous Justinien. Le § 28. *Inst.* IV. 6 comprend l'action *communi dividundo* dans la liste qu'il donne des actions *bonæ fidei.* On ne peut pas davantage contester ce caractère à l'époque classique. Vainement objecterait-on que ni Cicéron ni Gaius n'ont cité les actions en partage dans leurs énumérations (1). Les énumérations de ces deux écrivains ne sont pas limitatives : ainsi Cicéron ne mentionne pas l'action *commodati*, ni Gaius l'action *rei uroriæ.*

Les textes du Digeste ne permettent aucune hésitation. Ulpien (4, § 2, D. h. t.), Paul (14, §, 1, D. h. t.), Julien (24, pr. D. h. t.), disent en termes exprès comme les Institutes que l'action *communi dividundo* est un *judicium bonæ fidei* (2).

De ce caractère dérivent entre autres les effets suivants indiqués par différentes lois (3).

1° Pour apprécier les droits des parties, le juge doit se placer non pas au moment de la *litis contestatio*, mais à celui du jugement (4).

2° Il pourra même prendre des mesures pour l'avenir ; si, par exemple, des copropriétaires ont promis une servitude sous condition, et qu'il adjuge le fonds à un seul des communistes pendant que la condition est encore pendante, il aura le pouvoir d'exiger des autres promesse d'indemniser l'adjudicataire le cas échéant (5).

(1) G. IV. 62. Cic. *De off.* XV-XVII.
(2) 3. § 2. D. 13. 6. *Comm, vel contra,* 6. § 3. D. 10. 3.
(3) Comp. 38. pr. D. 17. 2. *Pro socio.* 25. §§ 10. 13. D. 10. 2.
(4) 20. D. *h. t.* — Cf. 25. § 18. D. 10. 2.
(5) Cf. 32. § 2. D. 22. 1. *De usuris et fruct.* — 18, § 3. D. 10. 2.

3° Les communistes seront responsables de leurs fautes *in omittendo*.

4° Ceux qui seront débiteurs des autres devront les intérêts *ex mora*.

5° Le communiste qui aura fait des impenses sur la chose commune en obtiendra le paiement par voie de rétention, sans qu'il soit besoin d'une exception de dol insérée dans la formule (1).

6° De même si un esclave commun acquiert au profit de tous *ex re alterius dominorum*, le maître dont les deniers ont servi à l'acquisition peut réclamer au juge lors du partage une somme égale (2).

7° Enfin une exception de dol n'est pas non plus nécessaire pour autoriser le iuge à compenser les dettes réciproques des communistes : il tient ce pouvoir de l'équité (3).

(1) 14, § 1, D. h. t. — Scævola 33. D. 10. 2. paraît donner une solution différente pour l'action *familiæ erciscundæ* ; mais on admet généralement que dans ce texte l'expression *doli exceptio* n'est pas prise au sens propre et signifie moyen de défense, ainsi que dans la loi 7, § 5, D. 2. 14.

(2) 24. pr. D. h. t.

(3) Cf. 52. § 2. D. 10. 2.

CHAPITRE II

CAPACITÉ NÉCESSAIRE POUR INTENTER L'ACTION *COMMUNI DIVIDUNDO*.

Le partage renferme toujours au moins une et en général plusieurs aliénations, des échanges, si la chose est divisée en nature, des ventes si elle est licitée. Aussi faut-il avoir, pour y procéder, la capacité nécessaire pour disposer de la chose.

De là résulte que les *mente capti*, les prodigues interdits, les impubères, les mineurs de 25 ans ne pouvaient exercer l'action *communi dividundo*.

Dans le droit ancien, le tuteur pouvait librement effectuer ou autoriser l'aliénation des biens du pupille ; on sait même qu'il devait à son entrée en fonctions vendre les choses susceptibles de dépérir. Le rescrit de Septime Sévère et d'Antonin lui interdit d'aliéner les *prædia rust'ca et suburbana*, ou de donner son *auctoritas* à leur aliénation, sans un décret du magistrat (1). Une constitution de Constantin étendit cette exigence à toute espèce de biens, même aux meubles, sauf quelques exceptions de minime importance (2).

Mais le rescrit et la constitution accordaient dispense du décret lorsqu'il s'agissait de défendre à une action en partage. On avait donc à distinguer suivant que le pupille était demandeur ou défendeur. S'il était demandeur, le décret était exigé : s'il était défendeur, on appliquait les anciennes règles. Rien de plus juste d'ailleurs que cette distinction ; un communiste ne pouvait empêcher le partage demandé contre lui ; il eût été sans objet de placer sous la surveillance du magistrat une aliénation inévitable.

Les règles étaient les mêmes pour les curateurs des autres incapables.

Lorsque la femme se constituait en dot des immeubles indivis non

---

(1) l. § 2. D. 27. 9. *De reb. eor.*
(2) 22. C. 5. 37. *De adm. tutor.*

estimés, le mari, bien qu'il en fût propriétaire et qu'il eût l'exercice de toutes les actions qui naissaient à leur occasion, ne pouvait en demander seul le partage. Autrement il eût violé la loi Julia, qui ne lui permettait pas de les aliéner sans le concours de la femme. Au contraire, il pouvait défendre seul à l'action intentée contre lui par le copropriétaire. Comme les rescrits de Sévère et de Constantin, la loi Julia ne s'appliquait pas aux aliénations nécessaires (1).

Justinien, étendant une règle que le droit antérieur avait admise pour l'hypothèque, décida, par la loi 30 C. 5. 12 *de Jure dotium*, qu'aucune aliénation de l'immeuble dotal ne pourrait être faite valablement même par le mari et la femme conjointement. On aurait dû, ce semble, en conclure que le partage était devenu impossible ; mais on n'alla pas jusque là. Cette conséquence logique était incompatible avec le principe que nul n'est tenu de rester dans l'indivision. En pratique, elle avait les plus graves inconvénients sans avoir aucun avantage ; car la faculté de procéder à un partage ne peut guère ouvrir l'accès à des aliénations imprudentes ou frauduleuses. Aussi Justinien inséra-t-il dans son Code les constitutions qui autorisaient l'exercice de l'action *communi dividundo*, montrant par là d'une façon implicite mais certaine qu'il acceptait en ce cas une dérogation à l'inaliénabilité.

(3) 2. C. 5. 23 *De fundo dotali.*

CHAPITRE III

OBJET DE L'ACTION COMMUNI DIVIDUNDO.

On a déjà indiqué d'une manière générale que l'action *communi divi-dundo* comprenait deux chefs : le juge y avait pouvoir de partager la chose et de régler les obligations accessoires qui existaient entre les communistes : *ex duobus constat, id est rebus atque præstationibus* (1). On doit maintenant étudier en détail ce double objet : la chose et les prestations.

I

De la chose.

L'action *communi dividundo* ne dut à son origine être donnée qu'à des communistes ayant sur la chose un droit de propriété (2) ; mais dès l'époque classique nous la voyons étendue, soit sous sa forme directe, soit sous sa forme utile, à un grand nombre d'autres cas.

§ 1. Choses sur lesquelles les communistes ont un droit de propriété.

En règle générale, toutes les choses corporelles peuvent faire l'objet de l'action *communi dividundo* : « *Per hoc judicium corporalium rerum sit divisio, quarum rerum dominium habemus.* » (3).

De ce principe résulte évidemment que les choses hors du commerce ne peuvent pas faire l'objet d'une action en partage. Diverses lois le décident en termes exprès pour les *res religiosæ*, choses consacrées aux Dieux

(1) 22. § 4. D. 10. 2.
(2) 4. pr. D. *h. t.*
(1) 4. pr. D. *h. t.*

Mânes et qui faisaient fréquemment partie des masses héréditaires (1).
(4, C. 3, 44. — 30, D. 10, 2).

Il est intéressant aussi de noter une disposition de la loi 4, D. 10, 2,
d'après laquelle certaines choses, bien que pouvant être comprises dans
une demande en partage, ne devaient pas être partagées par le juge. C'é-
taient les poisons et les mauvais livres : *mala medicamenta, venena, libri
improbatæ lectionis magici forte vel his similes* : il était ordonné au juge
de procéder à leur destruction immédiate. Le texte ne parle que de l'action *familiæ erciscundæ*, mais sa solution s'étend évidemment à l'action
communi dividundo.

Dans la loi 4, pr. D. h. t., Ulpien indique une exception d'une importance beaucoup plus considérable, en ajoutant à la fin du texte : *non etiam
hereditatis*. Ainsi l'hérédité ne pouvait entrer dans l'action *communi
dividundo*, elle était partagée au moyen de l'action *familiæ erciscundæ*.
Ce point demande quelques développements qui nous permettront d'établir avec précision la limite des deux actions, les différences qui les séparent, et l'utilité de chacune.

Trois lois peuvent sembler contraires à l'idée que l'action *familiæ erciscundæ* s'applique privativement aux successions.

Dans la loi 44, pr. D. 10, 2, Paul s'exprime ainsi : *Inter coheredes
etiam communi dividundo agi potest, ut res duntaxat, quæ eorum commu_
nes sint et causæ ex his rebus pendentes in judicium veniant ; de ceteris
vero in integrum sit familiæ erciscundæ judicium.*

Gaius dit dans la loi 34, D. 17, 2, *Pro socio : Quibus casibus si quid forte
unus in eam rem impenderit sive fructus mercedesve unus perceperit,
vel deteriorem fecerit rem, non societatis judicio locus est ; sed inter
coheredes familiæ erciscundæ judicio agitur , inter ceteros communi dividundo. Inter eos quoque quibus hereditario jure communis res est posse
et communi dividundo agi.*

Enfin Modestin fait l'hypothèse suivante : je suis cohéritier avec un
pupille ; dans la succession existe un fonds où se trouvent des sépultures
et qui ainsi est *religieux* pour la partie qu'elles occupent (2). Le tuteur
du pupille veut vendre le fonds : il me propose ou de donner mon con-

---

(1) Sur le cas où un copropriétaire ensevelissait un mort dans le terrain commun
sans l'autorisation des autres intéressés, v. infra p. 25.
(2) Cf. 2, § 5. D. 11, 7, *De Relig.* — 43. D. 6. 1. *De rei vind.*

sentement ou de faire l'achat pour mon compte, je refuse et veux demander le partage : *quæro an recte arbitrum communi dividundo ad hunc fundum partiendum petam : an etiam is arbiter, qui familiæ erciscundæ datur iisdem partibus fungi possit, ut hunc possessionem, exemptis ceteris corporibus hereditariis, pro jure cuique nobis partiatur ? Herennius Modestinus respondit nihil proponi, cur familiæ erciscundæ judico addictus arbiter officium suum etiam in ejus fundi de quo agitur divisionem interponere non possit, sed religiosa loca in judicium non deduci, eorumque jus singulis heredibus in solidum competere* (1).

Les deux premiers fragments paraissent attribuer aux cohéritiers le choix entre les deux voies : dans le dernier, l'héritier qui demande l'avis du jurisconsulte semble partir de cette idée que l'une et l'autre sont toujours ouvertes, et Modestin n'y contredit pas, car s'il conseille l'action *fami.iæ erciscundæ*, il n'exclut nullement l'action *communi dividundo*.

Mais ces lois portent en elles-mêmes leur explication. Aucune ne parle de l'action *communi dividundo* qu'au sujet d'un objet de la succession considéré isolément ; lorsqu'il s'agit de l'hérédité considérée tout entière, *ut universitas juris*, il n'est plus question que de l'action *familiæ erciscundæ*. Paul et Modestin font l'opposition en termes très-explicites. D'après Paul l'action *communi dividundo* peut être employée entre cohéritiers *ut res dunta xat quæ eorum communes sunt et causæ ex his rebus pendentes in judicium veniant* ; tandis que l'action *familiæ erciscundæ* est donnée *de ceteris in integrum*. De même dans le texte de Modestin, l'héritier qui demande une consultation a soin d'ajouter lorsqu'il veut savoir si l'action *familiæ erciscundæ* lui est ouverte : *exemptis ceteris corporibus hereditariis*, c'est-à-dire, en opérant d'ailleurs le partage de toutes les autres choses héréditaires (2).

On peut donc conclure avec presque tous les commentateurs d'une part que l'action *familiæ erciscundæ* a pour objet l'hérédité prise dans son ensemble et qu'elle n'a que cet objet ; de l'autre que l'action *communi dividundo* ne peut atteindre que les corps héréditaires pris isolément.

(1) 30. D. 10, 2.
(2) Cf. Cujas : *Herenn. Modestini responsa, Lib. VI, ad legem* 30. D. 10, 2.

De là trois conséquences qui expliquent la coexistence des deux actions regardée à tort par quelques auteurs comme une anomalie :

1° Les cohéritiers qui procédaient par l'action *communi dividundo* devaient désigner tous les objets héréditaires qu'ils prétendaient y faire rentrer.

Ils étaient exposés ainsi à des omissions nécessitant de nouveaux partages, qui occasionnaient des frais, des pertes de temps et qu'il pouvait être difficile de combiner entre eux de manière à obtenir l'égalité des parts. L'action *familiæ erciscundæ* évitait ce grave inconvénient.

2° L'action *familiæ erciscundæ* comprenant toute l'hérédité s'appliquait nécessairement à certains objets que l'action *communi dividundo*, ainsi qu'on le verra plus bas, ne pouvait pas atteindre ; par exemple aux choses que le défunt détenait à titre de commodataire, de locataire ou de dépositaire. Aucun texte sans doute ne signale en termes exprès cette application, mais il est de principe que ce qui peut faire l'objet d'une pétition d'hérédité peut faire l'objet d'une action *familiæ erciscundæ; ne res absurda sit ut quæ petit possint dividi non possint* (1).

3° De son côté, l'action *communi dividundo* est nécessaire pour les objets qui par erreur n'auraient pas été compris dans le partage opéré par le juge de l'action *familiæ erciscundæ*. En effet, une fois que l'action *familiæ erciscundæ* a été intentée et menée à terme, il ne reste plus d'hérédité indivisible : l'action ne peut plus être renouvelée. *Amplius quam semel familiæ erciscundæ agi non potest nisi cognita causa.* Tout au contraire, il n'y a aucune raison pour refuser l'action *communi dividundo*; elle peut être exercée tant qu'il reste un objet indivis, *quod si quædam res indivisæ relictæ sunt communi dividundo de his agi potest* (2).

On a cherché cependant à restreindre la portée de ce principe. En ce sens on a invoqué la loi 1. C. 3. 36, ainsi conçue : *Si non omnem paternam hereditatem ex consensu divisisti nec super ea re sententia dicta vel transactio subsecuta est, judicio familiæ erciscundæ potes experiri.*

---

(1) 25. § 19. D. 5, 3. *De hered. pet.* — Deux exceptions seulement sont admises : 1° les créances héréditaires ne rentrent pas dans l'action *familiæ erciscundæ*, car elles sont divisées de plein droit. 2° Un héritier ne peut intenter la pétition pour des choses dont il a achevé l'usucapion commencée par le défunt; c'est à la revendication qu'il doit recourir (19. § 1. D. 5, 3.) Il peut en demander le partage. (9. D 10. 2.)

(2) 20. § 4. D. 10. 2. — 1. § 2. D. 10. 3. — Pauli Sent. 1, 18. § 1.

D'après Merlin, la constitution s'appliquerait « au cas où le partage
« extrajudiciaire est resté imparfait non-seulement en ce qu'on n'y a pas
« compris tels ou tels biens, mais encore en ce qu'on n'a pas liquidé les
« dettes, en ce qu'on n'a pas déterminé la part pour laquelle chacun des
« héritiers doit y contribuer, ou enfin en ce qu'on a d'une manière quel-
« conque laissé une universalité indivise entre eux (1).

D'après d'autres auteurs l'action *familiæ erciscundæ* pourrait être
réitérée lorsque l'indivision qui subsiste encore n'est qu'un reste de
l'indivision primitive. L'action *communi dividundo* serait nécessaire au
cas seulement où les cohéritiers ont laissé des biens indivis dans un but
spécial et après un accord particulier.

Ces deux opinions doivent être rejetées. La loi 1, C. 3. 36, ne dit pas
un mot des circonstances particulières qui d'après le système de Merlin
laissent ouverte l'action *familiæ erciscundæ* : aucun texte en accordant
aux héritiers l'action *communi dividundo* ne la limite à l'hypothèse
toute exceptionnelle qu'indique la seconde interprétation.

Mais ce n'est pas à dire qu'il faille admettre une contradiction entre la
loi 1. C. 3. 3ᵉ. et les textes que nous avons précédemment expliqués. La
loi mentionne une circonstance dont Voet a depuis longtemps fait ressortir toute l'importance : il est question d'un partage amiable : *ex consensu
divisisti*. Par conséquent l'action *familiæ erciscundæ* n'a pas encore été
intentée. Vainement Merlin objecte que même à Rome un partage amiable ne pouvait produire d'autres effets qu'un partage judiciaire et que
tout ce qui était dit du premier devait l'être du second. La similitude
que Merlin veut établir est complétement erronée. Dans le partage
amiable partiel les héritiers ne partageaient que des choses individuelle-

---

(1) *Répertoire*, Vᵒ Licitation, § II, nᵒ 2. — Merlin invoquait les théories romaines à
propos d'une question de compétence. Une succession avait été partagée, mais quelques-uns des immeubles qu'elle comprenait étaient restés indivis : il s'agissait de les
partager. L'action devait-elle être portée devant le tribunal du lieu de l'ouverture
de la succession, ou bien fallait-il admettre la double compétence ordinaire en matière réelle immobilière, celle du tribunal du domicile du défendeur et du tribunal
de la situation ? Merlin faisait dépendre la solution du point de savoir si les cohéritiers avaient encore l'action *familiæ erciscundæ* ou s'ils n'avaient plus que l'action
communi dividundo. — On peut du reste douter de l'exactitude de cette idée. La
compétence du tribunal du lieu où la succession s'est ouverte a été déterminée chez
nous par des considérations toutes pratiques, et la distinction entre les deux actions
romaines ne s'est certainement pas présentée à l'esprit du législateur.

ment déterminées : ils n'y comprenaient pas l'hérédité *ut universitas ;* tant qu'il restait des objets indivis il y avait matière à intenter l'action *familiæ erciscundæ* (1).

A s'en tenir aux principes, il semblerait que les quantités aussi bien que les corps certains devaient faire l'objet de l'action *communi dividundo.* Mais les jurisconsultes romains admettaient ici une dérogation fondée sur l'utilité pratique. Quand une somme d'argent, une mesure de blé ou d'huile, etc., appartenaient en commun à plusieurs personnes, au lieu d'admettre que chacune avait une part de copropriété indivise sur chaque grain de blé, sur chaque écu, sur chaque goutte de liquide, ils leur attribuaient pour plus de simplicité un droit divis sur des quantités. Ulpien l'indique clairement dans la loi 29. D. 46. 3. *De solut. et liber.,* où il prend l'acquisition au moment même où elle se réalise. Un esclave commun se fait promettre Stichus et Pamphile : le débiteur ne s'acquittera pas en livrant Stichus à l'un des maitres de l'esclave stipulant et Pamphile à l'autre. Les deux maitres ont chacun une moitié indivise de chaque esclave (*dimidiæ singulorum partes debentur*). Il en est de même si la promesse a pour objet : deux Pamphile, deux Stichus, ou dix hommes. Mais s'il s'agit de deniers, d'huile, de blé et de choses semblables, c'està-dire de choses de genre (*quæ communi specie continentur*), le résultat sera différent ; les créances porteront sur des quantités divises : *apparet hoc actum ut numero dividatur obligatio* (2).

L'acquisition effectuée, il est clair qu'il n'est plus nécessaire de procéder à un partage, mais à une simple répartition proportionnelle aux droits de chacun. On n'avait plus besoin de l'action *communi dividundo* et des adjudications qu'elle opérait. Les coacquéreurs dans le cas où ils ne

---

(1) V. sur cette question M. Lyon-Caen, agrégé à la faculté de Paris, *Thèse sur l'action familiæ erciscundæ,* p. 39. et suiv.

(2) Il y a sur ce texte une difficulté : il semble bien que la promesse de dix hommes constitue une promesse de genre : aussi Cujas propose-t-il d'insérer une négation dans la phrase qui la concerne et de lire : *Idemque non est si quis, etc.,* de manière à opposer l'espèce à celle prévue au commencement du texte et d'appliquer à la promesse ainsi faite, de même qu'à celle de deux Stichus ou de deux Pamphiles que la loi lui assimile, la règle donnée par la phrase suivante au sujet des deniers de l'huile et du froment. Accurse conserve la leçon des manuscrits et entend qu'il s'agit de dix hommes individuellement déterminés, par exemple, *Eros, Dama, Stichus, etc.* Quoiqu'il en soit, cette controverse ne jette aucun doute sur le sens et la portée de la fin du fragment qui, dans notre question, est la partie essentielle (Cf Cujas, *Oper priora, Comment. ad titulum de Verb. oblig. ad legem* 54).

s'entendaient pas, faisaient régler leurs droits par une action *pro socio* (1) ou une *condictio*.

Il ne faudrait pas cependant, croyons-nous, conclure qu'en pareil cas l'action *communi dividundo* fût inadmissible. D'abord, comme on le verra, certaines choses divises, des créances par exemple, pouvaient être comprises comme accessoires dans cette action ; il n'y avait pas de raison pour que les quantités ne pussent y figurer au même titre.

Mais il n'est même pas besoin de recourir à cette hypothèse toute exceptionnelle ; la division ne semble pas avoir été imposée aux associés. Papinien, dans la loi 94. § 1. D. 46. 3. *De solut. et liber.*, s'occupant des conséquences d'un prêt qu'un associé a fait avec des deniers communs, s'exprime ainsi : *confestim pro parte mea nascetur actio, sive in singulis nummis communionem pro indiviso quis esse intelligat, sive in pecunia non corpora cogitet sed quantitatem.* Le jurisconsulte admet donc qu'il est possible de se placer à deux points de vue ; à l'un les deniers sont une propriété indivise, à l'autre ils sont divisés entre les associés. Fait-il allusion à un débat entre deux systèmes opposés ? Ou bien entend-il reconnaître aux parties le droit de choisir entre les deux résultats ? Le texte ne s'en explique pas ; mais la loi 29 D. *eod titulo*, paraît décisive en faveur de la seconde interprétation. Ulpien, en effet, après y avoir déclaré que les deniers stipulés par l'esclave commun se divisent entre ses maîtres, ajoute cette réserve : *quatenus et commodius promissori stipulatoribusque est.*

Quant à l'origine du droit de copropriété, elle n'a, sauf le cas d'hérédité, aucune influence sur l'exercice de l'action *communi dividundo :* peu importe qu'elle se trouve dans une convention, ou dans un fait auquel la volonté des communistes n'a pas eu de part.

Evidemment il est impossible de passer en revue toutes les hypothèses dans lesquelles un droit de cette nature peut prendre naissance : nous nous bornerons à en indiquer quelques-unes qui sont particulièrement remarquables et dont les textes s'occupent d'une manière spéciale.

Le plus souvent la communauté naîtra d'une société ou d'une disposition à cause de mort faite au profit de plusieurs personnes, ou d'une acquisition réalisée par un esclave commun.

Dans le cas de société, les communistes, outre l'action *communi di-*

(1) 65 § 14. D. 17. 2. Voir Cujas sur cette loi : *libris Pauli ad Edictum. Liv. 32.*

vidundo ont l'action *pro socio*. Mais cette dernière n'a point pour but d'opérer le partage ; elle sert uniquement à régler les comptes existant entre les associés ; elle n'aboutit qu'à une *condemnatio* et non pas à une *adjudicatio*. La loi 43. D. 17, 2, s'en explique d'une manière formelle. On ne peut en sens contraire tirer argument de la loi 1. D. 10 3, d'après laquelle « *pro socio actio magis ad personales invicem præstationes pertinet quam ad rerum communium divisionem.* » Ce serait un contre-sens de traduire : « l'action *pro socio* tend plutôt à obtenir une condamnation que le partage. » La locution *magis* marque ici préférence absolue en faveur de la proposition à laquelle elle se rapporte. Ainsi que le pensent Accurse, Doneau et Cujas, la tournure employée par Paul équivaut à la suivante, si fréquente dans les écrits des jurisconsultes : *Magis est ut pro socio actio ad personales invicem præstationes pertineat quam ad communium rerum divisionem.* On reviendra, en traitant des condamnations personnelles, sur les différences qui séparent l'action *pro socio* de l'action *communi div.dundo*.

D'après le § 27. Inst. II. 1., la *confusion*, c'est-à-dire la réunion de deux corps liquides ou liquéfiés, attribue à chacun des propriétaires un droit indivis sur la masse entière : il n'importe pas qu'elle soit l'œuvre de leur volonté, ou le fait, soit d'un tiers, soit du hasard.

D'après le § 28 au même titre, il en est de même du mélange, c'est-à-dire de la réunion de deux corps solides composés de parties divisées et semblables, comme deux tas de blé ; mais dans le cas seulement où le mélange est l'œuvre des deux propriétaires. S'il a lieu par accident, ou par le fait d'un tiers, ou même par le fait d'un seul des propriétaires, chacun conserve la propriété de ce qui lui appartenait, tout comme quand un troupeau se mêle à un autre troupeau, et il y a lieu non pas à l'action *communi dividundo*, mais bien à la revendication.

Un arbre ou une pierre placés sur les limites de deux fonds appartenaient divisément à chacun des propriétaires ; mais quand l'arbre était déraciné ou coupé, quand la pierre était arrachée, il devenait impossible de reconnaître les parties sur lesquelles avait existé chacun des droits divis et que déterminait auparavant la ligne séparative des deux héritages. Le droit romain traitait ce cas comme un cas de confusion et transformait le droit des propriétaires en un droit indivis (1).

____

(1) 19, pr. D. *h. t.* — 83, D. 17, 2, *Pro socio*. — Il était de principe qu'une chose mo

Le part d'une esclave, les fruits d'une terre, l'alluvion qui s'était jointe à un fonds devaient être partagés entre les copropriétaires de l'esclave ou du domaine. Comme l'action était de bonne foi, il était indifférent que l'accouchement, la récolte, ou l'attérissement eussent eu lieu après la *litis contestatio* (1).

Dans le partage d'une succession où figuraient des impubères, le juge devait, sur l'ordre du Préteur, réserver un certain nombre d'esclaves pour leur service ; ces esclaves restaient communs (2). Quand les pupilles avaient atteint leur puberté, le partage ne pouvait, d'après les règles indiquées plus haut, être effectué par une action *familiæ erciscundæ*, l'action *communi dividundo* était nécessaire.

La loi 22. D. h. t. décide encore que le mur qui sépare deux propriétés devient commun, si l'un des propriétaires l'a construit tant en son nom qu'au nom de son voisin, et avec l'intention, soit de se faire rembourser moitié de la somme déboursée, soit d'en faire l'abandon. Il en est de même si les deux voisins ont bâti de concert (3), ou enfin, si deux corps de logis, séparés par un seul mur, ont été légués à deux légataires (4).

Les légataires *per vindicationem* ou *per præceptionem* (5) et tout légataire sous Justinien agissaient en revendication contre l'héritier qui contestait leur droit. Si l'héritier, tout en reconnaissant le legs, prétendait le réduire en vertu de la loi Falcidie, le légataire, qui débattait la mesure de la déduction, devait recourir à l'action communi dividundo. Il était certain, en effet, que l'indivision existait entre lui et l'héritier ; l'étendue des droits de chacun était seule en question : c'était un conflit qui se rattachait au partage et que *l'arbiter* avait qualité pour trancher (6).

Il en était de même au cas où le légataire d'un pécule et l'héritier étaient en désaccord sur la quotité des déductions à opérer sur les *res peculiares* à raison des dettes de l'esclave envers son maître.

bilière ne pouvait être possédée *pro diviso*, 8. D. 6, t. — Cf. Pellat *Propriété et Usufruit*, p. 145.

(1) 6, §§ 4, 5. D. h. t.. — 12. 16, § 3, D. 10, 2.

(2) 31, D. *h. t.*

(3) 52, § 13 D. 17, 2. *Pro socio*, 4, D. 33, 3. *De servit. leg.*

(4) Au moins depuis le rescrit d'Adrien, qui consacra au sujet de cette espèce de legs la doctrine proculienne. G. II, 221, 222.

(5) Si le légataire dont l'héritier niait le droit était exposé, au cas où son legs serait validé, à la réduction de la loi Falcidie, il devait, pour éviter la *plus petitio*, employer la *vindicatio incertæ partis* (8, § 1. D. *h. t.*).

(6) 8, § 1. D. *h. t.*

§ 2. Choses sur lesquelles les communistes ont un droit autre que la propriété.

Parmi ces nombreuses applications de notre action, on doit noter comme la plus importante celle à laquelle donnent lieu les droits que le Préteur garantit par l'action publicienne (1), c'est-à-dire l'*in bonis* et la *possessi) in causa usucapiendi*.

L'action *communi dividundo* peut également être employée par le superficiaire (2), le possesseur *d'ager rectigalis* (3), l'emphytéote, dont le droit n'est qu'une extension du précédent, les possesseurs de fonds provinciaux, les personnes envoyées en possession *damni infecti* après le second décret du préteur (4).

Il est assez difficile de déterminer pour chacune de ces hypothèses si l'action était donnée sous forme directe ou sous forme utile. D'après la loi 7, § 9, D. h. t., ceux que le préteur a envoyés en possession *damni infecti* ont l'action directe *quum vindicationem habere possint*. Le texte, qui parle évidemment d'une revendication prétorienne, semble faire l'application d'une règle générale, d'après laquelle quiconque aurait une revendication de cette espèce pourrait employer l'action directe. Le *principium* et le § 2 favorisent cette idée en ce qui touche le *possessor agri rectigalis* et par analogie l'emphytéote, le *possessor in causa usucapiendi*, le propriétaire bonitaire, auquel on peut joindre le possesseur de fonds provincial. (Comp. aussi 7, § 3, D. h. t.) Mais la loi 1, § 8, D. 43, 18, la contredit formellement au sujet du superficiaire, dont le droit offre tant de ressemblances avec ceux que l'on vient de citer. Il est donc probable que c'était là une pure affaire de pratique. Peut-être aussi des remaniements opérés par les compilateurs nous cachent-ils les principes du droit classique.

Quoiqu'il en soit, l'action est toujours donnée comme action utile dans les hypothèses qu'il nous reste à examiner. Elle est accordée sous cette forme, entre usufruitiers (5), entre usagers (6), entre créanciers gagis-

(1) 7, § 2, D. h. t.
(2) 1, § 8, D. 43, 18, *De superf.*
(3) 7, pr. D. h. t.
(4) 7, § 9, D. h. t.
(5) 7, § 7, D. h. t.
(6) Arg. d'anal. et loi 10, § 1, D. h. t.

tes (1), entre ceux que le préteur envoyait en possession *custodiæ gratia*, par exemple entre les *missi in possessionem damni infecti* avant le premier décret (2), entre les légataires *missi in possessionem legatorum*, entre deux femmes enceintes envoyées en possession de biens héréditaires *ventris nomine*, c'est-à-dire en faveur des enfants à naître (3).

Ulpien réunit toutes ces hypothèses dans une seule formule : après avoir parlé des cas où l'action *communi dividundo* est donnée à des communistes ayant droit à la revendication prétorienne, il ajoute : *Ex quibusdam autem causis vindicatio cessat : si tamen justa causa est possidendi, utile communi dividundo competit.....* (4).

Les exemples que nous avons cités permettent de fixer le sens qu'a dans ce passage le mot *justa causa*; il faut en écarter les idées qu'on y attache en matière d'usucapion et le traduire de la manière la plus large; la *justa causa* est ici toute cause légitime de possession.

Ainsi, dans le cas du créancier gagiste, des légataires *missi in possessionem legatorum*, dans tous les cas d'envoi en possession *custodiæ gratia*, il n'y a pas juste cause susceptible de fonder l'usucapion : mais la possession est légitime ; elle dérive soit du consentement des parties, soit de l'autorité du magistrat, il y a *justa causa possidendi* dans le sens de la loi 7, § 3.

<hr>

(1) 7, § 6, D. *h. t.*
(2) On verra plus bas les difficultés relatives à ces envoyés en possession, p. 31.
(3) 7, § 8, D. *h. t.* — Cf. D. *De ventre in possessionem mittendo*, 39, 7.
(4) 7, § 3, D. *h. t.* Ce paragraphe voulant indiquer un cas où la simple possession fonde une action *communi dividundo utile* choisit un exemple évidemment inexact : *ut puta si ex causa indebiti soluti res possideatur.* De deux choses l'une; ou la chose indûment payée a été livrée par son véritable propriétaire, et alors la propriété en ayant été transférée, les possesseurs ont la revendication : ou la tradition a été effectuée par un non-propriétaire, et dans ce cas les possesseurs ont la Publicienne; donc dans les deux hypothèses, d'après des principes certains et rappelés dans le fragment même, ils ont l'action *communi dividundo* directe. Il est manifeste qu'Ulpien ne saurait être rendu responsable d'une telle méprise. Le texte a été interpolé par Tribonien ou altéré par les copistes. Cujas (*Recital. ad titulum, communi dividundo*) propose de lire *ex causa jurisjurandi.* On sait en effet par la loi 7, § 7. D. 6. 2. *De Publiciana in rem act.* que, si un possesseur actionné jurait sur le serment déféré par le demandeur *rem suam esse*, il avait la Publicienne contre celui qui lui avait déféré le serment; mais que s'il jurait seulement *rem petitoris non esse*, il n'acquérait aucune action et se trouvait réduit à une exception. C'est à ce dernier cas que la loi ferait allusion. Cujas invoque en faveur de sa leçon les Basiliques : il paraît commettre en ce point une erreur, car, du moins au titre de *comm. rerum divisione*, XII, 2, elles sont d'accord avec le texte des Pandectes. Mais la correction est, par elle-même, des plus acceptables.

De la règle posée par Ulpien résulte que ceux qui ont une possession entachée de violence ou de clandestinité ne peuvent recourir à l'action *communi dividundo* : leur possession est viciée dans sa source. On refusait également l'action aux possesseurs précaires, mais (bien que les textes rapprochent les hypothèses) pour un motif différent; les précaristes ne possédaient que sous le bon vouloir du propriétaire qui leur avait concédé le *precarium* ; on n'avait pas jugé qu'une possession aussi incertaine valut une action en partage : *precaria vero justa quidem, sed quæ non pergat ad judicii vigorem* (1).

A plus forte raison celui qui possédait *vi*, *clam* ou *precario* ne pouvait-il intenter l'action *communi dividundo* contre le propriétaire ou contre un possesseur dont la possession était régulière (2).

Pour un motif tout particulier on refusait l'action *communi dividundo* aux dépositaires et aux fermiers, bien qu'ils eussent la possession naturelle. On considérait qu'ils détenaient en vertu d'un contrat passé, pour partie au moins, dans l'intérêt du déposant ou du bailleur et dont en conséquence ils ne pouvaient changer les conditions (3).

Evidemment, de ce que la possession est en certaines hypothèses une condition suffisante de l'action *communi dividundo*, il ne s'ensuit pas qu'elle soit toujours nécessaire; des propriétaires, des emphytéotes, des superficiaires, des usufruitiers, etc., peuvent demander le partage même s'ils ne possèdent pas (4).

Les servitudes prédiales ne constituent jamais des droits indivis. Une servitude active existe au profit du fond tout entier ou d'une part divise; on ne peut la concevoir existant au profit d'une part abstraite de copropriété. De même une servitude passive ne peut affecter que le fonds dans sa totalité ou une partie matérielle du fonds. Il est donc impossible qu'un droit de servitude, considéré en lui-même, fasse l'objet de l'action *communi dividundo*; mais les avantages que ce droit procurent sont susceptibles de plus ou de moins : ils peuvent être répartis entre différentes personnes; après avoir profité à un héritage tout entier *indistincte et confuse*, ils peuvent être divisés et leurs fractions rattachées à des régions différentes du domaine.

(1) 7, § 4. D. *h. t.*
(2) Cf. 7, § 5. D. *h. t.* — Comp. *infra*, Chapitre des Fins de non-recevoir.
(3) 7, § 11. D. *h. t.* Cf. Pothier. Pandectes, I, p. 333, n. 11.
(4) 30. D. *h. t.*

Pour certaines servitudes, cette division se produira naturellement à la suite du partage du fonds ; par exemple une servitude *altius non tollendi* profitera à tous les lots formés dans le fonds dominant qui auront vue sur le fonds servant : de même le *jus luminum* est attribué à tous les copartageants à qui échoit une partie du mur dans lequel les jours peuvent être percés. Il est clair que dans ces hypothèses et autres analogues il ne peut plus être question d'une action *communi dividundo* pour répartir les avantages de la servitude, celle intentée pour partager le fonds suffit ; comme le dit Labéon, *servitus ipsius fundi est et ideo in judicium non venit* (1).

Les choses ne se passent pas toujours aussi simplement. Souvent la division du fond n'entraine nullement celle des avantages de la servitude ; ainsi, une servitude de puisage, une servitude *arenæ fodiendæ* ne subissent quant à leur exercice aucun changement par le fait seul du partage. Il faut cependant en répartir l'utilité entre les copartageants proportionnellement aux lots. Dans ce but, les jurisconsultes accordaient une action *communi dividundo* utile. Mais cette solution n'allait pas sans difficulté. Labéon refusait l'action ; il la considérait comme sans intérêt pensant qu'en ce cas le droit aurait été divisé lors de sa concession ; *separatum a fundo divisum tamen mensura et temporibus ;* Paul et Pomponius rejetant cette idée se prononçaient en faveur d'un partage judiciaire : *Sed possunt jura interdum et separata a fundo esse nec mensura nec temporibus divisa ; veluti quum is cujus fuerant plures heredes reliquit. Quod quum accidit consentaneum est et ea in arbitrio familiæ erciscundæ judicium venire : igitur in hujus modi speciebus in communi dividundo judicio venit ut præfata jura aut mensura aut temporibus dividantur* (2).

Sur ce point, la doctrine de Paul et de Pomponius ne parait pas avoir

<hr>

(1) l, §§ 4, D. 10. 3.

(2) 19 § 4. D. h. t. — Pothier interprète différemment cette loi. D'après lui, les mots *jus a fundo separatum* désignent non pas une servitude, mais un droit personnel d'exiger sur un fonds des prestations analogues (Cf. G. II. 32. — 33, § 1, D. 8. 3. — 13. pr. D. 8. 4.) Quand un droit de cette nature appartient à plusieurs personnes sur le même fonds, il est nécessaire d'en régler l'exercice : c'est dans ce but que Paul et Pomponius accordaient les actions en partage. On ne peut objecter à Pothier, comme on l'a fait quelquefois, le principe que l'obligation de constituer une servitude est indivisible ; car il ne parle nullement d'une obligation de ce genre. On doit reconnaître également que dans le cas qu'il signale il peut se produire des conflits entre les créanciers et qu'il n'est pas impossible que l'action *communi dividundo* leur ait été étendue. Toutefois, l'interprétation est bien conjecturale. Il serait singulier que Paul et Labéon ne se fussent pas exprimés plus clairement sur

été contestée de leur temps. Néanmoins l'extension de l'action *communi div'dundo* aux servitudes ne cessa pas de soulever chez les jurisconsultes Romains de véritables scrupules. La plupart se refusaient à l'admettre dès que d'autres voies étaient accessibles. Aussi la voyons-nous généralement repoussée quant à son second chef, les prestations personnelles que peuvent se devoir les communistes, et remplacée par l'action *negotiorum gestorum*. Papinien est formel en ce sens dans la loi 31, § 7. D. 3. 5. *de Neg. gest.* où il dit : *Uno defendente causam communis aquæ sententia prædio datur ; sed qui sumptus necessarios probabiles in communi lite fecit negotiorum gestorum actionem habet* (1).

Des décisions analogues étaient données pour l'hypothèse où des propriétaires différents avaient sur un même fonds servant des droits de servitude qui pouvaient entrer en conflit. Ainsi le propriétaire d'une source concédait un droit d'aqueduc à deux de ses voisins ; c'était par l'action *communi dividundo* utile que ceux-ci, s'il s'élevait des désaccords entre eux, faisaient régler la manière de pratiquer leur prise d'eau, le temps pendant lequel ils devaient la laisser ouverte, etc. (2).

Mais s'agissait-il de régler les dépenses qu'avait pu leur occasionner l'exercice de ce droit, on les obligeait en général à employer l'action *negotiorum gestorum*. Paul le décide de la manière la plus nette et même traite assez mal Pomponius, qui avait cru pouvoir étendre jusque là l'action *communi dividundo. Si per eumdem locum via nobis debeatur et in eam impensa facta sit, durius ait Pomponius communi dividundo vel pro socio agi posse ; quæ enim communio juris separatim intelligi potest ? Sed negotiorum gestorum agendum* (1).

la nature de ces droits. Ils commencent par s'occuper d'une servitude, s'ils passaient ensuite à un droit qui en diffère autant qu'un droit personnel, ils n'auraient pas manqué d'accuser l'opposition. Sans doute, dans l'opinion que nous avons suivie et qui est généralement adoptée, on ne rend point parfaitement compte de l'idée de Labéon : *aut separatum fundo divisum tamen mensura et temporibus.* Comment le jurisconsulte pense-t-il que la division devra presque fatalement avoir eu lieu ? C'est là une sérieuse difficulté. Mais Pothier ne l'explique pas davantage. Son système n'aboutit donc qu'à compliquer l'hypothèse.

(1) V. Cujas *Resp. Papin.* I, *ad h. l.*

(2) Julien, 4. D. 43. 20. *De aqua quot.*

(1) 19. § 2. D. h. t. Dans la loi 52, § 12. D. pro socio, 17. 2. Ulpien, citant Cassius, admet l'action *pro socio* à raison de dépenses faites *ad communem rivum reficiendum* ; mais est-il en opposition avec Paul comme Cujas (Resp. Papin. II, ad leg. 3) § ult. D. 3. 5) semble le croire ? Le contrat antérieur de société ne justifie-t-il p... l'action qu'il accorde ?

Les droits de créance et d'obligations ne donnent jamais lieu à l'action *communi dividundo*, car ils sont toujours ou divisés de plein droit ou indivisibles. On voit cependant par la loi 3. D. 10. 2 que le juge pouvait les comprendre à titre d'accessoires dans l'action *familiæ erciscundæ* et en faire des attributions autres que celles qui résultaient de la division de plein droit. Cette répartition, quand elle portait sur des obligations, n'était pas opposable aux tiers, mais elle était obligatoire pour les cohéritiers dans leurs rapports mutuels. Portant sur des créances, elle produisait ses effets à l'égard des débiteurs, à l'aide de la *procuratio in rem suam* (1).

L'analogie de l'action *communi dividundo* avec l'action *familiæ erciscundæ* peut faire conjecturer que cette pratique lui fut étendue ; mais aucun texte ne le prouve. D'ailleurs, les créances qui se rattachaient à l'état d'indivision étaient beaucoup moins fréquentes chez des communistes ordinaires que chez des cohéritiers.

Il importe de remarquer en terminant ces indications sur les droits susceptibles de donner lieu à un partage, que l'action *communi dividundo* était employée sans difficulté entre personnes investies de droits de nature différente. Un rescrit d'Alexandre la montre notamment accordée entre un créancier gagiste et un propriétaire (2).

II

Des prestations personnelles.

Les obligations qui donnent lieu à des condamnations personnelles sont de différentes sortes.

Par suite de l'indivision, un communiste peut subir un dommage ou être amené à faire des dépenses : sous certaines conditions, il a droit de s'en faire indemniser par la communauté. A l'inverse, il peut réaliser sur la chose des bénéfices dont il doit faire part aux autres communistes, ou enfin commettre des fautes dont il leur doit réparation.

(1) 3. D. 10. 2.
(2) 2. C. 3. 37, *Communi dividundo.*

Nous étudierons :

1º Les obligations de la communauté envers ceux de ses membres qui se sont appauvris par suite de l'indivision, ce qui comprend :

A) La réparation du préjudice causé par la chose commune.

B) Le remboursement des dépenses faites au sujet de la chose commune ;

2º Les obligations des communistes envers la communauté, lesquelles se rangent sous deux chefs.

A) Bénéfices à communiquer.

B) Dommages intérêts.

§ I. Obligations de la communauté.

A). *Préjudice causé par la chose commune.* L'hypothèse la plus fréquente est celle où un esclave commun s'est rendu coupable d'un délit à l'égard de l'un des copropriétaires. On n'admettait pas que le maître lésé pût agir *noxaliter* contre les autres (1). Mais comme il était juste que ceux-ci eussent à supporter une partie de la perte proportionnelle à leurs droits sur l'esclave, il pouvait intenter contre eux l'action *communi dividundo* (2).

En pareil cas, l'action *communi dividundo* prenait plusieurs caractères des actions noxales :

1º Les copropriétaires poursuivis pouvaient soit payer la *litis æstimatio*, soit abandonner leur part de copropriété ;

2º L'action était donnée contre tous les tiers qui acquéraient postérieurement au délit une part dans l'esclave : *ut quodammodo noxalis actio caput sequatur* ;

3º Si l'esclave mourait avant la condamnation, les poursuites ne pouvaient plus être continuées, à moins que l'un des maîtres n'eût acquis *aliquid ex re furtiva.*

On voit, en un mot, que les jurisconsultes appliquaient dans ce cas le principe fondamental des actions noxales : à savoir que la responsabilité des délits d'un esclave avait pour cause unique sa possession, qu'elle naissait quand la possession était acquise et disparaissait quand la possession était perdue.

(1) Inst. IV. 8. 6. — 8. D. 9. 4, *de nox. act.* 43, § 12. D. 47. 2. *De furtis.*
(2) 16; § 6. D. 10. 2. — 61. pr. D. 47. 2. *de furtis.*

Mais il n'en subsistait pas moins de profondes différences entre l'action *communi dividundo* et les actions noxales.

1° Les actions données *noxaliter*, étant des actions nées de délit, avaient une condamnation, *in quadruplum, in triplum, in duplum*, ou au moins *in duplum adversus infitiantes* ; l'action *communi dividundo* qui naissait *quasi ex contractu* était *rei persecutoria* et n'emportait qu'une condamnation au simple. (16, § 6. D. 10. 2.)

2° Si l'esclave était affranchi, l'action noxale ne disparaissait que pour faire place à l'action du délit donnée directement contre lui. Un copropriétaire ne pouvait évidemment agir *communi dividundo* contre le *servus communis* affranchi ; d'autre part, il ne pouvait agir directement *ex delicto* ; car un maître n'avait jamais d'action *ex delicto* contre son esclave. (60. pr. D. 47. 2.)

3° Si les maîtres actionnés par l'un d'entre eux abandonnaient l'esclave, le transfert s'opérait par *adjudicatio*. (16, § 6. D. 10. 2.)

On peut rapprocher du cas où un esclave a commis un délit au préjudice d'un de ses maîtres, celui où il est son débiteur. Le maître créancier ne peut agir de peculio contre les autres propriétaires, il devra les actionner *communi dividundo* (1).

Mais pour que le maître puisse ainsi employer notre action à poursuivre la réparation d'un dommage ou le paiement d'une dette de l'esclave commun, il est en principe nécessaire que le fait productif d'obligation ait eu lieu pendant l'indivision.

Ainsi l'esclave a-t-il contracté avec un tiers qui postérieurement a acquis sur lui un droit de copropriété, l'action *communi dividundo* ne sanctionne pas cette obligation, le maître peut agir *de peculio* (2).

La position du maître est beaucoup moins avantageuse quand il s'agit de la réparation d'un délit. En ce cas, l'acquisition qu'il fait d'une part indivise de l'esclave, impuissante à lui procurer l'action *communi dividundo* pour ce qui touche à l'indemnité, lui fait perdre l'action *ex delicto* ; il se trouve dénué de tout recours (3).

La rigueur de cette solution n'avait pas fait reculer les jurisconsultes ; ils admettaient toutefois un tempérament dans un cas particulier.

(1) 51. 58. 19, *in fine*. 20. D. 15. 1, *de Peculio*.
(2) 29. pr. D. 15. 1.
(3) 43, § 12. D. 47. 11.

L'espèce est prévue par la loi 8. D. 9. 4, *de nox. action*. Quand un esclave commun se rend coupable d'un délit au préjudice d'un tiers, celui-ci peut actionner *noxaliter* pour le tout l'un quelconque des copropriétaires. Le copropriétaire actionné ne peut faire l'abandon noxal pour partie : il doit donc ou obtenir le consentement des autres communistes, ou payer la *litis æstimatio* (1). Bien qu'il ait un recours à raison de ces dépenses, il peut ainsi se trouver contraint à des avances onéreuses et dont le recouvrement n'est pas toujours sûr. Aussi jugea-t-on nécessaire de lui venir en aide. On lui permit d'échapper aux poursuites en cédant au demandeur avant la *litis contestatio* sa part de copropriété. Mais alors le demandeur est placé dans une position singulière. Devenu copropriétaire de l'esclave, il ne peut plus ag'r *noxaliter* ; n'ayant acquis son droit que postérieurement au préjudice qu'il a éprouvé, il ne peut agir *communi dividundo* ; tout moyen juridique lui échappe pour compléter la réparation imparfaite qu'il a obtenue. Tel est le résultat où conduit l'application des principes, elle aboutit, pour ainsi dire, à un déni de justice. Afin d'éviter une iniquité aussi manifeste une dérogation fut admise : on autorisa la victime du délit à intenter l'action *communi dividundo*.

B). *Dépenses faites par un des communistes.* Quatre conditions sont nécessaires pour que le communiste puisse se faire indemniser par l'action *communi dividundo* des dépenses que lui a occasionnées la chose commune. Il faut : 1° que la dépense ait été faite pendant l'indivision ; 2° qu'elle soit utile ; 3° qu'elle ait été faite dans l'intérêt commun ; 4° qu'il ait été impossible de la faire pour partie.

1° La première condition que nous avons déjà vu exiger pour la réparation du dommage causé par la chose commune, est mentionnée en termes exprès par la loi 4, § 3. D. *h. t.* Le paragraphe suivant en indique une application qui a soulevé quelques difficultés. Deux personnes auxquelles un tiers refuse la caution *damni infecti* sont mises *in possessione* par un décret du Préteur ; avant le second décret qui leur attribuera la possession civile, l'une d'elle répare l'édifice ; d'après Julien, dont Ulpien rapporte l'opinion, elle ne pourra répéter ses dépenses par l'action *communi dividundo*, le premier décret étant insuffisant pour établir l'indivision.

(1) Adde 4. D. 2. 9. *Si ex nox. causa.*

Immédiatement après ce texte se trouve une loi du même Julien où il est dit : *Sed si res non defenderetur, et ideo jussi sumus a prætore eas ædes possidere, et ex hoc dominium earum nancisceremur, respondit Proculus, communi dividundo judicio partem ejus impensæ me servaturum esse.*

D'après Pothier, ce fragment aurait pour but de corriger ce que la solution donnée dans le précédent a, pense-t-il, d'excessif. Après avoir traité l'hypothèse selon le droit rigoureux et rejeté l'action, Julien se placerait dans la loi 4, au point de vue de l'équité. Ulpien donnerait une solution à peu près conforme dans la loi 15, § 19. D. 39. 2. *De damno infecto.*

D'autres commentateurs rejettent cette interprétation et expliquent ces différents textes à l'aide de l'hypothèse que prévoit le dernier (15, § 19, D. 39. 2). Ulpien s'y occupe de dépenses faites avant le premier décret, mais dont le remboursement n'est poursuivi qu'après le second : dans de telles conditions, il n'hésite pas à accorder l'action. La loi 5. D. 10. 3, aurait en vue une espèce semblable.

Ni l'une ni l'autre de ces deux explications ne nous semble admissible. Les textes n'opposent, nullement comme Pothier le voudrait, le droit strict à l'équité, cette distinction n'est ici qu'une conjecture sans appui sérieux.

Quant au second système, il met Ulpien et Julien en contradiction avec les principes généraux ; il met aussi Ulpien en contradiction avec une de ses propres solutions.

D'une part, en effet, c'est une règle constante que l'action *communi dividundo* ne sanctionne pas les obligations antérieures à l'indivision ; or, on admet que l'indivision n'existe pas après le premier décret ; il est donc impossible que des dépenses faites à cette époque puissent, quels que soient les événements ultérieurs, être l'objet de l'action.

D'autre part, on attribue à Ulpien cette idée que les demandeurs, tant qu'ils sont simplement *in possessione*, ne peuvent être regardés comme étant dans l'indivision ; or dans la loi 7, § 8., D. 10,3., Ulpien décide formellement qu'il y a indivision entre personnes mises *in possessione custodiæ gratia.*

L'opinion suivante nous paraît préférable. Tous les jurisconsultes étaient d'accord pour reconnaître que les dépenses faites après le second décret donnaient lieu à l'action *communi dividundo* ; c'est l'hypothèse que résout Julien dans la loi 5. D. 10. 2. Il y avait divergence au sujet des dépenses faites après le premier décret. Julien vivant à une époque relativement ancienne, suit la doctrine la plus sévère et rejette l'action. Ulpien, dans la loi 4, § 4. D. 10. 3, rapporte son sentiment, mais sans l'approuver. Pour lui, au contraire, qui écrit à une époque plus récente, il donne une extension plus grande à l'action *communi dividundo* et n'hésite pas à l'appliquer aux dépenses faites avant le second décret, car dès ce moment il y a possession *custodiæ gratia*. Il n'importe pas que la demande soit formée après que le second décret a mis les possesseurs *in causa usucapiendi*; cette circonstance relevée par la loi 15, § 19. D. 39. 2, est purement accidentelle et n'a aucune influence sur le droit (1).

2° La dépense doit être nécessaire ou utile ; les dépenses voluptuaires ne donnent lieu à aucune indemnité, c'est l'application des principes qui gouvernent tous les réglements de cette nature (2). Deux textes cependant pourraient faire croire qu'entre communistes la répétition n'est ouverte que pour des impenses nécessaires (Inst. III. 27. § 3. — 1. § 5. D. 37. 7. *de dotis collatione*). Mais une telle dérogation serait incompréhensible ; le texte des Institutes n'est pas assez explicite pour la faire admettre, et elle est repoussée par un grand nombre d'autres fragments. Tous ceux qui parlent du remboursement des impenses emploient le mot *impensæ* sans lui ajouter aucune qualification ; c'est assez montrer qu'ils s'en réfèrent aux principes ordinaires (3). Les exemples qu'ils donnent sont fréquemment des exemples de dépenses simplement utiles. Ainsi la loi 6. § 12 D. 10. 3, supposant qu'un communiste attaqué en dénonciation de nouvel œuvre continue les travaux et encourt à ce propos une condamnation pécuniaire, lui accorde un recours contre l'autre co-propriétaire *si interfuit ædium hoc fieri*. Enfin dans un cas où le communiste n'a que le droit de *retenir* ses impenses dans l'action *communi dividundo*, et où par conséquent il est moins favorablement traité que quand il peut en *demander* le remboursement, la loi 14, § 1, dit en propres termes qu'il s'agit des mêmes frais dont un possesseur de bonne foi actionné en revendication peut se faire tenir compte à l'aide de *l'exceptio doli* ; or il n'y a pas de doute qu'un défendeur à l'action en revendication qui a possédé de bonne foi puisse se faire indemniser de ses dépenses utiles.

(1) V. Ribéreau, *De l'Action Communi Dividundo, Thèse pour le doctorat,* p. 73.
(2) 27. pr. D. 3. 5. *De negot. gest.*
(3) V. entre autres 4, § 3. — 6, § 12 — 11 — 14, § 1. — 22 — 29. D. *h. t.*

Le § 3, Inst. III. 27 doit donc s'expliquer par une simple omission. Quant à la loi 1. § 5. D. 37. 7, beaucoup trop précise pour qu'on puisse y soupçonner une erreur (1) ; elle doit être regardée comme posant une règle exceptionnelle propre à la *collatio dotis*.

Dans le cas où la dépense n'avait pas été complétement utile, l'action n'était donnée que dans les limites de l'utilité.

Par exemple, un communiste actionné à raison du délit de l'esclave indivis payait la *litis æstimatio* au lieu de faire l'abandon noxal, bien qu'elle fût supérieure au prix de l'esclave ; il ne pouvait réclamer aux aatres maîtres qu'une somme égale à la valeur de leur droit de copropriété (2).

Comme en matière de *negotiorum gestio*, on considérait la dépense, pour apprécier son utilité, au moment où elle avait été faite ; peu importait que dans la suite le profit eût disparu. La loi 25 D. h. t. en donne un exemple. L'esclave commun Stichus achète un autre esclave, Pamphile, dont il fait son *vicarius*. L'acheteur actionne en paiement *de peculio* un des copropriétaires. Celui-ci, pour conserver Pamphile qui fait partie du pécule de l'*ordinarius* Stichus, désintéresse le demandeur. Que Pamphile vienne à mourir ; pourvu que lors du paiement il ait une valeur égale ou supérieure à la somme payée, le copropriétaire qui a fait la dépense n'en aura pas moins droit à une indemnité qu'il obtiendra par une action *communi dividundo* utile (3).

Nous trouvons encore une application de ce principe dans la loi 9 de notre titre où est rappelé également celui d'après lequel le montant de l'indemnité se mesure à l'utilité de la dépense (4).

Un copropriétaire est poursuivi *de peculio* à raison d'une obligation contractée par l'esclave indivis, il paye la somme demandée, conservant ainsi à ses cointéressés le pécule commun. Quand même le pécule viendrait à périr, il n'en aurait pas moins le droit d'obliger ceux-ci à lui rembourser la part qui les concernait dans la dette, et de les actionner dans ce but par le *judicium communi dividundo utile*. Mais il n'en sera

(1) *Quum dos confertur impensarum necessariarum fit detractio ; ceterarum non.*
(2) 8, § 3, D. h. t.
(3) Cette action est absolument nécessaire, car des copropriétaires ne peuvent agir *de peculio* l'un contre l'autre à raison d'une dette de l'esclave commun (20. D. 15. 1. *De Pecul.*).
(4) Voir Cujas *Ad Africanum Tractatus VII.*

ainsi, ajoute Africain, qu'à une condition, c'est que ni le copropriétaire poursuivi *de peculio*, ni les autres n'aient commis de faute. *Hæc ita si neutrius culpa intervenerit. Etenim dominum cum quo de peculio agitur, si paratus sit rebus peculiaribus petitori cedere, ex causa audiendum putavit ; scilicet si sine dolo malo et frustratione id faciat.* Cujas a très-clairement développé la pensée trop brièvement exprimée du jurisconsulte. Africain rappelle la règle que tout propriétaire actionné *de peculio* peut offrir de céder le pécule : quand sa proposition examinée paraît ne cacher ni fraude, ni dol, elle doit être admise et l'action arrêtée. Si dans l'espèce la valeur des *res peculiares* était inférieure à celle de la dette, il y a eu faute à ne pas en faire l'abandon, et la responsabilité peut retomber, soit sur le copropriétaire actionné par le créancier de l'esclave, soit sur les autres : sur le copropriétaire actionné, si pouvant faire la cession il y a manqué ; sur les autres, s'ils lui ont refusé leur consentement qui lui était indispensable, puisqu'il s'agissait d'aliéner une chose commune. Dans le premier cas, le copropriétaire devra déduire de sa réclamation l'excédant de la somme, qu'il a payée, sur la valeur du pécule ; dans le second, il pourra réclamer outre la contribution de ses co-intéressés tout ce dont sa part de charge aurait été réduite s'il avait fait l'abandon du pécule.

3° Il fallait que la dépense eût été faite *communi nomine* (1). L'erreur sur la personne des autres communistes ne mettait pas obstacle à l'exercice du recours ; toutefois, en pareil cas, l'action n'était donnée que *utilitatis causa* (2).

Si le communiste, connaissant l'existence de l'indivision, agit *non communi nomine sed ut lucretur solus*, il est tenu de partager le profit et supporte seul toute la perte (3).

---

(1) 14, pr. D. h. t.

(2) 6 pr. D. h. t. et 20 pr. D . h. t. Pour expliquer sa décision, le texte ajoute : *neque enim negotia socii gero sed propriam rem tucor et magis ex re in quam impenditur quam ex persona socii actio nascitur.* Cette phrase, dans ses premiers mots surtout, peut paraître en contradiction avec la règle que le communiste qui considère la chose comme lui appartenant exclusivement ne peut agir *communi dividundo*. Mais il n'en est rien, Pothier d'après Cujas, a très-exactement paraphrasé le texte en ces termes : *Actio communi dividundo magis ex eo nascitur quod in rem communem largam communem impensum est, quam ex eo quod habita fuerit contemplatio personæ socii. Pand.* 1, p. 351. — Cf. Glück *Erlauterung der Pandecten,* T. XI, p. 148.

(3) 6. § 2. D. h. t.

Quand il ignorait que la chose fût indivise, on lui refusait également l'action à l'effet de se faire indemniser, par la raison qu'il n'avait pas eu, comme dans le cas de simple erreur sur la personne, l'intention d'obliger. Mais on lui accordait, lorsqu'il était lui-même actionné en partage, le droit de retenir la chose commune à l'aide d'une exception de dol jusqu'à ce que les autres copropriétaires eussent payé leur part des dépenses (1). L'espèce était ainsi régie par les mêmes principes que le cas où un possesseur de bonne foi construit sur le terrain d'autrui; l'analogie ou plutôt l'identité est en effet complète; en ce qui concerne la part des autres communistes, celui qui a fait des dépenses *ut in rem propriam* est un possesseur de bonne foi d'une chose qui ne lui appartient pas.

La loi 14, § 1 qui donne ces solutions (répétées d'ailleurs par la loi 29 h. t.), présente une phrase incompréhensible. Paul commence par poser le principe que le communiste est réduit à un droit de rétention, puis d'après les manuscrits il ajoute : *Quæ quum ita sint, rectissime dicitur etiam impendiorum nomine utile judicium dari debere mihi in socium, etiam manente rei communione* ; conclusion d'une incohérence évidente et qui se trouve en contradiction non-seulement avec le début du paragraphe, mais encore avec la phrase qui suit immédiatement où Paul revenant sur l'idée qu'il a déjà développée, s'exprime ainsi : *Diversum est enim quum quasi in rem meam impendo quæ sit aliena aut communis; hoc enim casu, ubi quasi in rem meam impendo, tantum retentionem habeo quia neminem mihi obligare volui.*

Il est manifeste que le texte est corrompu. Diverses corrections ont été proposées. Le président Fabre (2) lit : *utile judicium dari* NON *debere.* Paul, d'après lui, continue l'exposé de l'hypothèse déjà discutée dans la phrase précédente. La phrase suivante s'accordant mal avec cette leçon, puisque le mot *Diversum* annonce une opposition entre deux hypothèses et que cependant il y est toujours question de la même et de celle-là seule, Fabre la modifie ainsi : *Diversum est enim* QUUM QUASI IN REM ALIENAM AUT COMMUNEM, AUT *quum quasi in rem meam impendo.*

Cujas, que suit Pothier, place autrement la négation dans la phrase *Quæ quum ita...* et lit : *utile judicium dari debere mihi in socium etiam*

(1) 29, 14, § 1. D. h. t.
(2) *Conjectur. juris civ.* Lib. III, cap. 2.

NON *manente rei communione* 1). Avec le texte ainsi écrit, Paul abandonne l'hypothèse qu'il avait posée auparavant, pour revenir au cas général prévu par le *principium* de la loi, c'est-à-dire au cas de dépenses régulièrement faites *communi nomine*, et décide que dans ces conditions le communiste aura l'action *communi dividundo* même après la cessation de l'indivision, que seulement l'action sera une *actio utilis*. Dès lors la phrase *Diversum...* s'explique d'elle-même. Le jurisconsulte insiste sur la différence entre la situation du communiste qui a fait des dépenses *nomine communi* et la situation de celui qui les a faites *quasi in rem propriam*; dans le second cas, comme l'auteur des dépenses est réduit à un droit de rétention, il perd après que l'indivision a pris fin tout moyen d'obtenir son remboursement.

Enfin Glück (2) donne une interprétation qui n'est au fond que celle de Fabre rendue plus plausible. Le passage discuté devrait être rétabli ainsi: *etiam impendiorum nomine* NE *utile judicium dari debere mihi in socium, etiam manente rei communione.* L'altération du texte proviendrait de la suppression de la négation NE *par gémination* Quand deux syllabes semblables se suivent, les manuscrits abrègent habituellement en supprimant la seconde, qu'ils remplacent par un signe de rappel; l'omission de ces sortes de signes est une des fautes les plus fréquentes des copistes; c'est ainsi qu'aurait disparu le mot NE confondu avec la dernière syllabe du mot *nomine*. Ceci admis, on doit entendre *ne* au sens de *ne... quidem*, ellipse rare et assez impropre, mais dont on trouve plusieurs exemples, particulièrement dans les textes de Paul (3). Le jurisconsulte corrobore le principe qu'il a posé dans la phrase qui précède, en appuyant sur le refus de l'action, fût-ce une action utile, et cela même pendant la durée de la communauté.

En même temps d'après Glück, il est inutile de faire subir à la phrase *Diversum....* le remaniement qu'a imaginé Fabre; Paul se référerait à l'hypothèse de dépenses faites *nomine communi* qu'il a résolue dans le *principium*: il établirait l'antithèse entre ce cas et celui dont il vient de parler.

---

(1) *Quaest. Pauli, Lib. II, ad leg.* 20, D, 10, 3.

(2) Glück, *Erlauterung der Pandecten*, T. XI, p. 160. — Glück attribue l'idée de cette correction à un auteur nommé *Petrus Duirsema*.

(3) 13, § 1, D. *De inter. in jure.* — 31, pr. D. *De excusat.* - - 21, § 1, D. *De act. rer. amot.* — 2 D. *De rei vindic.* -- *Collat. Leg. mosaic.* XVI. § 3.

Il est sans doute difficile et peu important de se prononcer entre ces variantes toutes conjecturales et qui n'offrent d'intérêt qu'au point de vue de la critique philologique. Si pourtant il fallait choisir, c'est encore à celle de Cujas que nous donnerions la préférence, comme étant de beaucoup la plus simple. Elle suppose à la vérité qu'à la phrase *Quæ quum ita…* Paul fait un brusque retour sur une idée déjà éloignée : mais Glück est obligé d'admettre le même vice de rédaction dans la phrase *Diversum…* Quant à Fabre, sans autre guide que lui-même, il s'écarte beaucoup trop du texte des manuscrits.

4° Il faut que le communiste n'ait pas pu faire la dépense seulement pour la partie qui le concernait : sinon la créance n'a plus sa cause exclusive dans l'indivision ; en ce qui concerne la part des autres copropriétaires, l'acte est purement et simplement une gestion d'affaires, le recours s'exercera par l'action *negotiorum gestorum contraria* (1). Sans parler de la procédure, la distinction n'est pas sans importance quant au fond du droit. Ainsi qu'on le verra, le communiste agissant comme tel n'est tenu que de la faute légère *in concreto* ; agissant comme *negotiorum gestor*, il répond de la faute légère *in abstracto*.

Les textes indiquent différents exemples de dépenses qui se font nécessairement pour le tout : la chose commune est hypothéquée : le créancier menace de la vendre ; pour arrêter les poursuites et faire tomber l'hypothèque, il est nécessaire de payer la dette entière (2).

Un esclave indivis commet un délit : un de ses maîtres est actionné *noxaliter* et l'indemnité réclamée étant inférieure au prix de l'esclave, il la paye : il ne peut la payer pour partie (3).

Au contraire, si la maison commune menaçant ruine, un voisin réclame la caution *damni infecti*, chacun peut la donner pour sa part : celui qui la donne *in solidum* ne peut demander qu'il lui en soit tenu compte dans l'action *communi dividundo* (4).

Les quatre conditions que l'on vient de passer en revue sont les seules qui fussent exigées pour que les impenses rentrassent dans les *prestationes personales* de l'action *communi dividundo*. Il n'était même pas nécessaire que la somme fût actuellement déboursée ; il suffisait que la dé-

(1) 6, § 2. D. *h. t.*
(2) 18, § 7. D. 10. 2.
(3) 25, § 15. D. 10. 2. — *Adde* 44. § 8. — 18. § 6 — 44. § 7 — 39. D. *eod. tit.*
(4) 6 § 7. D. *h. t.* — 10. D. 3. 5. *De negot. gestis.*

pense fût imminente, car dans les actions de bonne foi, comme on l'a indiqué plus haut (p. 10), le juge pouvait prendre des mesures pour l'avenir. Ainsi le copropriétaire actionné *noxaliter* à raison d'un délit de l'esclave commun pouvait, avant d'être condamné, demander aux autres maîtres par l'action *communi dividundo* la cession de leurs parts, de manière à être en état de faire l'abandon noxal pour échapper au paiement de la *litis æstimatio*; seulement il devait promettre aux cédants la restitution de leur part s'il ne faisait pas l'abandon (1).

Certaines des conditions exigées pour qu'une dépense figurât dans l'action *communi dividundo*, son utilité et l'intention d'agir dans l'intérêt de la communauté, étaient également les conditions essentielles de la gestion d'affaires. Aussi on a vu que dans certaines circonstances l'action *negotiorum gestorum* suppléait à l'action *communi dividundo*. Faut-il admettre entre ces deux actions des rapports plus étroits encore, et dire que, quand toutes les conditions nécessaires à l'action *communi dividundo* étaient réunies, les communistes pouvaient employer indifféremment l'une ou l'autre ? La même question se pose entre les actions *negotiorum gestorum* et *familiæ erciscundæ*.

Voet et Glück se prononcent en faveur du concours.

On peut dans ce sens invoquer divers textes.

Dans la loi 18. § 1 C, 3.36, Dioclétien et Maximien disent : *In communi autem hereditate quin sumptus ab uno facti bona fide, familiæ erci-cundæ judicio vel negotiorum gestorum actione servari possint non est ambiguum.*

Un rescrit de Sévère et d'Antonin est encore plus explicite : *Sive pro fratre coherede pecuniam solvisti negotiorum gestorum actione experiri potes, sive pignoris liberandi gratia debitum universum solvere coactus es actionem eamdem habebis, vel judicio familiæ erciscundæ, si non est inter vos redditum, eam quantitatem assequereris (3. C. 2. 19).*

Dans la loi 14. § 1 *in fine* D. 10. 3, Paul prévoyant le cas où un communiste a fait une dépense *communi nomine*, mais en se méprenant sur la personne de son cointéressé, puis a aliéné sa part, lui accorde une action *negotiorum gestorum*. Dans la loi 6. § 1, prévoyant une hypothèse analogue, il donne l'action *communi dividundo* utile (2).

(1) 13. D. 10. 2.
(2) Cf. Glück. *op. citato*, T. XI, p. 165.

Un communiste soutient un procès relativement à une servitude d'aqueduc existant au profit du fonds indivis. En vertu du principe de l'indivisibilité des servitudes, la sentence peut être invoquée par les autres copropriétaires et leur est opposable. Celui qui a figuré dans le procès était donc dans l'impossibilité d'agir pour sa part. La dépense rentre sans aucun doute dans les *præstationes personales* de notre action. Néanmoins on voit Papinien admettre et même, semble-t-il, préférer l'action *negotiorum gestorum : Uno defendente causam communis aquæ, sententia prædio datur : sed, qui sumptus necessarios probabiles in communi lite fecit, negotiorum gestorum habet actionem* (31. § 7. D. 3. 5.)

Malgré la force de ces arguments, le système contraire est généralement suivi.

Si deux des règles de l'action *communi dividundo* se confondent avec celles de l'action *negotiorum gestorum*, il en est une troisième qui est en opposition directe avec les principes de la gestion d'affaires. Le gérant doit avoir agi dans l'intérêt exclusif du maître de la chose : pour que le communiste puisse réclamer une dépense par l'action *communi dividundo*, il faut qu'il n'ait pas pu la faire partiellement, c'est-à-dire qu'il n'ait pas agi d'une manière désintéressée en faveur des autres communistes, mais bien contraint et forcé par la nature indivisible de l'acte qu'il voulait faire pour lui-même. Paul le dit en propres termes : *neque enim negotia socii gero, sed propriam rem tueor.*

Il reproduit la même idée dans la loi 25. § 16. D. 10. 2, et cette fois en tire la conclusion de la manière la plus expresse : *hic propter suam partem causam habuit gerendi ; et ideo negotiorum gestorum actio ei non competit.*

Reste à concilier les lois invoquées par le système adverse (18, § 1, C. 3.36. — 3. C. 2. 19. — 14, § 1, D. 10.3. — 3 § 7. D. 3.5.)

De ces quatre textes, il faut écarter immédiatement le premier ; il y est bien question des deux actions, mais rien n'indique que les empereurs les admettent simultanément. Ils considèrent d'une manière générale les dépenses qu'a pu faire un héritier, et se bornent à énoncer cette vérité incontestable qu'elles peuvent être réclamées tantôt par l'action *familiæ erciscundæ* tantôt par l'action *negotiorum gestorum.*

____

(1) 29. D. h. t.

Quant à la loi 14. § 1, D. 10. 3, combinée avec la loi 6 § 1. D. *eod. tit.*, elle serait, bien que les hypothèses ne soient pas exactement semblables (p.48), un argument grave, si elle donnait véritablement la solution qu'on lui attribue. Mais Cujas a démontré que les mots *negotiorum gestorum* y avaient été introduits par interpolation. Ce texte a exclusivement pour but de résoudre diverses questions relatives à l'action *communi dividundo*. L'action *negotiorum gestorum* figure il est vrai dans les lignes qui précèdent la phrase controversée, mais simplement comme terme de comparaison. En conservant la leçon vulgaire, on prête à Paul des idées sans suite, un raisonnement tout à fait incohérent. Il vient d'expliquer longuement que le communiste qui se trompe sur la personne de ses cointéressés n'en a pas moins une action *communi dividundo* pour répéter ses dépenses : ce serait un non-sens d'ajouter: donc même s'il aliène sa part comme l'action *communi dividundo* existait déjà à son profit, il devra avoir l'action de gestion d'affaires : *Igitur et si abaliena- vero prædium, quia in ea causa fuit ut mihi actio dari deberet, danda mihi erit (ut Julianus quoque scribit) negotiorum gestorum actio.* La conclusion n'a aucun rapport avec les prémisses. Le jurisconsulte a parlé évidemment de l'action *communi dividundo* : les mots *negotiorum gestorum* sont une glose erronée qui s'est glissée dans la loi, *pessimi interpretis glossema*, comme dit Cujas.

La loi 31. § 7. D. 3. 5 doit être expliquée par les remarques que nous avons présentées au sujet des servitudes prédiales. On a vu avec quelles difficultés et quelles réserves l'action *communi dividundo* avait été acceptée pour régler leur exercice. L'indivisibilité de la servitude empêchant toute *communio juris* entre ses divers titulaires, les jurisconsultes considéraient l'action en partage comme manquant de sa condition primordiale et ne se résignaient à l'employer que si les circonstances l'exigeaient absolument. Pour la répétition des impenses, ils trouvaient à leur portée l'action *negotiorum gestorum* et n'hésitaient pas à lui donner la préférence (1). On a vu avec quelle vivacité Paul soutenait cette opinion (19, § 2. D. h. t.). Il parle, il est vrai, de plusieurs servitudes s'exerçant sur un même fonds ; mais la différence n'importe pas : dans l'un et l'autre cas, l'action *communi dividundo* est donnée pour régler les débats qui s'élèvent dans l'exercice du droit (comp. 19. § 4. D. h. t. —

____

(1) Cf. Cujas, *Resp. Papin.* II ad legem 3, § 7. D. 3. 5.

4. D. 43. 20) ; dans l'un et l'autre cas elle est fondée, non sur l'indivision, qui n'existe pas plus entre titulaires d'une même servitude qu'entre titulaires de plusieurs, mais uniquement sur la nécessité pratique de terminer un conflit dont souffrent le bon ordre et les intérêts de tous ; dans l'un et l'autre cas la même raison de principe se présente pour la repousser dès qu'elle n'est plus indispensable, et le raisonnement de Paul a une égale valeur.

Une objection cependant a été faite par Pothier (1). Dans l'hypothèse que prévoit Papinien, la servitude profite à un domaine commun. Ne peut-on pas dire que les frais ont été déboursés dans l'intérêt de ce fonds et qu'il y a par conséquent raison suffisante pour admettre l'action *communi dividundo* ? Assurément, il n'y aurait rien que de raisonnable dans cette appréciation des faits ; mais telle ne paraît pas avoir été l'idée suivie par les jurisconsultes. Quand il existe ainsi deux objets, sur lesquels plusieurs personnes ont des droits, l'un accessoire, l'autre principal, ils s'attachent en règle générale pour déterminer les conditions du recours, non pas au principal, mais bien à celui dans l'intérêt immédiat duquel la dépense a eu lieu. Une preuve irrécusable s'en trouve dans la loi 9. D. *h. t.*, que nous avons déjà commentée. Un copropriétaire assure la conservation du pécule en payant une dette de l'esclave commun ; supposant que les *res peculiares* ont péri, tandis que l'esclave, cause première de la dépense, existe encore, Africain n'accorde l'action *communi dividundo* qu'à titre utile, ainsi qu'il est de règle quand la chose commune a cessé d'exister (2).

On le voit, Papinien dans la loi 31, § 7, D. S.5, ne pouvait, d'après la doctrine générale, admettre et n'admettait en effet que l'action de gestion d'affaires. Ce fragment, loin que le système du concours y trouve un argument, est une preuve de l'incompatibilité des deux actions.

Enfin, si ni le texte ni le sens de la constitution 3. C. 2. 19 ne sont douteux en faveur du concours, il est inexact d'en déduire une règle générale. La solution n'est donnée que pour un cas particulier, où, à raison des circonstances de l'espèce, elle ne blesse pas les principes. La dépense, dont s'occupent Sévère et Caracalla, a eu pour cause le paiement d'une dette héréditaire garantie par un gage. Le cohéritier

<hr>

(1) Pothier, *Pandectæ*, I. p. 120, n. 6.
(2) Cujas, *ad Africanum tractatus*, VII.

était tenu de deux manières, hypothécairement pour le tout, personnellement pour sa part et portion. Il ne pouvait acquitter l'obligation hypothécaire que *in solidum*; mais il pouvait se contenter d'éteindre pour sa
part l'obligation personnelle. A un point de vue, il remplit donc les conditions de l'action *communi dividundo*; à un autre, celles de l'action
negotiorum gestorum. C'est à bon droit qu'on le laisse employer l'un ou
l'autre de ces recours selon qu'il se présentera, comme ayant acquitté
l'une ou l'autre des obligations (1).

§ 2. — Obligations des communistes envers la communauté.

A). *Bénéfices à communiquer.* Un communiste devait compte à la
communauté de tout l'enrichissement qu'il avait retiré de la chose indivise.

L'exécution de cette obligation rentrait dans les *præstationes* de l'action *communi dividundo*. Mais en vertu de principes déjà étudiés dans
le § précédent, deux conditions étaient requises :

1 Il fallait que les bénéfices eussent été réalisés depuis que la chose
était commune *Plane fructus percepti antequam res communis esset...
in judicium communi dividundo non veniunt* (2).

2° Il fallait que l'acte d'où résultait le bénéfice n'eût pu être fait pour
partie. Sinon l'action *communi dividundo* faisait place à l'action *negotiorum gestorum directa* (3).

B). *Dommages-intérêts.* Le communiste qui a commis une faute au
préjudice de la communauté lui en droit réparation (4). Comme il s'a-
git d'une action de bonne foi, il répond non-seulement de la faute *in
committendo*, mais encore de la faute *in omittendo.*

On ne lui demandait pas d'ailleurs toute la diligence d'un bon père
de famille ; il suffisait qu'il apportât aux affaires communes les mêmes
soins qu'aux siennes propres (5). En un mot, pour employer la termi-
nologie moderne, il était tenu de la *culpa levis in concreto.* Paul, dans

---

(1) Cf. 16. Lyon-Caen. *Thèse sur l'action familiæ erciscundæ.*
(2) 4, § 3. D. h. t.
(3) 6, § 2. D. h. t.
(4) 8, § 2. D. h, t.
(5) 25, § 16. D. 10. 2. — 72 D. 17. 2.

la loi 25, § 16. D. 10. 2, explique très-bien pourquoi la responsabilité n'était pas plus étendue : le cohéritier, dit-il, agit autant pour lui que pour ses cointéressés ; ce n'est pas un *negotiorum gestor* s'immisçant dans les affaires d'autrui : *propter suam partem causam habuit gerendi, et ideo negotiorum gestorum actio non competit.*

C'est à cette idée qu'il faut s'en tenir,. et l'on ne saurait approuver la fin du texte où le jurisconsulte assimilant aux cohéritiers les légataires d'une même chose ajoute : *nam et hos conjunxit ad societatem non consensus sed res.* Une preuve irrécusable que ce motif ne peut se soutenir est que jamais les *associés* ne sont tenus plus sévèrement que les autres communistes (72. D. 17. 2.) (1). Mais à son tour Gaius, qui donne cette solution commet une exactitude en présentant à l'appui précisément le motif contraire à celui que nous venons de critiquer chez Paul : *nam qui parum diligenter socium sibi assumpsit de se queri debet.* Evidemment si cette considération avait quelque valeur, il faudrait dire qu'un contractant ne peut jamais exiger de son co-contractant la diligence du *bonus paterfamilias* ; au lieu qu'en réalité la responsabilité de la faute *in abstracto* est de règle dans les contrats commutatifs.

Il est clair d'ailleurs que, si la faute est appréciée selon des règles identiques, quelle que soit l'origine de l'indivision, on n'a pas à tenir compte de cette origine, et que c'est l'état d'indivision pris en lui-même, abstraction faite de toutes circonstances accessoires, qui influe sur la responsabilité. (2)

En certains cas la réparation des fautes pouvait ou devait être poursuivie par d'autres actions que l'action *communi dividundo.*

Aussi en cas de faute Aquilienne le communiste pouvait choisir entre les actions divisoires et l'action *legis Aquiliæ* (3), en cas de vol il pouvait employer s'il y trouvait avantage la *condictio furtiva* (4).

Quand un des communistes aliénait sa part dans la chose *judicii mutandi causa,* c'est-à-dire pour se substituer une personne contre

(1) *Adde* 23. D. De reg. jur.
(2) Le Digeste cite divers exemples de fautes. Voir notamment 20-26-27-28 D. h. t. Le texte de la loi 20 est contesté ; on trouvera une discussion complète à ce sujet dans Glück, *Erlauterung der Pandecten* T. XI, p. 141 et suiv. Adde Cujas *Observat. Lib.* XIII. *cap.* 29, Pothier *Pandectæ,* T. I, n° LXXXIX.
(3) 47 § 1. D. 17. 2. *Pro Socio.* 16 § 5. D. 18. 2 — 10. pr. D. h. t.
(4) 43 — 47. pr. D, 17. 2. *Pro Socio.*

laquelle l'action en partage fût plus difficile, il tombait sous le coup d'une action prétorienne *in factum*, créée pour réprimer en toute matière ces aliénations frauduleuses. Par cette action *in factum* la partie lésée obtenait *quantum ejus interesset alium adversarium non habuisse*. Peut-être, d'après une règle admise au sujet de la revendication et qui paraît avoir été générale, le communiste qui avait fait l'aliénation pouvait-il échapper à l'action en déclarant qu'il acceptait un *judicium utile communi dividundo quasi possedisset* (1).

Chaque communiste à le *jus mortuum inferendi* sur le fonds commun ; mais, comme une sépulture fait de la partie du fond où elle se trouve une *res religiosa* placée en cette qualité hors du commerce, l'ensevelissement ne peut avoir lieu sans le concours de tous les copropriétaires. Si l'un d'eux use sans autorisation de son *jus inferendi*, les autres peuvent l'obliger à enlever les cendres du mort. D'après Trebatius et Labéon, ils doivent à cet effet employer l'action *in factum* donnée contre celui *qui mortuum in locum alterius intulit* (2). Pomponius et Ulpien accordent l'action *communi dividundo* ou, s'il y a société, l'action *pro socio* (3). D'après Pothier (4), cette solution n'exclurait pas l'action *in factum* et laisserait le choix aux intéressés. Mais dans la loi 2, § 1. D. 11. 7. *De relig.*, Ulpien paraît bien donner la préférence aux actions divisoires : *Est tamen verius familiæ erciscundæ vel communi dividundo convenire cum posse.* Sans doute il ne trouvait pas que la situation répondit exactement à celle prévue par l'édit ; car pour un copropriétaire le fonds commun n'est pas *locus alterius.* Du reste il n'y a pas contradiction entre la loi 2, § 1. D. 11. 7. et la loi 6, § 6. D. h. t. du même Ulpien, puisque dans cette dernière il se borne à relater, sans l'approuver, la doctrine de Trebatius et de Labéon (5).

Non-seulement un copropriétaire contre le gré des autres ne pouvait

---

(1) 24. § 1. D. h. t. — 3 § 5. D. 4. 7. *De alienatione jud. mut. causa facta* — Cf. Pothier *Pandectæ.* I. *ad eumd. titulum*, n° VIII.

(2) 6, § 6, D. h. t.

(3) 2 § 1. D. 11. 7. *De relig.* — 39. D. 17. 2. *Pro socio.*

(4) *Pandectæ* I. Lib. XI, Tit. 7, n° XIX. Adde Glück, *op. cit.*, T. XI, p. 392.

(5) On a proposé un autre système. L'action *communi dividundo* serait donnée seulement lorsqu'en même temps que l'enlèvement du corps on demanderait le partage ; en tout autre cas on devrait employer l'action *in factum*. Cette interprétation suppose admis que, même au temps d'Ulpien, l'action *communi dividundo* ne pouvait être en principe, intentée que pour partager ; point sur lequel nous adoptons une opinion opposée, ainsi qu'on le verra plus bas.

aliéner soit directement soit indirectement la chose commune pour plus que sa part, mais encore il ne pouvait y faire d'innovations. La loi 28 D, h. t. qui pose la règle générale, prévoit plus spécialement la construction sur le terrain indivis. Elle distingue trois hypothèses :

1° Les autres copropriétaires qui pouvaient s'opposer aux ouvrages ont laissé faire : en ce cas ils ne peuvent exiger la démolition, mais ils ont droit à des dommages intérêts, qu'ils obtiendront par l'action *communi dividundo* ;

2° Ils ont donné leur consentement ; ils n'ont plus sujet de se plaindre ; aucune action en dommages-intérêts ne leur est ouverte;

3° Ils n'ont pu réclamer à temps contre les travaux. En pareil cas, ils sont fondés à en exiger la suppression. Dans ce but quelle action emploieront-ils ? Notre texte est muet. Marcellus, dans la loi 11 D. 8. 5. *Si serv. vind.*, pense que les copropriétaires auront une sorte d'action négatoire par laquelle ils soutiendront que leur fonds est libre · et que nul n'a droit d'y bâtir sans leur consentement : *jus non esse tibi ita ædificatum habere.* Mais cette assimilation singulière établie par le jurisconsulte entre l'acte d'un copropriétaire, qui dispose en maître du terrain indivis, et l'acte d'un voisin, qui prétend à une servitude, est justement condamnée par Paul, qui n'a pas de peine à établir que les droits des copropriétaires sur leur fonds ne sauraient être régis par les principes des servitudes, puisque jamais on n'a de servitude sur sa propre chose. C'est à l'action *communi dividundo*, ajoute-t-il, que les intéressés devront recourir. Ulpien donne la même solution (1).

On peut rattacher au cas de faute celui où une convention, intervenue entre les communistes pour régler le mode de jouissance de la chose indivise, est enfreinte par l'un d'eux. Africain et Ulpien supposent l'espèce suivante (2). Deux copropriétaires sont convenus de jouir du fonds chacun exclusivement pendant une année et d'alterner ainsi tant que durera l'indivision. Un des copropriétaires s'oppose au libre exercice du droit de l'autre, ou endommage la récolte que celui-ci se disposait à perce-

---

(1) 26 D. 8. 2. *De Serv. præd urb.* 3. §§ 1. 2. D. 39. 1. *De op. nov. nunt.* Ulpien décide que le demandeur obtiendra satisfaction *vel communi dividundo judicio, vel per Prætorem* ; ces derniers mots font d'après Pothier allusion à une *cognitio extraordinaria* admise en cas d'urgence ; d'après d'autres, à l'interdit *uti possidetis* (Comp. 12 D. h. t.).

(2) Africanus, 35, § 1. D. 19. 2. *Locati.* — Ulp. 23. D. h. t.

voir : de quelle action sera-t-il tenu ? Africain accorde d'abord simultanément à la partie lésée l'action *locati* et l'action *conducti* ; l'action
locati pour sa part dans le fond ; l'action *conducti* pour la part qui appartient à l'auteur du dommage. Il admet en outre qu'à ces deux actions on
peut substituer l'action *communi dividundo*. Ulpien repousse l'action née
du louage par la raison qu'il n'y a pas de *merces* en argent : *Et puto,*
dit-il, *magis communi dividundo judicium quam ex conducto locum habere. Quæ enim locatio est quum merces non intercesserit ? Aut certe
actionem incerti civilem reddendam.* Comme on le voit, il propose deux
actions. Ne se décide-t-il pas en définitive pour la dernière seule ? Plusieurs auteurs l'ont prétendu, mais sans fondement ; le texte est tout aussi
affirmatif en faveur de l'action *communi dividundo*. On ne saurait s'é-
tonner de trouver, dans une matière aussi délicate et aussi controversée
que les contrats innomés une incertitude de doctrine aboutissant à laisser à la pratique une plus grande liberté ; mais on peut même aller plus
loin et soutenir que le double recours est en réalité conforme aux principes. Il est certain en effet que l'action *communi dividundo* permet au
juge de tenir compte des conventions que les copropriétaires ont pu faire
sans fraude sur la chose commune : la loi 3 § 1. D. h. t. le dit expressément. D'autre part du moment que ces conventions constituent un contrat, il n'y a pas de raison pour refuser l'action qui les garantit. A cet
égard, Ulpien et Africain sont d'accord : tous deux admettent la double
sanction ; ils ne diffèrent que sur la nature du contrat. Africain, écrivant
à une époque où la théorie de l'action *præscriptis verbis* était moins développée, rattache la convention au contrat le plus voisin, au risque d'é-
tablir une assimilation inexacte en quelques points. Ulpien, écrivant à
à une époque où le droit avait fait de grands progrès, n'hésite pas à voir
dans le prétendu louage un contrat innomé (1).

III

**Corrélation des deux chefs de l'action Communi dividundo. Comparai-
son de cette action avec l'action Pro socio.**

Comme l'indique son nom, l'action *communi dividundo* tend essentiel-

(1) D'après des commentateurs qui font autorité, Ulpien admettrait bien les deux
actions, mais sans laisser le choi x au copropriétaire ; l'action *communi dividundo*
ne pourrait être employée qu'à la condition que le partage fût provoqué. (Cf. Accar.
Contrats innomés, p. 237.) Mais voyez *supra*, p. 45 note 5.

lement au partage. Les prestations personnelles n'y jouent qu'un rôle purement accessoire et subordonné. Aussi, à l'origine ne furent-elles jamais à elles seules une cause suffisante pour la mettre en mouvement : le premier chef était absolument indispensable.

Un texte du Code semble établir que le principe fut maintenu dans son intégrité jusqu'à la dernière époque du droit romain : *Familiæ erciscundæ vel communi dividundo judicio*, disent les empereurs Dioclétien et Maximien, *ita demum, si corpora maneant communia, agi potest* (1).

En réalité, dès l'époque classique, la règle subissait des exceptions qui la faisaient à peu près disparaître.

La loi 6, § 1, D. h. t. accorde l'action utile contre un communiste qui a aliéné sa part ; et en même temps (ce qui montre combien les exceptions analogues se multipliaient) elle ajoute : *quod datur de præstationibus quoties res communis esse desiit.*

L'action est également donnée par la loi 11. D. h. t. après la perte de la chose ; par la loi 12 pour obtenir la réparation ou la destruction d'un mur mitoyen ; par les lois 28 D. h. t., 26. D. 8.2., 3. §§ 1. 2. D. 39. 1., 4. D. 33. 3 pour obtenir la suppression de travaux indûment accomplis sur la chose commune.

On a soutenu que du moins l'action n'était pas donnée au communiste qui avait lui-même aliéné sa part. En ce sens on invoque la loi 14, § 1. D. h. t. que Paul termine ainsi : *Igitur et si abalienavero prædium ; quia in ea causa fuit ut mihi actio dari deberet, danda mihi erit (ut Julianus quoque scribit) negotiorum gestorum actio.* D'où l'on conclut que si le jurisconsulte donne l'action *negotiorum gestorum*, c'est qu'il juge inadmissible l'action *communi dividundo*. Mais nous avons ruiné par avance cet argument en démontrant que le passage allégué porte la trace évidente d'une interpolation, et qu'il faut en effacer présisément les mots *negotiorum gestorum* (2). Ainsi corrigé, non-seulement le texte est enlevé au système adverse, mais encore il le condamne et oblige d'admettre l'action *communi dividundo.*

Il faut donc restreindre dans d'étroites limites la portée de la loi 9.

(1). 9. C. 3.38. *Comm. utriusq.*
(2) *Supra,* p. 41.

C. 3. 38 et l'appliquer, ainsi que le fait Cujas, exclusivement au cas où l'indivision a cessé à la suite d'un partage.

Les détails dans lesquels nous sommes entrés sur chacun des chefs d'une demande en partage et la détermination de leur importance relative aux différentes périodes du droit, nous permettent d'établir rigoureusement la comparaison, indiquée plus haut, entre l'action *communi dividundo* et l'action *pro socio*.

On a vu déjà que les deux actions différaient au point de vue de leur origine, la première naissant de l'indivision sans autre condition, la seconde supposant un contrat de société. On a vu aussi que l'action *pro socio*, ne comprenant pas d'*adjudicatio*, ne pouvait servir à effectuer le partage et qu'elle avait seulement pour objet des condamnations personnelles.

Si l'on se place à l'époque où la pratique n'avait pas encore altéré la pureté des principes, on trouvera nettement accusées les différences suivantes :

1° L'action *communi dividundo* a pour but essentiel, même en ce qui touche les *prœstationes personales*, la cessation de l'indivision ; les *prœstationes* n'y sont admises que pour régler définitivement les conséquences de l'état auquel elle met fin.

Ainsi elle ne serait pas valablement intentée pour exiger la mise en commun d'une chose promise ; ce serait exactement l'inverse de son objet.

Tout au contraire l'action *pro socio* sanctionne toutes les obligations nées du contrat de société : elle sert aussi bien à obtenir la réalisation des apports que la liquidation (1).

2° Par une conséquence de son principe fondamental, l'action *communi dividundo* ne peut être intentée que s'il y a une chose indivise : *si res communis non sit, cessat actio*. Ainsi elle ne servirait pas à liquider une société dans laquelle les apports consisteraient uniquement en créances : ainsi encore, une fois que l'indivision n'existe plus, l'action s'éteint alors même que tous les comptes ne seraient pas arrêtés (2).

Quel que soit l'objet de la société, tant qu'il reste à régler une conséquence du contrat, l'action *pro socio* compète aux associés (3).

____

(1) 69, D., 17, 2, *Pro socio*.
(2) 9. C. 3. 33. — Comp. tous les textes qui, lorsque l'indivision a pris fin, n'accordent l'action que *utilitatis causa*.
(3) 43. — 38. § 1. — 52. § 8. D. 17. 2. *Pro socio*.

3° Les relations particulières (*jus fraternitatis*) qui existent entre les associés, leur permettent d'invoquer le bénéfice de compétence. Les communistes peuvent se poursuivre *in infinitum* (1).

4° D'un autre côté, si la loi traite avec indulgence l'associé malheureux, elle frappe sévèrement celui qui oppose une résistance injuste ; l'action *pro socio* est infamante. Une pareille rigueur ne se justifierait pas et n'est pas admise entre simples communistes (2).

Tels sont les caractères qui séparent les deux actions. En laissant de côté les deux derniers, qui sont en quelque sorte accidentels, on voit que si elles se touchent en plusieurs points, elles restent distinctes en d'autres, dont l'importance est considérable.

De bonne heure ces différences s'affaiblirent : on a vu, par exemple, l'action *communi dividundo* donnée *utilitatis causa* après la fin de l'indivision ; on l'a vue aussi donnée, sans qu'il fut nécessaire de procéder au partage, dans le seul but de faire exécuter des conventions destinées à régler les droits de chacun sur la chose commune. Mais malgré ces similitudes nouvelles, les deux actions ne se confondirent jamais. L'action *pro socio* resta propre aux associés et en même temps seule capable d'assurer l'exécution de toutes leurs conventions : elle resta seule admissible dans le cas où il n'avait jamais existé de choses indivises, ainsi que dans celui où le partage était consommé ; enfin elle n'exigeait pas pour les dépenses faites par les associés la condition rigoureuse dont ne se départit jamais l'action *communi dividundo*, à savoir l'impossibilité d'agir partiellement.

On pourrait être tenté d'entendre un fragment de Paul dans le sens de l'assimilation complète : *Si tecum societas mihi sit*, dit le jurisconsulte, *et res ex societate communes, quam impensam in eas fec ro quosve fructus ex his rebus ceperis, vel pro socio, vel communi dividundo me consecuturum et altera actione alteram tolli Proculus ait* (3).

Mais ce serait abuser du texte ; il est évident que l'identité qu'il établit entre les deux actions n'est vraie que quant aux chefs dont il parle, et même seulement pour ce qui a été demandé sur ces chefs. La loi 43. D. 17, 2, d'Ulpien achève la démonstration et donne son véritable sens au passage de Paul : une action n'exclut pas l'autre d'une manière

(1) *Inst.*, IV. 6. § 33. — 16. D. 42. 1. *De re judic.* — 63. D. 17. 2. *Pro socio.*
(2) *Inst.* IV. 16. § 2. Gaius, IV. § 182. — 1. D. 3. 2. *De his qui notant. inf.*
(3) 33, § 1. D. 17. 2, *Pro socio.*

absolue : on ne fait que déduire de la seconde les prestations obtenues par la première. *Si actum sit communi dividundo, non tollitur pro socio actio; quoniam pro socio et nominum rationem habet et adjudicationem non admittit : sed si postea pro socio agatur, hoc minus ex ea actione consequitur quam ex prima actione consecutus est.*

CHAPITRE IV.

FINS DE NON-RECEVOIR QUI PEUVENT ÊTRE OPPOSÉES A L'ACTION
COMMUNI DIVIDUNDO.

L'action *communi dividundo* peut être arrêtée comme tout autre action par diverses fins de non-recevoir. Quelques-unes lui sont spéciales ; d'autres présentent, quand elles lui sont appliquées, des particularités que nous avons à relever.

Fins de non-recevoir dilatoires.

A). On a vu au début de cette étude que les communistes sont tenus de procéder au partage réclamé par quelques-uns d'entre eux. Leur obligation est fondée sur de si sérieux motifs d'intérêt général qu'une convention particulière ne peut la détruire. *Nulla societatis in æternum coitio est* (1).

Mais un tempérament est admis ; les effets de l'obligation peuvent être suspendus. L'indivision en effet, avec tous ses inconvénients, offre aussi des avantages qui peuvent rendre utile son maintien temporaire ; elle est même la condition nécessaire de presque tous les contrats de société. Aussi les communistes convenaient-ils valablement que le partage n'aurait pas lieu dans un certain délai. On sait que notre droit français fixe en principe ce délai à cinq ans. En droit romain, aucune limite précise n'avait été établie ; *intra certum tempus*, disent les textes (2).

Que si, pendant le temps fixé, une des parties formait la demande en partage, elle était repoussée par l'exception *pacti conventi*.

B) La loi indique un autre cas d'exception proprement dite : quand un des copropriétaires, se trouvant débiteur de l'autre, lui avait remis en

(1) 70. D. 17. 2.
(2) 14. §§ 2, 3. D. *h. t.* — 14. D. 17. 2. *Pro socio.*

gage sa part dans la chose commune, celui-ci était en droit de repousser l'action *communi dividundo* par l'exception *pigneratitia* fondée sur la constitution de gage et ainsi conçue : *si res non pignoraverit* (1).

C) Si le magistrat devant lequel on portait l'action était incompétent, la demande était repoussée par la *præscriptio fori*.

On sait qu'en droit romain la compétence était en règle générale celle du domicile du défendeur. Bien que dans les actions divisoires chaque partie fût demanderesse et défenderesse, la règle n'était pas inapplicable, puisque quand il s'agissait d'organiser l'instance, on réputait demanderesse celle qui avait introduit l'action. Néammoins, à raison de considérations pratiques ; appuyées d'un texte relatif aux fidéicommis, d'après lequel le défendeur en restitution pouvait obliger le demandeur à porter son action devant le magistrat du lieu où était la plus grande partie de l'hérédité (2), et d'un autre texte, où Pomponius exige pour faciliter le partage la présence des héritiers au même lieu (3), quelques interprètes ont pensé que l'on admettait exceptionnellement la compétence du magistrat de la situation. Peut-être du moins, après que Valentinien, Théodose et Arcadius eurent en matière réelle admis cette compétence concurremment avec celle du magistrat du domicile (4), le caractère mixte attribué vers cette époque aux actions divisoires leur fit-il appliquer la règle nouvelle. Les textes qui nous sont parvenus ne contiennent pas de renseignements assez précis pour que ces questions sortent du domaine de la conjecture.

Dans le cas où il s'agissait de savoir quel magistrat était compétent à raison de la valeur pécuniaire engagée dans l'instance, fallait-il s'attacher à la valeur d'une seule part indivise ou à celle de la chose entière ? Ofilius et Proculus étaient de la première opinion ; Cassius et Pegasus de la seconde. C'est le sentiment de ces derniers qu'adopte Gaïus, dont Justinien insère la décision au Digeste (5).

D) On a vu un second exemple de *præscriptio* sur lequel nous n'avons pas à revenir ; la *præscriptio quod præjudicium fiat o partive ejus*

---

(1) 6, § 9. D. *h.t.*

(2) 59. D. 5. 1. *De judic.* — Le défendeur avait dans ce but la *præsc.*   *tio : ea res agatur si major pars hereditatis alibi non est.*

(3) 1. D. 11. 2. *De quib. reb. ad eumd. jud.*

(4) 3. C. 3. 19. *Ubi. in rem act.*

(5) 11. § 2. D. 2. 1. *De jurisdict.* Cf. Ribéreau *op. citat.*, p. 113 et suiv.

non fiat, donnée au possesseur actionné en partage par un non-posses-
seur (1).

E) On sait également que la personne qui possédait *vi*, *clam* ou
precario ne pouvait agir en partage. Si, l'action *communi dividundo*
étant intentée, une des parties arguait d'un de ces vices la possession
de son adversaire, le Préteur devait refuser de délivrer la formule,
pour permettre à celui qui soulevait le moyen de recourir à l'un des interdits, *unde vi*, *de vi armata*, *de precario*, *de clandestina possessione*,
ou encore *uti possidetis* et *utrubi* (2).

Julien remarque que s'il s'agit d'une possession violente, l'action doit
être refusée, encore bien qu'elle soit demandée plus d'un an après l'u-
surpation. Cujas croyait nécessaire, pour justifier cette assertion, de supposer que la violence était une *vis armata*, donnant lieu à un interdit *de
vi armata*, qui est perpétuel, tandis que l'interdit *unde vi* est en
principe limité à une année. Mais cette hypothèse, est inutile, car l'interdit *unde vi* est donné *post annum* pour ce dont a profité l'auteur de
la violence (3).

II

Fins de non-recevoir péremptoires.

A) Nous avons montré que l'action *communi dividundo* ne pouvait,
à s'en tenir aux principes rigoureux, être intentée une fois que l'indivision n'existait plus, mais qu'il faut vraisemblablement, pour la fin de
l'époque classique, restreindre cette proposition au cas où l'indivision
avait pris fin à la suite d'un partage.

On doit remarquer que la convention amiable de partage n'était pas
suffisante : elle ne pouvait en effet opérer aucun transport de propriété.
Si quelques-uns des copartageants refusaient de l'exécuter, il fallait recourir à l'action *communi dividundo*, dans laquelle le juge opérait le
le partage conformément aux conventions primitives (4). Cependant,

---

(1) Voir *suprà*, p. 5 et 7.
(2) 7 § 5. *D. h. t.* — Ce texte est le seul qui mentionne l'interdit *de clandestina
possessione* : il est probable que cet interdit disparut de bonne heure. (V. Machelard,
Interdits, p. 286.)
(3) 1. pr. D. 43. 16. *De vi et de vi armata.*
(4) 8. § 1. *D. h. t.* . — Comp. 15. C. 3. 37. *Fam. ercisc.*

comme le partage constituait un contrat innomé, dès qu'il avait été exécuté d'un côté, la partie qui avait ainsi accompli ses obligations avait contre l'autre une action *præscriptis verbis* (1). Enfin si le partage avait été exécuté de part et d'autre, il ne pouvait plus être question d'action à intenter (2).

B) Lorsqu'un copropriétaire avait aliéné sa part *judicii mutandi causa*, c'est-à-dire, pour se substituer un tiers qui rendit l'exercice de l'action en partage moins facile ou moins avantageux aux autres communistes, qui par exemple, fût en situation d'acquérir la chose à vil prix ; le tiers acquéreur était privé par l'édit du Préteur du droit d'intenter l'action *communi dividundo*. Une loi Licinia, portée pendant la République, peut-être sous le consulat de Marcus Licinius Crassus et de Quintus Mucius Scœvola, appliquait la même règle au copropriétaire qui avait opéré l'aliénation (3). Mais comment, l'aliénation effectuée, ce copropriétaire pouvait-il songer à agir *communi dividundo* ? On ne peut croire que la loi ait prévu le cas où il agirait uniquement pour répéter des impenses ; cette extension de l'action dut avoir lieu beaucoup plus tard ; il faut supposer sans doute que la prohibition concerne le copropriétaire qui ultérieurement aurait racheté la part qu'il avait aliénée.

On a vu qu'outre cette sanction, l'aliénation *judicii mutandi causa* donnait lieu à des dommages intérêts garantis par une action *in factum* (4).

C) Au temps de la jurisprudence classique toutes les actions étaient perpétuelles. Après la constitution de Théodose, qui organisait la prescription, il s'éleva des difficultés au sujet des actions divisoires. Justinien l'affirme du moins, et pour y mettre un terme, il décide que la prescription doit leur être appliquée aussi bien qu'à toutes les autres : *Nemo itaque audeat neque actionis familiæ erciscundæ, neque communi dividundo neque finium regundorum, neque pro socio, neque furti, neque vi bonorum raptorum, neque alterius cujuscunque personalis actionis vitam longiorem esse triginta annis interpretari* (5).

(1) Comp. 18. § 2. 20. § 3. D. 10. 2. 23. D. 3. 37. Elle pouvait aussi sans doute annuler la convention au moyen de la *condictio ob rem dati*.

(2). 8. C. 3. 38. *Comm. utriusq. jud.*

(3) 12. D. 4. 7. *De alien. jud. mut.*

(4) V. *suprà* p. 44.

(5) 1. § 1. C. 7. 40. *De annali except.*, etc. — On peut remarquer que dans ce

Ce texte a lui-même soulevé de graves controverses. Il est absolument contraire aux principes, en ce qui concerne les actions en partage. La prescription repose en effet soit sur la présomption que l'obligation s'est éteinte, soit sur un commandement de la loi, fondé, abstraction faite de tout motif juridique, sur l'intérêt général. Que l'on admette l'une ou l'autre de ces raisons, il est impossible de justifier la prescription des actions en partage. D'une part il ne peut être question d'une convention extinctive, ou d'une extinction quelconque dont les preuves se seraient perdues, puisque l'obligation de partager ne peut cesser que par le partage ; d'autre part, le droit romain a de tout temps considéré l'indivision comme contraire à l'intérêt public (1) ; il ne l'autorise que pour un temps limité, il est contradictoire de priver les parties du droit d'en sortir, parce qu'elle se prolonge depuis plus de trente ans.

Aussi a-t-on cherché à interpréter différemment la constitution de Justinien.

D'après Voet (*ad Pandectas* n° 33) elle aurait en vue seulement l'hypothèse où l'un des copropriétaires aurait possédé seul pendant trente ans la chose commune. Au bout de ce temps, en effet, les autres intéressés ne peuvent plus actionner le possesseur en revendication ; leurs droits sur la chose ont disparu, l'indivision n'existe plus ; il n'y a donc plus lieu d'intenter l'action *communi dividundo* (2).

M. de Savigny, qui admet ce système, ajoute que la prescription peut s'appliquer en toute hypothèse aux prestations personnelles (3).

Mais on ne trouve pas trace de ces distinctions dans le texte de Justinien. L'empereur déclare dans les termes les plus absolus que la prescription éteint l'action *communi dividundo*, ou pour reproduire son style, qu'il est interdit de faire vivre l'action plus de trente ans ; on est donc obligé d'accepter sa décision avec la portée qu'il lui attribue, et de reconnaître qu'il a commis une grave erreur.

D) Dans des hypothèses assez rares, l'équité conduisait le Préteur à refuser l'action et à maintenir l'indivision. Paul nous en donne un exemple. Un vestibule qu'il est matériellement impossible de diviser en deux par-

texte Justinien semble bien considérer les actions divisoires comme des actions personnelles.

(1) 77, § 20, *in fine* D. 30. *De leg.* 2°.
(2) Cette théorie très-rationnelle est, comme on le sait, celle du droit français.
(3) Savigny, V. p. 420. Trad. Guenoux.

ties, donne entrée à deux maisons appartenant à des propriétaires différents. La licitation du passage commun priverait nécessairement l'un des
propriétaires de tout accès à sa maison. La seule manière raisonnable de
procéder serait d'adjuger au copropriétaire qui acquérerait le passage,
la maison de l'autre. Mais ce serait dépouiller l'un de sa propriété et
obliger l'autre à une dépense considérable ; le plus simple, le plus avantageux et le plus juste est de laisser les choses en l'état.

CHAPITRE V.

DES OPÉRATIONS DU PARTAGE.

Pour effectuer le partage, le juge devait recourir au double pouvoir que lui conféraient *l'adjudicatio* et la *condemnatio*. Grâce à *l'adjudicatio*, il accomplissait les transferts de propriété qui constituent l'acte essentiel du partage ; au moyen de la *condemnatio* il exigeait les soultes qui pouvaient être nécessaires pour égaliser les lots, ou bien il imposait, à celui auquel il adjugeait la chose tout entière, le paiement du prix.

Quand les parties avaient arrêté entre elles la composition des lots, le juge suivait leur volonté ; il se bornait à une sorte d'homologation du pacte (1). En l'absence de convention, c'était à lui qu'appartenait l'initiative ; encore lui était-il prescrit de déférer autant que possible aux désirs des communistes (2).

En toute hypothèse, une mesure préparatoire lui était ordonnée, l'estimation de la chose léguée (3). Il devait aussi examiner s'il n'existait pas quelque cause de prélèvement en faveur de l'un des intéressés. Ces prélèvements étaient fréquents surtout dans l'action *familiæ erciscundæ*, mais l'action *communi dividundo* en offre des exemples, notamment au cas où un esclave commun avait acquis *ex re unius domini* un objet quelconque, qui, d'après les règles ordinaires, était devenu la propriété de tous (4).

Le mode de partage le plus naturel et le plus équitable est de faire dans l'objet autant de part divises qu'il y a d'intéressés et d'en assigner une à chacun (5) ; ou encore, si l'indivision porte sur plusieurs objets, de les répartir entre tous les copartageants, de manière que tous en reçoivent une valeur égale (6).

(1) 3, § 1. D. *h. t.*
(2) 21. D. *h. t.*
(3) 10, § 2. D. *h. t.* 52. § 2. D. 10. 2.
(4) 24. D. *h. t.*
(5) 23, § 2. D. 10. 2.
(6) Dans le droit classique les esclaves étaient traités absolument comme tout autre propriété mobilière. Sous l'influence du christianisme et des causes multiples qui,

Souvent, pour compenser des inégalités existant entre les parts, le juge recourt à des soultes ou retours de lots. Quelquefois il établit au profit d'un lot immobilier de plus faible valeur des servitudes sur le lot de valeur supérieure. Il est clair qu'il doit avoir soin de créer ces charges en même temps qu'il opère l'adjudication ; le partage une fois fait, il est dessaisi, et ne peut plus y apporter de modifications. Il est clair aussi que la servitude ne peut grever le fonds qui appartient en propre à l'un des communistes : le juge n'a de pouvoirs que sur les objets compris dans l'action (1).

On admettait aussi un partage attribuant à l'un des communistes la nue-propriété du fonds, et à l'autre l'usufruit (2). On sait que si un testateur voulait diviser ainsi entre deux légataires une même terre, il devait avoir soin de déclarer qu'il léguait la propriété *deducto usufructu ;* sans cette déclaration formelle, le légataire de la propriété était regardé comme légataire de la toute propriété ; il se trouvait donc légataire conjoint avec l'autre en ce qui concernait l'usufruit : *usufructus communicabatur.* Cette interprétation littérale était rejetée en matière d'adjudication ; elle était en effet absolument inadmissible ; c'était un principe de droit et de bon sens que le juge ne devait rien laisser d'indivis ; *judex nihil debet indivisum relinquere* (25, § 20. D. 10. 2.) ; on ne pouvait supposer qu'appelé à faire cesser l'indivision, il se fût contenté de la modifier (3).

Lorsque le partage en nature était impossible, le juge procédait de de deux manières : ou bien de sa propre autorité il attribuait la chose entière à l'un des communistes en le condamnant à indemniser les autres copropriétaires (4) ; ou bien il licitait, c'est-à-dire mettait la chose aux

par un progrès ancien et lent, adoucissaient l'esclavage, Constantin défendit de briser les liens de famille. (11. C. 3. 38.)

(1) 22, § 3, D. 10. 2 — 18. D. *h. t.*

(2) 6, §.10. D. *h. t.*

(3) 19. D. 33. 2. *De usu, et usufructu, et red.* — 16. § 1. D. 10. 2.

(4) Vitruve, II. 8 montre qu'on suivait cette marche pour faire cesser la mitoyenneté d'un mur. Dans le même passage, il donne quelques détails qui prouvent que des règles pratiques souvent étroites dirigeaient l'estimation du juge. Ainsi lorsque le mur était de pierre taillée on prenait pour base d'évaluation le prix coûtant, dont on déduisait 1/80 pour chaque année d'existence de la construction, car on posait en principe que ces sortes de mur ne duraient pas plus de 80 ans. Lorsque le mur était de briques, on ne faisait aucune déduction. — Les *agri vectigales* ne pouvaient jamais être divisés, autrement, dit Ulpien, la perception de la redevance deviendrait trop difficile. (7 pr. D. *h. t.*).

enchères et l'adjugeait au plus fort enchérisseur. Il est facile de saisir la différence entre les deux hypothèses : dans la première, le juge désigne à son gré l'adjudicataire et fixe lui-même le prix ; dans la seconde tout dépend du résultat des enchères ; de plus des étrangers peuvent être admis à la vente (1).

L'admission certaine des étrangers soulève une question. Comment, puisqu'ils n'étaient point parties au procès, le juge pouvait-il prononcer contre eux la condamnation au paiement du prix ? M. Labbé conjecture que l'attribution de propriété s'effectuait par une *cessio in jure* accomplie conformément aux conditions réglées par le juge ; cette idée est, jusqu'à un certain point, appuyée par la loi 78. § 4. D. 23.3 qui, après avoir employé le mot *adjudicatus* pour le cas où le fonds est acquis par un des copropriétaires, emploie le mot *addictus* quand il est acquis par un tiers (2). Peut-être une modification à la formule évitait-elle ces complications, assurément peu pratiques. Le silence des textes n'autorise pas à se prononcer, et semble indiquer d'ailleurs, que les Romains ne s'étaient pas arrêtés à cette difficulté.

Notons que le juge était autorisé à comprendre dans l'adjudication les esclaves fugitifs ; les copropriétaires n'avaient nullement à craindre les peines rigoureuses dont la loi *Favia de plagiariis* frappait ceux qui vendaient ou achetaient un *servus fugitivus* appartenant à autrui.

Le droit d'usufruit étant essentiellement personnel et ne changeant pas de titulaire, il était impossible d'en faire une véritable adjudication : on était arrivé à un résultat à peu près équivalent en le partageant quant à son exercice. Tantôt le juge assignait à chacun des co-usufruitiers un droit de jouissance sur une part divise du fonds ; tantôt il attribuait la jouissance exclusive à l'un d'eux ou à un tiers, sous la condition de payer une redevance annuelle ; tantôt enfin il attribuait à chacun une jouissance alternative (4). Mais dans tous les cas l'indivision subsistait quant au fond

(1) 78. § 4. D. 23. 3.
(2) M. Labbé, *Garantie*, p. 61, note 1.
(3) 19 § 3. D. h. t. 5. C. 6. 30 *Ad leg. fab.*-Sent. Pauli, V. 30. 11. § 1.
(4) 7 § 8. D. h. t. [En parlant de la jouissance alternative, le texte dit qu'elle a lieu *si res mobiles sint*. Mais nous ne pensons point qu'il entende par là l'exclure lorsque l'usufruit porte sur un immeuble ; c'est simplement la constatation d'un usage. D'un côté, en effet, on ne voit pas pourquoi ce mode de partage serait proscrit en matière immobilière ; de l'autre il devait s'appliquer très-fréquemment aux meubles qui ne comportaient pas la répartition de la jouissance sur des parts divises.

du droit et un partage de cette nature n'empêchait pas l'application de la règle d'après laquelle, à la mort d'un usufruitier, son colégataire profitait de sa portion.

Ces divers arrangements étaient sanctionnés par des stipulations réciproques (1).

D'après les principes, l'usage ne pouvait être loué : régulièrement le juge n'aurait donc eu à sa disposition que deux des procédés indiqués plus haut : l'attribution d'une jouissance divise ou d'une jouissance alternative. Mais dans un intérêt tout pratique, le Préteur avait consacré une dérogation au droit rigoureux et permettait la location, en décidant que celui qui recevrait le loyer ne serait pas regardé comme exerçant un droit d'usufruit, bien que, pour donner une chose à bail, il fallût avoir au moins l'*usus* et le *fructus*. La dérogation dut d'ailleurs être facilitée par les tendances qui portaient les jurisconsultes à faire de l'usage un usufruit restreint aux besoins du titulaire (3).

Le partage du gage entre créanciers gagistes s'effectuait par adjudication de la chose entière à l'un d'eux. L'adjudicataire devait naturellement payer la valeur que le gage représentait pour l'autre créancier, c'est-à-dire une somme égale à la créance de ce dernier si la chose était de valeur supérieure, ou bien une somme égale à la valeur de la part sur laquelle le créancier avait son droit de gage, si cette part valait moins que la créance (4)

Il en était de même si la chose, étant indivise entre un créancier gagiste et un propriétaire, se trouvait acquise par le propriétaire. Si elle était adjugée au créancier, il devait nécessairement payer la valeur de la part indivise (5).

Dans toutes ces hypothèses, le débiteur qui avait constitué le gage ne perdait pas le droit de reprendre sa chose, mais sa situation ne s'en trouvait pas moins modifiée.

A cet égard, une distinction doit être faite.

a) *Le créancier a été provoqué au partage.* Le débiteur ne pouvait alors l'obliger à rendre la chose, qu'en lui remboursant tout ce qu'il

(1) 13. pr. D. 10. 2.
(2) 10. § 1. D. *h. t.*
(3) On voit, par exemple, Ulpien permettre à l'usager d'une maison d'en louer une partie à la condition d'y conserver son habitation. 4. pr. D. *de usu et habit.*
(4) 7. § 12. D. *h. t.*
(5) 7. § 13 D. *h. t.*

avait dépensé. En cas d'offres insuffisantes, le créancier retenait le gage à l'aide d'une exception de dol. Mais il y avait plus ; le débiteur n'avait pas le droit de reprendre sa chose pour partie. S'il prétendait ne payer que l'ancienne créance et ne reprendre que la part indivise qui la garantissait à l'origine, le créancier pouvait le contraindre à reprendre la totalité de la chose et à payer la totalité de ses créances. Pour en arriver là, le créancier avait non-seulement une exception (1), mais encore une action (2).

La loi 29 *in fine* D. 10. 2, qui accorde l'action, ne dit pas laquelle elle a en vue. D'après Accurse, il s'agirait d'une action *negotiorum gestorum contraria* ; mais ainsi que l'a démontré Cujas, cette opinion est insoutenable : l'action *negotiorum gestorum* appartient à celui qui a volontairement fait l'affaire d'autrui ; ici si le créancier, en payant un autre créancier, a fait l'affaire du débiteur, il a agi contraint et forcé par la demande en partage ; dans le cas où il a eu pour adversaire un copropriétaire ou le créancier d'un autre débiteur (9, § 13. D. 10. 3.), on peut même douter que son acquisition constitue, à l'égard de son débiteur, un acte de gestion utile. Il est de beaucoup plus probable qu'il devait employer l'action *pigneratitia contraria* qui, comme on le sait, était instituée pour permettre au créancier gagiste de recouvrer les dépenses que lui avait occasionnées le gage.

b) Le créancier a lui-même demandé le partage. Les textes ne statuent pas sur l'hypothèse ; mais dans le cas où un créancier achète la part de l'autre, la loi 29. D. 10. 2. lui refuse l'exception de dol et l'action *pigneratitia contraria*, parce que, dit-elle, l'achat, à la différence de l'adjudication, est volontaire. Or plusieurs fragments prouvent que les Romains ne considéraient l'adjudication comme un acte nécessaire, que du côté de celui qui n'avait pas provoqué le partage (3). D'où il résulte que, dans l'espèce, le créancier doit être traité comme un acheteur.

On doit, du reste, remarquer que les lois 29. D. 10. 2. et 10 §§ 12.

(1) 10. §§ 12. 13. D. h. t.
(2) 29, *in fine* D. 10. 2.
(3) 2. C. *de fundo dotali*. 5. 23. — 1, § 2. D. 27. 9. *de reb. cor.* — 17. C. 3. 71. *De Prael. et al.* M. Demangeat fait une distinction entre l'action *communi dividundo* et l'action *familiæ erciscundæ*. Dans cette dernière, l'adjudication constituerait toujours une aliénation ou une acquisition nécessaire, car elle n'attire pas spécialement l'attention du demandeur en partage, elle n'est que la conséquence forcée de son désir de partager la masse héréditaire. Mais la distinction est inadmissible : rien de plus incertain et de plus arbitraire que cette espèce d'analyse psychologique

13. D. h. t. confirment cette conclusion par *a contrario,* puisque pour accorder l'action et l'exception, elles supposent toujours que le créancier a été défendeur à l'action *comm. div.* ou *fam. erc..*

D'après cette solution, le créancier se trouve destitué de tout recours contre le débiteur ; mais il lui est facile de remédier aux dangers de la situation en se faisant faire cession d'actions par celui dont il acquiert la part, ou en stipulant de lui : *indemnem se fore adversus eum qui pignori dederit* (1).

Le créancier qui, actionné en partage, se rend adjudicataire dans le but de nuire au débiteur, qui, par exemple, pousse les enchères à un prix excessif, est, en vertu d'une disposition expresse de la loi 29, D. 10. 2, assimilé à celui qui achète volontairement (2).

La loi 7, § 13 admet au contraire que le copropriétaire, qui, ayant vendu sa part, est, avant d'en avoir fait tradition, obligé de défendre à une demande en partage et d'acquérir la part de l'autre communiste, peut obliger l'acheteur à prendre la chose entière. Comme le créancier gagiste, il a à cet effet, deux moyens : une exception qu'il opposera à l'action *ex empto* de l'acheteur et une action *ex vendito.*

La même solution est donnée dans le cas du mandat d'acheter une part de copropriété. .

Nous avons vu en examinant les fins de non-recevoir, que, quand un copropriétaire, se trouvant débiteur de l'autre communiste, lui conférait un droit de gage sur la chose indivise, le copropriétaire créancier avait pour arrêter la demande en partage une exception *pigneratitia.* Mais il arrivait fréquemment que le créancier jugeait le partage plus avantageux et n'opposait pas l'exception. En ce cas, si la chose lui était adjugée tout entière, il se trouvait débiteur de son débiteur ; le juge ne le condamnait que pour l'excédant de sa dette sur sa créance ; si la chose était adjugée au copropriétaire débiteur, celui-ci était condamné simplement à payer la valeur de la part qu'il acquérait, et non cette valeur augmentée de la somme que couvrait le gage, car le *jus pignoris* restait intact (3).

sur laquelle elle repose. La vérité est que les écrits des jurisconsultes romains n'en portent pas trace ; si la loi 2. C. 3. 23 parle seulement de l'action *communi dividundo,* la loi 1 § 2. D. 27. 0. qui relate les termes de l'*Oratio Severi* parle d'une demande en partage dans les termes les plus généraux. (En sens contraire, Demang., *Traité du fonds dotal.* p. 296).

(1) Comp. 29. D. 10. 2. — Voir Glück, *Erläuterung der Pandecten,* XI, § 732.

(2) *Si objiciatur creditori quod animose licitus est* .... (29. D. 10. 2.)

(3) 6. § 9. D. h. t.

CHAPITRE VI.

EFFETS DU PARTAGE.

Le partage opère nécessairement des translations de droits réels. Quand chacun des anciens copropriétaires reçoit en toute propriété une part divise de la chose il acquiert les droits que les autres communistes avaient sur cette part ; en même temps il aliène ceux qu'il avait lui-même sur le reste. Quand la chose tout entière est adjugée à l'un des copartageants, son droit nouveau de pleine propriété est formé de la somme de tous les droits indivis que le partage a concentrés dans ses mains ; il a véritablement réalisé une acquisition.

Dans un but d'utilité pratique, notre droit admet une fiction exactement contraire à la réalité ; il considère le partage comme déclaratif, c'est-à-dire comme constatant des droits que les communistes avaient antérieurement sur leurs lots. Mais rien de pareil n'existait en droit romain ; loin de là, divers textes font ressortir le caractère translatif. Papinien définit le partage : *permutatio rerum communionem discernens* (1) ; l'empereur Caracalla le compare à la vente (2).

Trebatius, sans dégager la théorie complète de l'effet déclaratif, avait été conduit, par le désir de simp'ifier les droits des intéressés, à en faire une application. Il suppose qu'un mari lègue à sa femme l'usufruit d'une part de copropriété indivise ; si, dit-il, l'héritier du mari et l'autre communiste procèdent au partage, la femme ne pourra exercer son usufruit que sur la part échue à l'héritier de son mari. Mais cette tentative remarquable, qui devançait de tant de siècles les doctrines de notre droit français, échoua contre les déductions rigoureuses des jurisconsultes romains, *Ego hoc falsum puto*, disait Labéon. *Nam quum ante arbitrum communi dividundo conjunctus pro indiviso ex parte dimidia totius fundi ususfructus mulieris fuisset, non potuisse arbitrum inter alios judicando, alterius jus mutare ; quod et receptum est* (3).

(1) 77, § 18. D. 31. *De legat.* 2°
(2) l. C. 3. 38. *Comm. utriusq.*
(3) 31. D. 33. 2. *De usu, et usufr., et red.*

Ainsi qu'on l'a déjà indiqué le juge effectuait ces translations de droits réels au moyen de *l'adjudicatio*.

Les anciens interprètes admettaient que l'adjudication pouvait toujours transférer toute espèce de droits, les droits d'origine civile comme les droits prétoriens. Mais la découverte des fragments du Vatican a modifié cette opinion. On lit en effet dans le § 47, que l'usufruit peut être constitué par l'adjudication prononcée à la suite d'un *judicium legitimum*. Il en résulte que l'usufruit n'est pas constitué, ou du moins qu'il n'a pas d'existence en pur droit civil, lorsque le *judicium* est *imperio continens*. De cette décision il est très-naturel de conclure que le *dominium ex jure quiritium* et généralement tous les autres droits civils étaient traités de même. Une loi du Digeste vient confirmer cette idée : *Si familiæ erciscundæ vel communi dividundo actum sit, adjudicationes prætor tuetur exceptiones aut actiones dando* (1). Evidemment le jurisconsulte prévoit des adjudications qui n'ont pas transféré le *dominium ex jure quiritium ;* sinon il ne parlerait point de protéger le droit transmis par des exceptions et des actions prétoriennes. D'un autre côté, il ne prévoit pas l'adjudication de la chose appartenant à autrui ; une telle adjudication confère bien à l'acquéreur l'action Publicienne ; mais elle ne lui donne pas lieu d'employer des exceptions. Le texte demeure donc inexplicable si l'on ne suppose pas une adjudication faite dans un *judicium imperio continens* et ne transférant que *l'in bonis*.

Comment justifier la curieuse particularité qu'a révélée le § 47 *Fragm. Vatic. ?* M. Pellat donne d'après Puchta une explication qui, si elle n'est absolument certaine, est au moins très-vraisemblable. « C'était une loi, « la *lex Julia judiciaria*, qui avait réglé, dans les *judicia legitima*, la « mission du juge quant à sa durée (2) et sans doute aussi sous d'autres « rapports : les pouvoirs de ce *judex* en quelque sorte *lege datus* reposent ainsi sur le *legitimum jus*, branche du droit civil ; il peut donc « conférer le *dominium ex jure quiritium*. Au contraire, dans les *judicia* « *quæ imperio continentur*, c'est sur la durée de l'*imperium* du magistrat « que se règle la durée de l'instance judiciaire, c'est du pouvoir de ce « magistrat qu'émane le pouvoir du *judex*, qui, en conséquence, ne peut, « pas plus que ne le pourrait le magistrat lui-même, conférer le *dominium*

(1) 44, § 1. D. 10. 2.
(2) G. IV, § 104.

« *ex jure quiritium*, mais peut seulement mettre *in bonis* de l'adjudica-
« taire la chose qu'il lui attribue (1).

On peut remarquer que cette conjecture rend également compte de la règle que les *judicia legitima* seuls éteignent *ipso jure* les obligations, tandis que les *judicia imperio continentia* nécessitent l'emploi des exceptions *rei judicatæ* ou *rei in judicium deductæ* (2).

Au temps de Justinien, toute différence avait disparu entre les *judicia imperio continentia* et les *judicia legitima* ; aussi les Institutes ne portent-elles pas trace de la différence entre les effets de l'adjudication (3).

Quand l'adjudicataire n'acquérait que l'*in bonis*, soit parce que le *judicium* était *imperio continens*, soit pour tout autre motif, l'action prétorienne, qui lui était accordée, était, selon la règle générale, l'action publicienne (4. Pouvait-il l'intenter avant d'avoir été mis en possession ? La question qui se pose dans tous les cas où est donnée la publicienne, se résout d'après l'opinion presque unanime des interprètes par la négative. La publicienne est une action fictice ; le Préteur suppose que le demandeur a usucapé, mais il ne l'exempte que de la condition de temps ; en l'absence de possession, la fiction n'aurait plus de raison d'être.

L'usufruit, constitué par adjudication pouvait l'être sous condition résolutoire ou à terme extinctif (5). La question de savoir s'il en était de même pour la propriété doit être tranchée différemment suivant que l'on se place à l'époque classique ou au temps de Justinien. A l'époque classique les jurisconsultes, du moins en majorité, n'admettaient pas de propriété résoluble ; sous Justinien cette idée, autrefois soutenue par un petit nombre de partisans, avait fini par triompher (6).

Pour la condition et le terme suspensifs, il faut se guider par de tout autres considérations ; ces modalités affectent non pas le droit, mais l'acte constitutif lui-même. La question revient donc à chercher si l'adjudication se range ou non parmi les *actus legitimi qui non recipiebant diem vel conditionem* ; on n'a pas à tenir compte de la nature du droit.

La loi 77. D. 50. 17, dans son énumération des actes qui sont viciés

---

(1) Pellat. *Propriété et usufruit*, p. 491.
(2) G. IV, § 106.
(3) Inst. IV. 17. § 7. Cf. Ulp. *Regulæ* XIX, § 16.
(4) 7. pr. D. 6. 2. *De public. in rem act.*
(5) *Fragm. Vat.*, § 48.
(6) Pellat. *Propr. et Usufr.*, p. 274 et suiv.—Bufnoir, *Théorie de la condition*, p. 138.

par l'adjonction d'une modalité, ne mentionne pas l'adjudication, mais d'autres textes révèlent une controverse, Paul, dans le § 49 des *Fragmenta Vaticana* dit que l'on discute la validité des adjudications d'usufruit *ex certo tempore;* et se prononce pour la négative. Ulpien, dans la loi 16, § 2, D. 10. 2. donne une décision en sens contraire (1). L'opinion d'Ulpien paraît l'avoir emporté,'puisque le Digeste la reproduit sans même mentionner celle de Paul.

Du caractère translatif du partage résultaient d'importantes conséquences.

a. Les droits réels constitués pendant l'indivision par l'un des copropriétaires sur sa part indivise étaient maintenus. On a vu Labéon consacrer ce résultat au sujet de l'usufruit (2) ; Ulpien et Gaius le consacrent également au sujet des droits de gage et d'hypothèque.

La persistance des droits réels oblige à restreindre la décision donnée par Justinien au sujet de l'hypothèque des légataires. On sait que la constitution 1, C. 6,43, qui institue cette hypothèque, sans se laisser abuser comme l'art. 1017 de notre Code civil par le principe de l'indivisibilité, ne soumet chaque héritier à l'action hypothécaire que dans la mesure de son obligation personnelle. Mais la solution ne peut être appliquée que jusqu'au partage, car une fois qu'il est accompli, chacun des héritiers reçoit avec les parts indivises qui appartenaient à ses cohéritiers dans les objets à lui assignés, les charges hypothécaires dont elles étaient affectées ;

---

(1) Aucune loi ne parle de la condition. M. Bufnoir pense qu'en effet, abstraction faite des règles du droit romain sur la forme des actes, on ne concevrait pas que le juge fît dépendre d'un événement incertain la composition d'un lot ; cela serait contraire, ajoute-t-il, au principe même de l'égalité proportionnelle qui est la règle du partage. (*Théorie de la condition,* p. 178). Cette assertion n'est-elle pas un peu absolue ? Ne peut-on objecter avec M. Lyon Caen (*Op. cital.*) que dans certains cas il était nécessaire, précisément pour conserver l'égalité du partage, de subordonner l'adjudication à une condition ? Si un juge attribue à un des coparlageants un esclave fugitif (supra, p. 60) qui compose à lui seul son lot, ne devra-t-il pas déclarer que le partage ne vaudra que si l'esclave est repris ? Si d'ailleurs l'argument de M. Bufnoir devait être admis, il s'appliquerait aussi bien à la condition résolutoire qu'à la condition suspensive et au partage amiable, qu artage opéré en justice ; or une constitution de Dioclétien et de Maximien reconi t sans difficulté qu'une condition résolutoire apposée à un partage amiable, produit ses pleins effets (6. C. 3. 38. *Comm. utrius.*). On ne peut d'ailleurs s'étonner de voir une décision judiciaire soumise à une condition ; la loi 40. D. 9. 2. *Ad leg. aquil.* et le § 8, *Fragm. Valic.* en offrent des exemples pour la *condemnatio.*

(2) *Supra,* p. 63.

(3) 6. §§ 8, 9. D. *h. t.* — 7 § 4. D. 20. 6. *Quib. mod. pig.* 3 § 2. D. 20. 2. *Qui potiores.*

tous les objets dont il acquiert la pleine propriété se trouvent ainsi grevés *in solidum*, tandis que son obligation personnelle n'a pas changé et reste partielle.

b. L'adjudication, lorsqu'elle porte sur la chose d'autrui, constitue une juste cause d'usucapion (1).

c. On rattache souvent à l'effet translatif du partage l'obligation de garantie en cas d'éviction qui incombe à chacun des copartageants. Théoriquement, la connexion est indiscutable ; en fait, le droit romain paraît avoir été surtout guidé par une considération d'un ordre plus pratique, le principe de l'égalité des parts : *quod inæqualiter factum esse consiliterit, in melius reformabitur* (2).

La remarque a son importance, car elle explique comment le droit français en admettant l'effet déclaratif, n'a jamais hésité à maintenir l'obligation de garantie.

Au reste si l'effet translatif était rejeté au second plan, il n'était pas oublié ; c'était en se reportant à l'assimilation établie entre le partage et l'échange que l'on avait choisi pour faire valoir l'obligation de garantie, l'action *præscriptis verbis* (3). Admettait-on dans le cas où l'adjudication avait lieu moyennant un prix en argent l'emploi de l'action *ex empto* ? Les textes sont muets à cet égard : mais l'affirmative est très-vraisemblable, si l'on remarque d'une part que les textes qui accordent l'action *prescriptis verbis* s'occupent tous d'un partage en nature, de l'autre que diverses lois assimilent expressément l'adjudication moyennant un prix à une vente.

Ces deux actions faisaient obtenir au copartageant évincé la valeur qu'avait la chose au temps de l'éviction, *ut melioris aut deterioris agri facti causâ, finem pretii, quo fuerat tempore divisionis æstimatus, deminuat vel excedat* (4).

Souvent aussi le copartageant évincé avait une autre action, l'action *ex stipulatu* née d'une *cautio de evictione* qu'on ajoutait quelquefois

---

(1) 7. D. 6. 2. *De publ. in rem act.* — 17. D. 41. 3. *De usurp. et usuc.*
(2) 3. C. 3. 38. *Comm. utriusq.* — 4. C. 3. 37. *Comm. divid.* — 11. 14. C. 3. 36. *Fam ercisc.* Comp. Glück. *Op. cital.* T. XI, § 734.
(3) Ajouter eux lois précitées la loi 7 C. 3. 38. *Comm. utriusq.*
(4) 66, § 3. D. 21. 2 *De evict.*

aux partages amiables (1) et que le juge était tenu d'imposer aux communistes dans les partages judiciaires (2).

Dans le dernier cas, la promesse avait pour objet une somme d'argent fixée sur l'estimation que le juge faisait des choses communes avant de commencer ses opérations (3).

Cujas a soutenu que la promesse était du double de cette évaluation ; il se fondait sur la loi 5 pr. D. 45, 1, qui parle d'une *stipulatio duplæ* exigée par le juge et qui, disait-il, serait inexplicable si elle ne visait pas la caution *de evictione* de l'action *communi dividundo*. Mais on trouve dans une autre hypothèse, que prévoit la loi 14 §1. D. 9, 4, une promesse imposée par le juge ; rien n'empêche d'admettre que la loi 5. pr. D.45. 1, n'y fasse allusion, et l'argument tout négatif de Cujas est sans force. Dès lors on ne peut se refuser à condamner son opinion, car la *stipulatio duplæ* serait absolument contraire au principe d'égalité que la garantie a pour but de faire respecter.

On sait que le coéchangiste évincé au lieu de réclamer une indemnité par l'action *præscriptis verbis* est libre, s'il le préfère, de recourir à la *condictio ob rem dati re non secutâ*, par laquelle il réclame la chose qu'il a livrée. Aucun texte n'accorde l'option aux copartageants. Il est probable que la *condictio* leur était refusée. Ayant été tous copossesseurs de la chose dont ils sont évincés, ils sont tous également en faute de l'avoir comprise dans le partage. L'équité veut que la perte soit également répartie, mais non que l'un d'eux profite de l'erreur commune. Or il est facile de concevoir que l'option placerait le copartageant évincé dans une position privilégiée. Si la chose avait augmenté de valeur au temps de l'éviction, il agirait *præscriptis verbis* et profiterait de la plus value : si la valeur avait diminué, il emploierait la *condictio*, ferait recommencer le partage, et ne souffrirait de la dépréciation que pour sa part dans les choses communes, au lieu de la supporter pour la totalité, comme s'il n'avait pu réclamer qu'une indemnité. Ajoutons aussi que la reconstitution de l'indivision est bien peu conforme aux idées du droit romain, qui regardait cet état avec tant de défaveur.

Le droit pour un copartageant d'agir en garantie à raison de l'éviction suppose qu'il n'a pas été évincé par sa faute. Si par exemple, il ne per-

<hr>

(1) 7. C. 3. 38. *Comm. utriusq.*
(2) 25, § 21 D. 10. 2. — 10, § 2. D. 10. 3.
(3) 10, § 2. D, h. t. — Comp. *supra*, p. 58.

dait sa chose que pour n'avoir pas su se défendre contre le revendiquant, il ne pourrait s'en prendre qu'à lui-même. De même encore, si ayant amélioré la chose, il a pu se faire tenir compte de ses impenses par le revendiquant, et qu'il ait négligé d'user de ce droit, il ne pourra réclamer la plus value à ses copartageants que déduction faite du remboursement qu'il aurait dû obtenir.

Observons enfin que la garantie n'est pas essentielle au partage. Une convention expresse peut la supprimer (1). Bien plus : on considère comme y ayant renoncé celui qui a eu connaissance lors de l'adjudication de l'éviction dont il était menacé; il peut seulement, au moyen de la *cautio*, s'assurer l'action *ex stipulatu* (2).

(1) 11. c. 3,36. *Famil. ercisc.*
(2) 7. C. 3,38. *Comm. utriusq.*

CHAPITRE VII.

Qu'il soit judiciaire ou amiable, le partage intervenu entre majeurs est en principe irrévocable (1). Les textes indiquent cependant trois causes de rescision que nous avons à examiner : 1° le dol ; 2° l'erreur qui consiste à admettre au partage un étranger ; 3° la lésion.

1° *Dol.* --- Plusieurs distinctions doivent être faites.

A) Si le partage est extra-judiciaire, le dol de l'un des copartageants permet à celui qui en est victime de demander la réparation du préjudice qu'il a souffert, en faisant partager de nouveau ce que l'auteur du dol a reçu de trop (2).

B) Si le partage est judiciaire, le dol peut venir de l'une des parties ou du juge.

a) Le dol émane de l'un des communistes : la sentence devra être modifiée de manière à compléter le lot de la partie lésée (3).

b) Le dol a été commis par le juge. Si le juge a été corrompu, son jugement est nul de plein droit, et lui-même doit être poursuivi criminellement (4). Si le juge n'a pas été corrompu, quelle qu'ait été sa mauvaise foi, le jugement ne peut être attaqué que par les voies ordinaires ; dès qu'elles se trouvent fermées, il produit ses pleins effets ; seulement la victime de la prévarication a contre le juge une action en dommages-intérêts, *actio in factum, actio male judicati* (5).

2° *Etranger admis par erreur au partage.*

A) Si le partage a lieu à l'amiable, les communistes n'ont pas sans doute contre l'étranger d'action en revendication, car les adjudications qui

---

(1) 8, C, 3,38. *comm. utriusq.* — 27. D. 10. 2.
(2) 7. C. 6. 20. *De collat.*
(3) 8. C. 6. 20.
(4) 7. C. 7. 51. *Quando proroc.* — Nov. 121. — 1. C. 7. 49 . *De pœna judic. qui male judic.*
(5) 15.§ 1. D. 5. 1. *De judic.* --- 1. 2. C. 7. 49. *De pœna judic.*

Ont eu lieu à son profit lui ont transféré la propriété : mais ils peuvent intenter la *condictio indebiti* (1).

B) Le partage a eu lieu en justice : les copartageants n'ont aucun moyen de réclamer ce qu'ils ont livré à tort. D'anciens auteurs ont voulu rattacher ce résultat au principe de la chose jugée ; mais c'est une erreur évidente : sans parler des autres considérations qui pourraient être invoquées, le jugement n'a pas porté sur le droit des copartageants. Le texte (36. D. 10. 2.) montre clairement à deux reprises la véritable raison : *sufficit ad impediendam repetitionem quod quis se putat condemnatum*, dit-il d'abord ; et plus bas s'occupant de la *condictio indebiti* en cas de partage amiable, il la justifie en ces termes : *non enim transactum inter eos intelligitur*. En effet, dans le partage judiciaire l'exécution de la sentence était assurée par l'*actio judicati*. Cette action croissait *in duplum adversus inficiantem*, or l'on sait que, quiconque acquittait une dette, qu'il ne pouvait contester sans s'exposer à une action croissant au double, n'était pas reçu à soutenir qu'il avait payé par erreur et à exercer la *condictio indebiti* : il était réputé n'avoir payé que pour transiger.

3° *Lésion.* — Les effets de la lésion en matière de partage sont très-controversés ; ici encore il faut distinguer le partage amiable et le partage judiciaire. On ne s'occupera que du droit de la fin de l'empire, les textes ne fournissant jusqu'à Dioclétien aucun renseignement.

A) *Partage amiable.* — D'après les uns, la lésion ne permettrait jamais de l'attaquer ; d'après d'autres, il faudrait lui appliquer les règles établies par Dioclétien au sujet de la vente, c'est-à-dire admettre la rescision pour lésion d'outre moitié ; d'après une troisième opinion enfin, la lésion si minime qu'elle soit, serait toujours une cause de rescision.

Nous écarterons immédiatement le premier système. On peut le défendre, soit en le rattachant à une solution générale d'après laquelle la règle dont Dioclétien ne fait application qu'à la vente (2. C. 4. 44) s'étendrait à tous les contrats, soit en se fondant exclusivement sur la loi 1. C. 3. 38, qui s'exprime ainsi : *Divisionem prædiorum vicem emptionis*

---

(1) 36. D. 10. 2. — Il n'y a pas contradiction entre cette décision et la loi 20. D. 11. 3. Si cette dernière loi suppose que la tradition faite par un héritier *ex asse* à une personne qu'il croit faussement être son cohéritier n'est pas translative de propriété, c'est qu'effectivement l'héritier n'a pas eu d'autre intention que de livrer au tiers la possession des choses héréditaires, mais non de l'apportionner et de le rendre propriétaire.

obtinere placuit; mais ni l'une ni l'autre de ces argumentations n'est ad-missible. La constitution de Dioclétien doit être interprétée dans ses ter-mes stricts, car elle consacre une règle exceptionnelle et se justifie par des motifs particuliers à la vente. Quant à la loi 1. C. 3. 38, il est clair qu'elle ne fait pas une assimilation absolue entre la vente et le par-tage. La vente et la convention de partage sont comparables en bien des points, notamment quant aux transferts de propriété qui les accompa-gnent, mais elles n'ont rien de commun quant aux principes sur lesquels on peut fonder la rescision pour lésion ; dans le partage, la rescision, si elle doit être admise, procède de l'idée que l'égalité doit être maintenue entre les copartageants ; dans la vente, elle a pour but de protéger le ven-deur qui, pressé par le besoin, aliène à bas prix sans que sa volonté ait été vraiment libre. Faut-il ajouter qu'on peut d'autant moins se croire lié par la lettre du texte que la constitution étant de Caracalla n'a pu soumettre le partage à une règle qui date de Dioclétien ?

Restent donc en présence les deux opinions extrêmes. Tout le débat se concentre autour d'un seul texte, la constitution de Dioclétien et de Maximien, qui forme la loi 3. C. 3. 38 *Comm. utriusq.* et qui est ainsi conçue :

Majoribus etiam, per fraudem vel dolum vel perperam sine judicio factis divisionibus, solet subveniri; quia in bonæ fidei judiciis, quod inæqualiter factum esse constiterit, in melius reformabitur.

Ce texte a été tiré du code Grégorien et modifié par Tribonien. Il nous a été transmis dans sa teneur primitive par la *Consultatio veteris cujusdam Jurisconsulti* (1).

An divisio, quam jam factam esse propon's, convelli debeat, rector provinciæ, præsente parte adversa, diligenter examinabit : et si fraudi-bus eam non caruisse perspexerit, quando etiam majoribus in perpe-ram factis divisionibus soleat subveniri, quod improbum atque inæqua-liter factum esse constiterit in melius reformabit.

Les commentateurs qui combattent la rescision pour lésion s'appuient sur la comparaison des deux textes. Le texte original, disent-ils ne vise pas un cas de lésion pure et simple : mais un cas de lésion compli-quée de dol : c'est à cause du dol que la rescision y est admise. Tribo-

---

(1) Cet écrit, imprimé pour la première fois par les soins de Cujas, date, d'après l'opinion générale, de la période comprise entre Théodose le jeune et Justinien.

nien en transportant la constitution dans le Code qu'il compilait en a abrégé les termes, mais sans en changer le sens; il n'y est jamais question que d'un partage vicié par la fraude.

Cette interprétation, si elle reconnaît avec raison que Dioclétien et Maximien jugeaient une espèce où le partage était argué de fraude, se méprend complétement, et sur les motifs qu'ils donnent de leur décision, et sur le remaniement opéré par Tribonien.

Les empereurs posent de la manière la plus générale le principe que tout partage lésif donne lieu à un recours, *quando etiam majoribus in perperam factis divisionibus soleat subveniri*. C'est par *a fortiori* qu'ils prononcent la rescision dans l'hypothèse spéciale qui leur est soumise.

Qu'y a-t-il d'ailleurs de plus juste et de plus conforme à la nature du partage que de le corriger quand il préjudicie à l'un des intéressés? N'avons nous pas vu que la préoccupation constante des jurisconsultes romains en cette matière est de maintenir l'égalité entre les parties? C'est pour assurer *l'æquum jus divisionis* qu'ils consacrent la garantie en cas d'éviction : comment auraient-ils laissé sans remède les inégalités provenant de la lésion? Objectera-t-on le consentement donné par les parties ? Mais cette considération n'empêchait point la rescision en matière de vente, où pourtant loin de chercher à sauvegarder rigoureusement les droits de chacun des contractants, on faisait sa part à la spéculation au nom de la maxime : *in pretio emptionis et venditionis naturaliter licere contrahentibus se circumvenire*.

Dans cet ordre d'idées rien de plus facile à expliquer que les modifications qu'a subies la constitution de Dioclétien pour entrer dans le Code de Justinien. Tribonien s'est attaché à mettre en lumière le principe qu'elle contenait ; il a supprimé tous les mots qui servaient à le rapprocher de l'espèce soumise aux empereurs , et il a complètement réussi dans son travail ; le rescrit est devenu une loi générale qui s'exprime dans les termes les plus précis et les plus compréhensifs.

Dans l'opinion adverse, les modifications n'ont plus de raison d'être ; loin de là ; elles placent sous un jour si faux la pensée de Dioclétien qu'on ne l'entendrait plus sans le texte originaire. En même temps elles sont si maladroites, que le texte reste surchargé de mots inutiles. S'il n'est question que d'un partage dolosif, *perperam* est synonyme de *per dolum* et de *per fraudem* : il répète l'idée contenue dans ces deux expressions en l'affaiblissant. Comment aussi rendre compte de l'interpolation des mots *sine judicio* puisque la victime du dol peut se faire indemniser aussi bien dans les partages judiciaires que dans les partages amiables ?

Il est rare de manquer plus entièrement aux règles d'une bonne interprétation qu'un système qui, contraire aux principes, violente les textes et les laisse à moitié inexpliqués (1).

B). *Partage judiciaire.* Il résulte de la loi 3. C. 3. 38, telle que nous l'avons commentée, que dans le partage judiciaire la lésion ne donnait point par elle-même lieu à la rescision. Seulement si elle résultait d'une erreur matérielle de calcul, si, par exemple, le juge, sachant qu'une maison valait vingt mille sesterces, l'avait comprise dans un lot pour trente mille, le jugement était nul de plein droit (2).

(1) Glück, *op. cital.* T. XI, § 734.
(2) 1. § 1. D. 49. 8. *Quæ sent. sine appell. rescind.* — Sent. Pauli, V. 5. § 11.

TABLE DES MATIÈRES.

ENGAGEMENTS

DES

SOCIÉTÉS CIVILES ET COMMERCIALES

ENVERS LES TIERS

Afin de limiter une matière qui, prise dans son ensemble, eût exigé des développements beaucoup trop étendus, on se borne à considérer dans cette thèse les sociétés au point de vue de leurs relations avec leurs créanciers. Une étude de cette nature, contrainte de négliger tant de principes essentiels à la théorie de la société et un si grand nombre des rapports auxquels ce contrat donne naissance, est condamnée à présenter, comme toute étude qui procède par abstraction et s'attache exclusivement à de certains aspects, quelque chose d'un peu artificiel. Du moins si elle ne montre pas dans toute sa réalité la vie d'une société permet-elle de mettre en relief quelques-unes de ses principales manifestations.

PREMIÈRE PARTIE

SOCIÉTÉS CIVILES

En matière de société notre droit civil se montre peu novateur. Notamment en ce qui touche les engagements sociaux il se borne à une application pure et simple de ses principes ordinaires sur les effets des conventions. C'est le droit commercial qui formé par la pratique, a su à l'aide de fictions hardies, des ressources de la publicité, et des facilités qu'il accorde aux transactions de tout genre, donner aux sociétés une grande liberté d'action et par là une grande puissance. Mais précisément à raison de son attachement aux principes généraux et de son insuffisance pratique, le droit civil offre un double intérêt. D'abord la théorie y trouve une base solide. En second lieu, il constitue un point de départ nécessaire pour l'histoire du développement progressif des sociétés commerciales.

On examinera dans un premier chapitre comment naissent les engagements sociaux ; — dans un second comment ils obligent les associés ; — dans un troisième on recherchera leurs effets par rapport aux créanciers personnels des associés.

CHAPITRE PREMIER

COMMENT NAISSENT LES ENGAGEMENTS SOCIAUX.

§ 1. Idée générale.

Les conventions n'ont d'effet qu'entre les parties. C'est d'une convention que résulte l'état de société. Les associés ne pourront donc s'en prévaloir envers les tiers. En principe, dans toutes les opérations qu'ils entreprendront, ils agiront quant à leurs rapports extérieurs comme des individus isolés. L'engagement pris par l'un d'eux ne liera pas les autres : l'engagement pris envers lui ne leur profitera pas. Sans doute, comme dans leurs rapports réciproques le contrat de société produira ses pleins effets, la multiplication de force qu'ils ont cherchée dans la mise en commun de leurs ressources individuelles, sera jusqu'à un certain point obtenue ; mais on conçoit qu'une action collective soit bien autrement avantageuse. Elle augmente le crédit que chacun tire de l'association ; elle diminue les chances de contestation entre associés quant à la régularité de l'engagement et à la répartition des charges qui en dérivent.

Dans l'ancien droit romain, où par une exagération de l'idée juste en elle-même que les liens d'obligation sont personnels aux contractants on ne pouvait engager que soi-même, les associés n'avaient qu'un moyen de la réaliser ; c'était de prendre tous ensemble part au contrat. A cette condition seulement tous étaient débiteurs ou créanciers. Avec les progrès de la législation on se débarrassa des rigueurs primitives : la représentation fut admise. Dès lors on eut un moyen plus simple et plus expéditif de rendre immédiatement communes à tous les opérations sociales : il suffisait qu'elles fussent exécutées au nom de tous par un mandataire ou un *negotiorum gestor*.

On sait combien le développement de cette idée fut lent et par quels artifices de procédure le préteur dut d'abord la protéger. Aujourd'hui elle est définitivement dégagée et la représentation dans les contrats, peut être considérée comme une des institutions essentielles du droit moderne.

Si donc l'on définit une dette sociale, comme il faut le faire en se plaçant au point de vue des créanciers, la dette qui oblige tous les associés comme tels, on reconnaîtra ce caractère dans deux hypothèses :

1° Si la dette est contractée par tous les associés concurremment ;

2° Si elle est contractée par leur représentant commun.

Le premier cas ne demande aucune explication. Les associés sont directement engagés dans une mesure que l'on aura plus tard à déterminer.

Le second est soumis aux règles du mandat et de la gestion d'affaires : mais à raison des nécessités pratiques il en présente des applications particulières qu'il importe d'examiner.

§ 2. Engagements contractés par un mandataire.

Les associés peuvent prendre pour mandataire soit l'un d'entre eux, soit un tiers. A s'en tenir rigoureusement aux principes, il faudrait admettre qu'en l'absence de désignation, les associés demeureraient respectivement indépendants et qu'aucun d'eux n'auraient qualité pour représenter les autres, sinon comme gérant d'affaires. Mais un tel état de choses eût été trop contraire à leur but. Aussi, interprétant leur silence conformément à leur intérêt, la loi décide-t-elle dans l'art. 1859, qu'à défaut de stipulations spéciales les associés sont censés s'être donné réciproquement le pouvoir d'administrer l'un pour l'autre. Ce que chacun fait, ajoute le texte en tirant les conséquences de la présomption, est valable même pour la part de ses associés sans qu'il ait pris leur consentement.

La situation de l'administrateur est très-différente, suivant l'origine de ses pouvoirs.

A t-il été nommé dans le pacte social, le mandat qui lui est conféré est une des clauses fondamentales de la société. De là d'importantes conséquences. Si ce mandataire, qu'on appelle gérant statutaire est en même temps associé, son mandat ne peut lui être retiré arbitrairement (art. 1856). Ses coassociés se sont engagés à lui laisser la direction des affaires communes : il a droit de la garder malgré eux. Pour la même raison ses actes ne peuvent être arrêtés par des oppositions qui constitueraient autant de révocations partielles et momentanées,

Toutefois, la loi ne pouvait laisser la société désarmée contre la mauvaise foi : la révocation et l'opposition sont autorisées en cas de fraude. Comme il s'agit de rompre un contrat, il s'élève nécessairement un débat judiciaire. D'après quelques auteurs, l'action ne pourrait être intentée qu'après avis de l'unanimité ou tout au moins de la majorité des associés. La loi ne manifeste nulle part une exigence qui mettrait l'associé clairvoyant à la merci des illusions de ses coassociés ou même de leur complicité avec le gérant.

On doit assimiler au dol la faute lourde. Mais c'est aller trop loin que d'admettre avec M. Troplong, un *veto* ou une demande en révocation fondés sur la faute légère. Si les tribunaux pouvaient s'immiscer à ce point dans les affaires sociales, l'administrateur n'aurait plus de liberté. Seulement la faute légère dans le principe peut s'aggraver jusqu'à devenir une faute lourde ou même un dol caractérisé, si le gérant averti par les réclamations de ses coassociés persiste dans les projets qui les ont justement soulevées.

La révocation de l'associé gérant statutaire atteignant les conventions sociales, entraîne forcément la dissolution.

Les règles sont différentes en quelques points, quand les statuts ont désigné un tiers. Envers les associés, ce tiers n'a pas plus de droits qu'un mandataire ordinaire. Les accords sociaux lui sont étrangers : il ne saurait les invoquer pour conserver ses pouvoirs contre le gré de ses mandants. Mais si l'on considère les rapports des mandants entre eux, on s'apercevra qu'à ce point de vue il n'importe pas que le gérant statutaire soit étranger à la société. Sa nomination n'en fait pas moins partie du contrat. Sa révocation est un changement d... ... conventions primitives qui lient tous les associés. Elle ne peut donc avoir lieu que du consentement de tous, ou en vertu d'une décision judiciaire provoquée pour des motifs légitimes par un ou quelques-uns d'entre eux. Dans le premier cas, les associés seront évidemment maîtres de dissoudre la société ou de la continuer après avoir reconstitué l'administration. Dans le second, les conditions originaires étant altérées, le contrat se trouve rompu.

Lorsque le gérant est nommé par un acte postérieur à la formation de la société, il est révocable, dit l'art. 1856, sans distinguer entre le tiers et l'associé, comme un mandataire ordinaire. On a voulu en conclure que chaque associé pourrait individuellement révoquer. C'est méconnaître le caractère du pacte intervenu lors de la désignation de l'administrateur. Il est naturel de penser que les associés ont voulu assurer une organisation durable à la gestion. Le mandat a été conféré par la volonté de tous, il ne peut être enlevé par le caprice d'un seul. Mais d'autre part rien n'oblige à obtenir un consentement unanime. La révocation est ici un acte qui ne touche pas à la constitution de la société, mais à son fonctionnement. C'est le cas comme dans toutes les hypothèses analogues de consacrer le droit de la majorité.

La loi ne parle pas spécialement du droit d'opposition ; mais reconnaissant celui de révocation, elle le reconnaît *à fortiori*.

Lorsqu'à défaut de convention, chaque associé est réputé mandataire de ses coassociés, ce mandat tacite résultant du pacte de société ne peut être révoqué même par la majorité. On applique les règles posées pour le gérant statutaire.

L'opposition au contraire est admise : mais elle prend un caractère tout particulier. Ce n'est plus une révocation partielle ; c'est le conflit de deux pouvoirs d'administration égaux. Chaque associé peut l'exercer individuellement et sans s'adresser à la justice, non pas en sa qualité de mandant, mais en sa qualité de fondé de pouvoir : c'est à la majorité qu'il appartiendra de vider le débat.

Les associés déterminent à leur gré les pouvoirs de leurs mandataires. Le mandat peut être général, limité à un certain genre d'opérations, restreint même à un acte unique. On peut le confier à une seule personne ou à plusieurs ; dans ce dernier cas, assigner à chacune des attributions distinctes, ou au contraire donner à toutes des droits égaux, ou enfin exiger que les gérants agissent toujours de concert (art. 1858), condition qui d'après les termes absolus de l'art. 1858 doit être rigoureusement observée, alors même qu'il y aurait urgence ou que l'un d'eux serait dans l'impossibilité actuelle de concourir aux actes d'administration (Pont, *Sociétés civiles*, n° 539).

A défaut de détermination expresse dans la procuration, les pouvoirs du gérant sont ceux d'un mandataire général. « Celui à qui l'on a donné « l'administration, dit Pothier, est comme le procureur général de ses « associés pour les biens et affaires de la société. » (*Société*, n° 66.)

Mais les biens et affaires de la société ne s'administrent pas toujours comme le patrimoine d'un particulier. Il ne s'agit pas seulement de conserver, d'effectuer de bons placements et de percevoir des revenus normaux. La société a ordinairement une vie plus active. Elle est faite pour les entreprises et les spéculations. On devra donc s'attacher avant tout à l'intention des parties telle que la manifeste le but qu'elles se sont proposé en s'associant et ne pas hésiter, le cas échéant, à reconnaitre au gérant des pouvoirs plus étendus que ceux d'un administrateur ordinaire.

Ainsi, outre les actes qui en tout état de cause se constituent de simples actes d'administration, tels que le placement des dettes, le recouvrement des créances, la conservation du fonds social, la vente des récoltes ou du produit des exploitations, le gérant pourra suivant les circonstances faire des opérations plus graves, passer des marchés considérables, faire même d's aliénations immobilières, si, par exemple, la société spécule sur l'achat et sur la revente des immeubles.

Des auteurs (1) refusent tout pouvoir d'aliéner aux associés mandataires les uns des autres dans le cas où ni le contrat de société ni une convention postérieure n'organisent la gestion. Ils invoquent en ce sens l'art. 1860 qui, suivant eux, n'aurait d'autre but que d'établir cette distinction entre le mandataire tacite et le mandataire élu. Il suffit pour écarter leur opinion, qui n'invoque aucun motif rationnel, de remarquer que l'art. 1860 parle de l'associé qui n'est pas *administrateur* : tandis que l'art. 1859 décide en termes exprès qu'à défaut de stipulations spéciales les associés sont censés s'être donné réciproquement le pouvoir *d'administrer*. L'art. 1860, qui est à la vérité médiocrement clair, ne pose pas une règle d'administration. Il détermine, abstraction faite des pouvoirs du gérant, les droits des associés dans le fonds social et se rattache intimement à l'art. 1861. On ne conserve aucun doute à cet égard dès qu'on le rapproche du passage de Pothier (*Soc.*, *n°* 89) auquel il a été presque textuellement emprunté. On aura d'ailleurs à préciser avec plus de détails sa véritable portée.

Mais s'il ne faut pas restreindre les pouvoirs conférés par l'art. 1859, il ne faut pas les exagérer. La Cour d'Angers a décidé que ce texte autorisait un quelconque des associés gérants à engager les autres même par des actes dépassant les nécessités de l'administration pour peu que ceux-ci n'aient pas manifesté d'improbation en temps utile. L'arrêt a été justement cassé. Il violait le texte même qu'il invoquait, puisque la loi se borne à charger les associés *d'administrer* et que, suppléant au silence des parties, elle n'a pu instituer une gestion si peu conforme à leur volonté présumable. (Pont. *Sociétés*, I, n° 553).

(1) Aubry et Rau, T. IV, § 382, n. 5.

Sans difficulté le gérant peut passer les baux. Cependant s'il leur attribue une durée anormale contraire aux intérêts de la société, les tribunaux devront les réduire, le mandat d'administration aura été dépassé. Les juges n'auront pas du reste à tenir compte des art. 1429 et 1430. La loi ne les rappelle pas au sujet des sociétés et les nécessités de la gestion sont trop variables pour que l'application d'une règle fixe ne présente pas de graves inconvénients. La réduction du bail sera une simple question d'appréciation.

Le gérant peut faire sur les biens meubles ou immeubles constituant le fonds social non-seulement les réparations mais encore toutes les innovations qu'exige l'usage auquel la société les destine ; par exemple, substituer au matériel d'une usine des machines nouvelles qui diminuent les frais et augmentent la production. Il dépasserait ses pouvoirs s'il transformait les objets sociaux : par exemple, s'il remplaçait le matériel par un matériel nouveau propre à une industrie différente ou même s'il lui faisait subir des changements qui ne seraient pas indispensables au succès de l'exploitation (1).

Dans le cas de mandat tacite et réciproque, l'art. 1859 interdit à un associé toute innovation sur les immeubles quelqu'utile qu'elle puisse être si les autres associés n'y consentent. En d'autres termes, il réserve à chacun des associés le droit d'empêcher par sa seule opposition toute modification projetée sur les immeubles. (Aub. et Rau, § 382, n. 6, Troplong, II, n° 738). Un auteur, il est vrai, refuse de lui attribuer cette portée et n'y voit qu'une application des règles générales. Mais d'une part cette interprétation rend tout l'alinéa inutile : de l'autre, elle n'explique pas suffisamment les mots : « même quand il les soutiendrait avantageuses à la société » qui paraissent bien reconnaître aux associés le droit d'opposition, même quand il s'agit d'un changement rentrant dans le cercle des actes de gestion.

On a parfois contesté au gérant le droit d'emprunter, c'est une erreur évidente. Sans doute, il ne pourra par ses emprunts grever l'actif de charges excessives. S'il devient nécessaire de contracter des obligations engageant l'avenir de la société ou compromettant la fortune personnelle de ses membres, les associés ont seuls qualité pour y consentir. Mais hors ces cas exceptionnels, lorsqu'il ne s'agira que du mouvement de

(1) Comp. Cass., 14 février 1851, et sur le renvoi Orléans, 20 juillet 1853. Cf. aussi Req., 17 avril 1833, D. P. 53. 1. 213.

fonds et d'effets nécessaires à la marche courante des affaires, le gérant sera pleinement capable : dès qu'une société se livre à des opérations quelque peu étendues il lui faut recourir au crédit ; privée de cette ressource l'administration serait réduite à l'impuissance.

Du pouvoir d'emprunter il faut se garder de conclure au pouvoir d'hypothéquer. On en serait tenté au premier abord, l'hypothèque n'étant qu'un accessoire de l'obligation, une sûreté pour le prêteur, un moyen de crédit pour l'emprunteur. L'ancien droit accusait énergiquement cette relation en attachant de plein droit force hypothécaire à tous les actes authentiques. Aussi était-il forcément amené à permettre l'hypothèque au mandataire général et par *à fort ori* au gérant dans les mêmes limites que l'emprunt (Pothier, *Mandat*, n° 160`. Mais aujourd'hui si l'hypothèque n'a pas changé de nature, la capacité d'hypothéquer a été complétement séparée de celle de contracter une obligation personnelle. L'art. 2124 l'assimile en termes exprès à la capacité d'aliéner. Il est vrai que toute obligation peut entraîner une expropriation. Mais on sent combien l'éventualité qui menace directement et spécialement un immeuble est plus grave en elle-même, et combien surtout le droit exclusif attribué au créancier compromet le crédit du débiteur. Aussi est-ce un point constant en doctrine et en jurisprudence que la capacité ou le pouvoir d'aliéner est absolument nécessaire à la personne qui veut constituer hypothèque (1). Encore faut-il remarquer que dans les cas fort rares où le gérant pourra aliéner les immeubles, il ne pourra pas toujours les hypothéquer : par exemple, dans une société formée pour spéculer sur les biens, la vente est un des actes essentiels de la gestion, tandis que le plus souvent la constitution d'hypothèque faisant obstacle à la transmission de l'immeuble grevé serait en contradiction avec le but même de la société et ne pourrait être consentie que par la majorité à titre de mesure exceptionnelle.

Du reste, la procuration peut toujours conférer au gérant la faculté d'hypothéquer. Aucune expression sacramentelle n'est exigée. Il suffit que la volonté des parties ne soit pas douteuse (2).

Si la procuration ordinaire est muette, une décision postérieure de la majorité peut autoriser le gérant soit à faire une constitution donnée,

(1) Comp. les règles relatives au mineur émancipé.
(2) Cf. Req. 8 nov. 1870 D. P. 71. 1. 193. Cet arrêt applique le principe en maintenant une interprétation trop large peut-être de la cour de Besançon.

soit à concéder les hypothèques qui lui paraitront utiles aux intérêts sociaux.

Comme l'art. 2124 pour l'hypothèque, l'art. 2045 exige pour la transaction, à laquelle on doit assimiler le compromis (1003 C. Pr.), le pouvoir d'aliéner le droit litigieux. Il en résulte que le gérant pourra transiger et compromettre sur les choses dont il a la disposition (1). Vainement on l'a contesté en alléguant la gravité exceptionnelle de ces actes. Demander autre chose que le pouvoir d'aliéner, c'est demander plus que la loi. Quant à prétendre avec un auteur qu'en transigeant, ou en compromettant on abandonne sans compensation la chose commune et qu'on fait en quelque sorte un acte à titre gratuit, c'est méconnaitre la véritable nature de ces contrats. La transaction n'a-t-elle pas pour but par définition de procurer un équivalent des droits douteux auxquels on renonce ? Le compromis ne lie-t-il pas également les deux parties et ne les soumet-il pas l'une et l'autre à la décision d'un arbitre en qui elles ont manifesté une égale confiance ?

Le droit d'exercer les actions judiciaires se mesure comme les précédents au droit de disposer (art. 1428, arg. d'anal.) Le gérant pourra donc suivre en justice tous les procès relatifs aux contrats qu'il peut passer et aux biens qu'il a pouvoir d'aliéner. Ce principe est universellement admis. Quelques auteurs en concluent que le gérant pourra intenter toutes les actions personnelles, mobilières ou possessoires : Guy Coquille (2) admettait avec raison cette conséquence dans l'ancien droit lorsqu'il s'agissait des sociétés universelles dans lesquelles le chef avait des pouvoirs analogues à ceux du mari commun. Elle est évidemment erronée dans la législation actuelle, puisque d'une part dans quelque société que ce soit l'administrateur ne peut pas aliéner tous les meubles, ni même engager toujours la société par les obligations qu'il contracte, tandis que d'autre part les aliénations immobilières ne lui sont pas toujours interdites. La formule de Guy Coquille doit donc être complétement écartée, il faut s'attacher exclusivement au principe d'où elle dérive pour en tirer des applications nouvelles qui varieront conformément aux pouvoirs du gérant.

Enfin il est une dernière classe d'actes, ceux à titre gratuit qui ne

(1) Rouen 19 août 1841. Troplong. n° 693, Dalloz. Rep. n° 484. Contra Pont, n° 526. Pothier, n° 63.
(2) Coutume du Nivernais, Tit. XXII., art. V.

peuvent évidemment être regardés comme des actes d'administration. On doit cependant admettre deux exceptions d'importance inégale : l'une relative aux cadeaux d'usage, l'autre au concordat. « L'associé ad-« ministrateur, dit Pothier, peut donner des étrennes et autres petites « gratifications dans le cas où il est d'usage et de bienséance d'en donner. « Il peut ainsi accéder à un contrat d'atermoiement qui contient des re-« mises faites à un débiteur failli : ces remises se font par esprit d'éco-« nomie, pour ne pas tout perdre, plutôt que par esprit de donation. » (Pothier, *Société*, n° 69).

Dans les rapports du gérant avec les tiers on applique exactement les règles du mandat (art. 1997-1998). Si le gérant agit au nom de la société et dans les limites de ses pouvoirs, il engage directement la société envers les tiers et les tiers envers la société. S'il agit *proprio nomine* les rapports naissant du contrat se produisent exclusivement dans sa personne. Les tiers n'ont pas de leur chef de droits contre les associés. Ils peuvent seulement diriger contre eux du chef de leur débiteur l'action indirecte de l'art. 1166 (1).

Si enfin le gérant agit *nomine procuratorio*, mais en dehors de son mandat, le principe est d'une part qu'il n'oblige pas ses coassociés, puisque ceux-ci n'ont pas consenti, de l'autre qu'il ne s'oblige pas lui-même puisqu'il n'agit pas en son nom.

On voit que les tiers doivent tenir compte de la convention intervenue entre le mandant et le mandataire (2). C'est là une condition nécessaire de la représentation. Mais comme en fait, sinon en droit, la procuration est pour ceux qui traitent avec le mandataire *res inter alios acta*, on se trouve en présence de graves difficultés pratiques. Il faut protéger les tiers contre des erreurs trop faciles à commettre.

De là les deux règles suivantes :

1° Il suffit pour que le mandant soit obligé, que le contrat paraisse renfermé dans la procuration, quoique le mandataire, à raison de circonstances inconnues de celui avec qui il contracte. ait excédé les bornes de son pouvoir (Pothier, *Mandat*, n° 89). Ainsi, que le gérant chargé d'emprunter 1000 francs emprunte deux fois cette somme à deux personnes

____

(1) Les difficultés auxquelles a donné lieu en cas d'enrichissement de la société, l'art. 1864, seront étudiées plus bas, p. 14 à propos de la théorie du gérant d'affaires.
(2) *Qui cum aliquo contrahit debet esse gnarus conditionis ejus cum quo contrahit.* (19, D. *de Reg. jur.*).

différentes en laissant ignorer au second prêteur le premier emprunt, la société sera tenue de rembourser les deux sommes.

De même, si après avoir nommé un administrateur, les associés ont restreint ses droits et que celui-ci n'ait fait connaître aux tiers que sa procuration originaire, le mandant sera tenu de tout ce qui aura été fait dans les limites du premier mandat.

On rencontre une application importante de cette règle dans le cas où les associés ont le droit de s'opposer aux actes de leur coassocié administrateur (art. 1859). Leur opposition ne les dégage pas de l'acte contre lequel ils la dirigent lorsqu'elle est ignorée du tiers contractant (1).

C'est enfin en vertu de la même idée que dans les cas où le mandat prend fin (révocation, dissolution de la société, etc.) Les engagements ultérieurs du mandataire doivent être exécutés à l'égard des tiers qui sont de bonne foi.

2° Le mandataire qui n'a pas donné aux tiers une connaissance suffisante de son mandat est personnellement responsable envers eux (art. 1997). Évidemment cette responsabilité n'existe que si l'excès de pouvoir a privé les tiers de leur action contre le mandant (2).

Dès qu'un administrateur de la société a régulièrement traité, la société est engagée sans qu'on ait à considérer les résultats de l'opération. Peu importe qu'il dissipe ou applique à son profit personnel les valeurs qu'il a reçues. Les tiers ne peuvent pas souffrir de son infidélité. C'est à la société de s'imputer de n'avoir pas mieux placé sa confiance.

On doit assimiler au cas de mandat celui où les associés ratifient un engagement pris *nomine sociali* par une personne sans pouvoirs. *Ratihabitio mandato æquiparatur.*

---

(1) Pont, n° 557.

(2) La législation anglaise en ce qui concerne les mandataires d'une société (*partnership*) a suivi un système différent qui pour son originalité et sa simplicité mérite d'être signalé. Elle a créé un type légal de procuration dont l'étendue est soigneusement fixée. Tous les membres d'un *partnership* sont accrédités comme mandataires réciproques dans les termes de cette procuration. La régularité des engagements qu'ils prennent au nom de la société est appréciée conformément au type légal. Des clauses dérogatoires peuvent être introduites dans l'acte constitutif de la société ou dans une convention spéciale, dans le but de modifier les pouvoirs de chacun ou de réserver à quelques-uns toute la direction des affaires. Mais les tiers n'ont pas à s'en préoccuper. Elles ne valent qu'entre associés et peuvent seulement donner lieu à une action en dommages-intérêts contre celui qui les enfreindrait. Elles ne deviennent opposibles aux créanciers sociaux qu'en vertu d'une notification individuelle.

§ 3. Engagements contractés par un gérant d'affaires.

Quand une personne gère utilement l'affaire d'une autre, il s'établit soit entre le gérant et le maître de l'affaire, soit entre les tiers et le gérant, soit enfin entre le tiers et le maître des relations de droit à peu près semblables à celles qui naissent du mandat. L'action que les Romains appelaient *negotiorum gestorum directa* oblige le gérant à rendre compte. L'action *negotiorum gestorum contraria* lui permet de se faire rembourser ses avances. Enfin les tiers peuvent exercer contre le maître et le maître peut exercer contre eux directement l'action qui nait du contrat qu'ils ont passé avec le gérant.

Evidemment ces principes, qu'il est inutile de développer sont applicables à la société dont l'affaire a été gérée sans mandat soit par un de ses membres, soit par un étranger.

L'art. 1864 l'indique expressément dans ses derniers mots. « La stipulation que l'obligation est contractée pour le compte de la société ne lie que l'associé contractant et non les autres, à moins que ceux-ci ne lui aient donné pouvoir, ou que la chose n'ait tourné au profit de la société. »

Le texte ne parle, il est vrai, que de l'engagement pris par un associé : mais les principes généraux suffisent pour étendre la décision à l'engagement pris pour le compte de la société par un étranger.

Beaucoup d'auteurs ne paraissent pas employer dans l'exposé de cet article un langage parfaitement exact. Tantôt ils considèrent l'action dont est tenue la société comme dérivant de la *negotiorum gestio*, tantôt à quelques lignes de distance ils la nomment action *de in rem verso*. Or il existe entre ces deux actions une profonde différence. La loi en faisant résulter des droits et des obligations de la gestion d'affaires, a voulu protéger, encourager même, les services spontanément rendus à autrui et en régulariser les effets. Aussi oblige-t-elle le maître dès que l'affaire a été gérée dans son intérêt d'une manière utile. Peu importe que plus tard le profit qu'il en avait tiré ait disparu : la gestion a été sage : elle a produit des résultats avantageux : le gérant a rempli les conditions que la loi lui imposait : il ne doit pas souffrir des événements ultérieurs sur lesquels il ne pouvait rien. L'action *de in rem verso* est uniquement fondée sur la maxime que nul ne doit s'enrichir aux dépens d'autrui. La loi l'institue beaucoup moins parce que le demandeur lui semble digne d'intérêt que pour ne pas laisser au défendeur un enrichissement injuste. Elle l'accorde par exemple à celui qui ayant traité avec un mineur et exécuté le contrat pour sa part le voit rescinder en vertu de l'art. 1305 sur la demande de l'incapable. Dès lors les limites de l'action sont toutes tracées. Elle ne peut faire obtenir que la valeur indûment retenue par le défendeur au moment où elle est intentée. Si par une circonstance quelconque l'enrichissement a disparu, l'action n'aboutit pas (1).

Dans l'art. 1864 il s'agit évidemment d'une action dérivant de la *negotiorum gestio*. Par hypothèse, toutes les conditions du quasi-contrat ont été remplies, puisque l'affaire a été faite pour le compte des associés et qu'elle a été gérée utilement. Les tiers pourront donc réclamer à la société l'exécution des engagements pris en son nom sans qu'ils aient à établir qu'elle en a conservé le profit (2).

Puisque l'action établie par l'art. 1864 a sa source dans une gestion d'affaires, il ne peut en être question si l'associé a traité en son nom personnel. En ce cas du moins les tiers auront-ils contre la société l'action *de in rem verso* ? Merlin l'a prétendu en soutenant un pourvoi : son autorité entraîna la cassation de l'arrêt et pendant longtemps a influé sur la jurisprudence. Mais la cour suprême ne tarda pas à réagir et aujourd'hui l'action *de in rem verso* est à peu près unanimement refusée.

La doctrine contraire reposait sur deux erreurs : une fausse conception de la maxime : « nul ne doit s'enrichir aux dépens d'autrui : » une fausse interprétation de la loi 82. D. *Pro socio*.

On peut dire que la maxime nul ne doit s'enrichir aux dépens d'autrui

____

(1) Aubry et Rau, § 441, n. 14. Adde iidem, § 509, n. 39.
Il en était autrement à Rome pour l'action *de in rem verso* donnée contre le maître de l'esclave (3 §§ 7 et 8, D. XV, 3). Mais cette action se rapprochait beaucoup des actions dérivant de la *negotiorum gestio* : elle était donnée, dit Ulpien, chaque fois que l'on pouvait considérer l'esclave comme *negotiorum gestor* du maître (3 § 2, D. XV, 3). Le désir de donner quelque crédit à l'esclave et de lui permettre d'agir au nom de son maître dès qu'une occasion avantageuse se présentait avait été une des principales raisons qui firent créer ce recours ainsi que toute la série des actions *adjectitiæ qualitatis*, dans laquelle il se trouve compris. Est-il besoin de dire que notre action *de in rem verso*, bien qu'elle lui doive son nom et quelques-unes de ses règles, en diffère profondément ? C'est aux actions données *quatenus locupletior reus factus est* qu'elle doit être directement rattachée.

(2) Cependant en sens contraire Molinier, *Cours de Droit Commercial*, p. 569, note *in fine*.

ne fait que mettre sous une forme pratique destinée à en faire mieux ressortir l'équité la règle de droit que nulle acquisition ne peut se réaliser sans un motif juridique insuffisant. En effet, prise dans son sens le plus général, cette règle comprend outre les cas de *condictio indebiti* et *de condictio sine causâ* proprement dits, les cas de rescision, ceux où un incapable a retiré quelque profit d'un paiement qu'il méconnaît, etc., toutes hypothèses dans lesquelles il s'agit d'empêcher un enrichissement injuste.

Or quand une convention régulière a fait passer l'enrichissement entre les mains d'un tiers, ce tiers ne le détient pas sans cause. Peu importe l'origine des valeurs qui lui ont été transmises : il ne connaît que son auteur, les relations de ce dernier avec d'autres personnes lui sont étrangères. Pour ce qui le concerne, l'accroissement de son patrimoine est justifié et au point de vue moral et au point de vue juridique.

On ne saurait objecter les effets des actions en nullité ou en rescision sur les transmissions de droits réels. Si elles réfléchissent contre les tiers acquéreurs, c'est une conséquence du principe qui leur est propre : « *resoluto jure dantis resolvitur jus accipientis.* » Partout où ce principe cesse d'être applicable, elles n'ont aucun effet à l'égard des ayant-cause de celui contre qui elles sont dirigées. Ainsi l'auteur d'un dol après avoir confondu dans son patrimoine la somme dont il s'est indûment emparé peut transmettre une valeur équivalente sans que ceux qui traitent avec lui aient rien à craindre.

Dans le cas où un associé après avoir traité *proprio nomine* fait profiter la société des bénéfices de l'opération, il est clair d'après ces principes que la société ne saurait être recherchée par ceux avec qui l'associé a traité. C'est en vertu d'un contrat absolument distinct du leur qu'elle a recueilli ces valeurs. Son enrichissement a sa cause suffisante dans ce contrat : il est légitime. Pour eux, ils ont suivi la foi de l'associé seul. C'est à lui qu'ils doivent s'adresser pour obtenir l'exécution des obligations qu'il a contractées.

Merlin invoquait à l'appui du recours contre la société l'autorité du droit romain. La loi 82 D. *Pro socio* s'exprime ainsi : « *Jure societatis ære alieno socius per socium non obligatur nisi in communem arcam versum sit.* » D'où il concluait avec Voët que la société était tenue sous la seule condition d'avoir profité. Interprétation insoutenable, à l'exception de Voët, tous les commentateurs la repoussent. Les uns pensent que la loi s'occupe exclusivement d'une action entre les associés ; les autres qu'elle suppose que le contrat a été passé *nomine sociali*. Mais tous sont d'accord pour rejeter l'idée d'une action fondée sur le seul enrichissement de la société. Cujas s'en explique en termes qui résument très-nettement toute la discussion : « En fait d'argent prêté, il n'y a point à s'enquérir à « qui cet argent est parvenu : mais qui l'a emprunté ; qui a contracté. « Senèque, ajoute-t-il, dit très-bien : On réclame l'argent de qui on l'a « emprunté, bien qu'il ait passé dans les mains d'un autre : *pecunia ab* « *eo petitur cui credita est, quamvis illa ad me aliquo modo pervenerit.* » (Senec. de Benef. v.).

C'était également dans notre ancien droit français l'opinion de Pothier, qui ne semble même pas imaginer qu'elle puisse être contestée (1).

La tradition comme les principes repousse donc le système de Merlin (2).

(1) Pothier, Société, n° 101, 105.
(2) Civ. Cass. 12 mars 1850 D. P. 50. 1. 86. — Cass. 16 février 1853, D. P. 53. 1. 47 — Delamarre et Lepoitvin, III, n° 35. Aub. et Rau, § 383, n. 2. Troplong. II, n° 775 et suiv.

CHAPITRE II.

En droit romain, la dette contractée *nomine sociali* par tous les associés se divisait entre eux : ils étaient simples débiteurs conjoints. Dans le cas où la société avait agi par l'intermédiaire d'un préposé (*institor* ou *magister navis*), le créancier pouvait actionner chacun de ses membres pour le tout. La dette était solidaire. On n'avait pas voulu, dit Gaius, que le créancier eût affaire à plusieurs quand il avait traité avec un seul. *Ne in plures distringeretur qui cum uno contraxerit.* » (2 et 4, § 1, D. *de exercit., actione.*)

Ces règles étaient générales et s'appliquaient, que l'objet de la société fût civil ou qu'il fût commercial, sauf en ce qui concerne les *argentarii* toujours tenus solidairement. Dans l'ancien droit, malgré les efforts de quelques glossateurs la solidarité s'étendit peu à peu à tous les contrats des sociétés de commerce dont elle augmentait le crédit. C'était la pratique universelle dans les républiques italiennes dès les premiers temps de leur prospérité. On la trouve express'ment consacrée en France par l'ordonnance de 1673 (Pothier, n° 96).

Au contraire, dans les sociétés civiles, non-seulement la division des dettes contractées par tous les associés fut maintenue, mais encore toute trace de solidarité ne tarda pas à disparaître. Ces sociétés étaient pour la plupart des communautés formées dans les campagnes entre vilains et qui dans leur obscure existence n'avaient pas besoin de crédit.

Le Code civil a conservé ces traditions. D'après l'art. 1862 « dans les sociétés autres que celles de commerce, les associés ne sont pas tenus solidairement des dettes sociales. » Au reste il ne faut pas abuser de ce texte spécial aux sociétés civiles pour en tirer par *à contrario* que dans toute société de commerce l'obligation des associés est nécessairement solidaire. Si la solidarité est de principe, on verra qu'elle comporte des exceptions.

Evidemment les associés peuvent toujours en contractant déclarer qu'ils s'obligent solidairement. Ils peuvent aussi se trouver dans un cas où la solidarité existe de plein droit (art. 1734, 1887, 2002. C. civ. — 118, 140, 187 Co. 55, C. P.). Mais dans toutes ces hypothèses leur état d'associés n'a aucune influence sur la nature de l'engagement.

Un associé pourrait encore être recherché pour le tout à raison d'une obligation sociale si cette obligation était indivisible. On n'a pas à déterminer ici les conditions de l'indivisibilité : on doit seulement noter, pour la repousser, la doctrine d'un arrêt de la Cour de Cassation, d'après lequel des associés concessionnaires d'une mine peuvent être condamnés solidairement à payer la redevance due au propriétaire de la surface, alors que cette mine étant exploitée par un seul gérant ou administrateur, dans l'intérêt commun, la redevance peut être considérée comme une dette indivisible à raison de l'indivisibilité de l'exploitation. (Req. 10 décembre 1845, S.-V. 46. 1. 623).

En d'autres termes, d'après l'arrêt, dès qu'une créance dérivant d'un contrat synallagmatique est indivisible, l'indivisibilité affecte l'obligation corrélative. L'erreur est manifeste. L'indivisibilité résulte de l'impossibilité où se trouvent les débiteurs de payer séparément chacun leur portion, à raison soit de la nature de l'objet, soit du rapport sous lequel les parties l'ont envisagé. Où cette impossibilité n'existe pas la dette est divisible, si bien qu'une dette indivisible à l'origine cesse de l'être aussitôt qu'elle est transformée en dommages-intérêts. Or dans l'espèce, si l'exploitation et par conséquent l'obligation pour le propriétaire du sol de laisser jouir les concessionnaires peuvent être regardées comme indivisibles, il n'en n'est pas ainsi de la redevance, dette d'argent, simple indemnité considérée comme telle par le débiteur et par le créancier. Aussi l'arrêt n'a-t-il pas fait jurisprudence. En 1851, la Chambre civile consacrait dans une question analogue les véritables principes. (D. P. 51. 1, 165. Aub. et Rau, § 301, n. 11).

Admettant que le créancier devait diviser son action, le Code civil avait à déterminer dans quelle mesure chaque associé serait poursuivi. Serait-ce pour une part virile ? Serait-ce proportionnellement à son intérêt dans la société ? Le droit romain ne présentait que des solutions incertaines. Un texte d'Ulpien donne lieu de penser que l'action des créanciers se divisait au prorata de l'intérêt (4. pr. D. XIV I.). Mais cette loi obscure d'ailleurs n'avait pas fait autorité dans l'ancien droit. (Pothier, n° 104). Contraindre un créancier à mesurer son action aux parts que se sont attribuées les associés, c'est lui opposer un contrat qui doit lui être absolument étranger. Aussi le Code, conformément aux principes et à l'opinion de Pothier, a-t-il décidé dans l'art. 1863 que les associés sont tenus envers le créancier avec qui ils ont contracté chacun pour une somme et part égale, encore que la part de l'un d'eux dans la société fût moindre.

L'article fait, il est vrai, une réserve: il oblige les créanciers à poursuivre les débiteurs proportionnellement à leur part sociale, si son titre s'en est spécialement expliqué. Mais loin d'être une dérogation au principe *res inter alios acta*, cette solution en est la consécration. Ce n'est pas en vertu de l'acte social, c'est en vertu de son propre consentement que le créancier subit une modification à ses droits.

La règle cesse de s'appliquer dans le cas prévu par l'art. 1864. Le fondement de l'action accordée au créancier étant l'utilité du contrat pour les associés n'existe par rapport à chacun que dans la mesure où il est intéressé à la société. Au delà, l'opération ne présente pour lui aucun avantage: il n'y a pas gestion d'affaires. Aussi est-il unanimement admis que le créancier devra poursuivre proportionnellement aux parts sociales. Rien de plus simple, si chaque associé a la même part dans le gain que dans la perte : au cas contraire, devra-t-on s'attacher à la répartition du passif ou à la répartition des bénéfices ? Bien que la solution puisse au premier abord sembler paradoxale, le créancier devra régler la division de son recours d'après les parts dans le gain, puisque la cause unique de son action est l'avantage qu'il a procuré.

On voit que même dans l'hypothèse de la gestion d'affaires, il est vrai de dire que les clauses du pacte social relatives à la manière dont les pertes doivent être supportées s'appliquent exclusivement à la contribution entre associés et non à leur obligation envers les créanciers. Ainsi, la prohibition d'exempter de toute perte les effets mis en société (art. 1851) n'a aucun intérêt pour les tiers. En l'absence même d'une disposition de ce genre, cette exemption ne pourrait leur être opposée (1). Le Code l'indique d'ailleurs en employant dans l'art. 1851 avec une justesse parfaite l'expression de contribution aux pertes.

Sans valeur pratique pour la clause prévue par l'art. 1851, cette remarque a une portée décisive dans un cas analogue.

______

(1) Telle est la solution du droit anglais.

L'art. 1861, permet à un associé de céder sa part à un tiers. Le cessionnaire doit en principe rester étranger aux autres associés. A leur égard, le cédant restera donc tenu des dettes sociales. Ils conserveront en ce qui touche la contribution leur recours contre lui et seront sans action directe contre le cessionnaire. Mais leur consentement donné, soit lors de la cession, soit d'avance dans le pacte social, peut modifier la situation, décharger leur ancien coassocié et lui substituer le tiers. On a contesté que le consentement pût être donné dans les statuts sociaux, en objectant que l'associé serait tenu sous condition potestative. Mais si la cession dépend de la volonté du cédant, elle dépend au même titre de la volonté du cessionnaire : la condition est donc mixte. Quant à prétendre que l'associé aura ainsi, quand la société traversera un moment critique, e moyen de se dégager au grand préjudice de ses coassociés exposés à ne trouver en son lieu et place qu'un tiers insolvable, c'est se créer un danger imaginaire ; car le mauvais état de la société rendra presque toujours la cession impossible. Que si néanmoins l'associé parvenait à l'effectuer frauduleusement et à se substituer un homme de paille, son dol ouvrirait contre lui un recours en dommages-intérêts.

Ces points éclaircis, reste à apprécier les effets d'une cession envers les créanciers. S'ils l'acceptent au moment où elle a lieu, il n'y a point de question, c'est une délégation emportant novation. Mais peut-on sans recourir à leur acceptation, leur opposer les statuts sociaux qui autorisent le dégrèvement du cédant ? En vertu des principes posés, on doit se décider pour la négative en thèse générale, pour l'affirmative dans le cas où les créanciers ont été touchés de la clause de décharge éventuelle lorsqu'ils ont traité avec la société.

On ne saurait donc accepter complètement la doctrine d'un arrêt de Paris du 8 janvier 1868, d'après lequel « le créancier en traitant avec la société accepte la loi des statuts. »

Du reste, la critique porte plutôt sur le motif de l'arrêt que sur l'arrêt lui-même. En fait, les créanciers avaient eu connaissance des statuts sociaux dans des circonstances telles qu'ils pouvaient à la rigueur être considérés comme suffisamment avertis.

Mais la solution de la cour a été contestée à un autre point de vue : On a nié que même moyennant notification lors du contrat la clause fût opposable aux créanciers. Deux arguments ont été invoqués. D'abord e prétendu caractère potestatif de la condition à laquelle se trouverait subordonné l'engagement de l'associé envers eux : objection aussi peu soutenable que quand il s'agit des rapports du cédant avec la société. On a en second lieu allégué les règles de la novation par changement de débiteur, qui exige une déclaration expresse de la part du créancier (1275, 1276 C. civ.). Mais il ne s'agit pas d'une novation ordinaire. Les art. 1275 et 1276 ont en vue un consentement donné par le créancier après le contrat. Quand il s'agit de modifier un engagement antérieur, on conçoit les exigences de la loi. Il importe d'éviter les surprises : aucun doute ne doit exister sur la volonté du créancier qui se prive d'un débiteur. Tout autre est la situation lorsqu'au moment où il a contracté le créancier a été prévenu que le débiteur se réservait la faculté de se substituer un tiers ; le changement de débiteur n'est plus que l'exécution même de la convention primitive. Non-seulement le créancier n'a pas besoin de l'autoriser en termes exprès, mais encore il ne pourrait pas même le refuser : c'est un droit pour le débiteur ; il ne s'était engagé que sous la condition de pouvoir se décharger sur un tiers..

Quant aux fraudes, elles ne sont pas à craindre. Outre l'action en dommages-intérêts au cas de dol, le créancier conserve un recours contre le débiteur délégant, si le délégué était notoirement insolvable lors de la délégation (art. 1276) (1).

(1) Cour de Paris, 8 janv. 1868, S. 68, 2, 105 avec une note de M. Lyon-Caen, agrégé à la faculté de droit de Paris — D. P. 68. 2, 244, avec une note en sens contraire.

CHAPITRE III.

Entre eux les créanciers sociaux sont soumis à la loi générale du concours sur leur gage commun. Quand ils se trouvent en présence des créanciers personnels des associés, s'élève la question de savoir comment seront réglés les droits des deux groupes. Incontestablement les créanciers personnels doivent subir le concours des créanciers sociaux sur le patrimoine propre de leurs débiteurs. Les associés agissant comme tels n'obligent pas seulement leur mise, ils sont tenus d'après les principes généraux (art. 2092) à remplir leurs engagements sur tous leurs biens. Mais réciproquement les créanciers sociaux doivent-ils subir le concours des créanciers personnels sur la mise sociale ?

Il faut avant tout résoudre une controverse célèbre. La société civile est-elle ou non une personne morale ? Si comme les sociétés commerciales elle est revêtue de la personnalité, le concours est évidemment impossible. Le fonds social constitue un patrimoine distinct: les associés n'en sont pas copropriétaires : leurs créanciers n'ont aucun droit à saisir les objets qui le composent.

A coup sûr s'il fallait faire œuvre de législateur, on devrait admettre la personnalité. Elle seule donne à l'association toute son unité et tout son crédit. Elle facilite la direction des affaires. Elle permet de simplifier la procédure des actions intentées contre la société ou par elle, puisque le gérant représentant la personne morale est seul en cause (69 C. pr.). Elle met sans contestation et d'une manière complète le fonds social à l'abri des engagements particuliers d'un associé: elle empêche que le débiteur social qui se trouve en même temps créancier personnel d'un associé n'oppose la compensation aux poursuites de la société.

Aussi les lois et les usages commerciaux l'ont-ils depuis longtemps fait triompher. Mais notre droit civil où les sociétés jouent un rôle secondaire paraît bien avoir reculé devant cette fiction pour se renfermer dans les données romaines. Le droit romain n'admettait pas qu'une association pût se constituer en corps moral sans l'intervention des pouvoirs publics. Que cette idée eût son origine dans la conception ancienne de l'Etat et de son omnipotence, qu'elle provint simplement de défiances politiques (1), ou enfin de l'attachement des Romains aux principes rigoureux du droit, elle persista depuis la République jusqu'au Bas-Empire. Les recueils de Justinien la consacrent en un grand nombre de lois. Sous l'influence de la tradition, notre ancien droit refusa la personnalité aux sociétés civiles.

Rien n'indique que le Code ait voulu innover. Loin de là : l'art. 69 C. pr., en permettant d'assigner les sociétés commerciales dans la personne de leur gérant sans appliquer (2) une disposition analogue aux sociétés civiles, refuse à celle-ci un des traits distinctifs de la personnalité. L'art. 549 C. civ. ne considère une action ou un intérêt comme étant toujours meuble que s'il s'agit d'une société de commerce ou d'industrie : d'où il est légitime de conclure que dans les sociétés civiles, le droit des associés au lieu d'être un droit de créance est un droit de copropriété incompatible avec l'existence d'une personne morale.

Sans doute divers articles du Code opposent la société à la personne des associés. Mais il y a loin d'une abstraction, pure forme de langage, à l'abstraction devenue réalité légale et douée d'une existence juridique.

Un argument plus sérieux se tire de l'art. 1860 qui, défendant à tout associé d'aliéner ou d'engager les choses sociales, n'ajoute pas, comme faisait Pothier, d'après les lois romaines : « si ce n'est pour la part qu'il y a. » (Poth., n° 89.) Avec assez de vraisemblance, on conclut de cette prohibition absolue que l'associé n'a plus la propriété de sa part et qu'abandonnant les anciennes doctrines, le Code a créé un corps moral pour la lui attribuer.

On a cru trouver une réponse péremptoire dans l'art. 1861, qui reconnaît au membre d'une société le droit de s'associer un tiers, c'est-à-dire en définitive de lui céder une fraction de sa part. Pothier rattachait cette faculté au droit pour l'associé d'aliéner sa part sociale : donc.

(1) Comp. Pline Epist. X, 42, 43.
(Nancy, 18 mai 1872, D. P. 73, 2, 109.

dit-on, le Code en la conservant conserve forcément le principe d'où elle découle (1).

Qu'on y prenne garde : Pothier avait raison dans son système de considérer le droit de s'associer un tiers comme un corollaire du droit d'aliéner ; mais il ne s'en suit pas qu'on ne puisse le conserver dans le système de la personnalité. Une personne intéressée dans une société de commerce ne peut-elle s'adjoindre un croupier ? De ce qu'elle n'est pas copropriétaire du fonds social il n'en résulte apparemment pas qu'elle soit sans droit ; et du moment qu'elle a un droit elle peut, sauf exception, en faire l'objet d'une seconde société greffée sur la première. Elle ne cédera pas au croupier un droit réel comme si elle était copropriétaire : mais elle lui cédera un droit de créance. Rien dans l'art. 1861 ne prouve que la loi y ait eu en vue la cession d'un droit de la première espèce plutôt que la cession d'un droit de la seconde ; rien par conséquent dans ce texte ne prouve que la loi ait conservé aux associés leur droit de propriété.

On comprendrait donc que l'objection tirée de l'art. 1860 et de sa comparaison avec le texte de Pothier eût paru décisive à plusieurs auteurs (2), si elle ne pouvait être combattue qu'à l'aide de l'art 1861. Mais sans parler des arguments *a contrario* déjà déduits des art. 69 C. pr. et 549 C. civ., il existe d'autres textes qui ne peuvent se concilier avec l'idée de la personnalité. L'art. 1849, en prévoyant le cas où un associé a reçu sa part de la créance commune, paraît bien supposer que les créances sociales sont même pendant la durée de la société divisées entre les associés. Les art. 1862 et 1863 obligent le créancier à se contenter des paiements partiels que lui font les associés chacun pour sa part. Si la société était une personne morale, le créancier se trouverait en présence d'une débitrice unique : il aurait donc droit à un paiement intégral par application des art. 1220 et 1244. D'autre part, l'art. 1863 lui accorde une action directe et principale contre chacun des associés. Dans l'hypothèse de la personnalité, la société serait sa débitrice immédiate : il n'aurait contre les associés qu'une action subsidiaire, ainsi qu'on le verra dans les sociétés de commerce.

Devant ces articles et les conséquences qui s'en déduisent, il n'est pas

(1) Troplong, n° 730. Demangeat sur Bravard, I, p. 174, n. 1. Pont, *Sociétés civiles*, n° 588.

(2) Cf. Bravard, I, p. 174.

admissible que l'art. 1860 ait voulu rompre avec la doctrine de Pothier et que la suppression invoquée par les partisans de la personnalité soit autre chose qu'une erreur de rédaction (1).

La personnalité rejetée, les créanciers des deux ordres sont aux droits du même débiteur et paraissent devoir entrer en concours. Mais n'existe-t-il pas dans les principes propres aux sociétés des motifs d'écarter du fonds social les créanciers personnels pour le réserver d'abord aux créanciers sociaux ?

On a soutenu que l'associé ne pouvant rien prendre dans le fonds social avant que le passif ne fût remboursé, ses propres créanciers qui ne peuvent avoir plus de droits que lui, sont nécessairement contraints de laisser les créanciers sociaux prélever ce qui leur est dû. Raisonnement spécieux qui n'est au fond qu'une pétition de principes. Pour ne comprendre dans le gage des créanciers personnels que l'actif, déduction faite du passif, il faut prendre pour accordé le droit de préférence qui est à démontrer ; les créanciers personnels ne sont pas en présence de biens sortis du patrimoine de leur débiteur et qu'ils ne pourraient atteindre qu'en vertu d'une action indirecte exercée de son chef. Ils saisissent de leur propre chef en vertu de leur droit de gage général. C'est aussi un droit de gage général qu'invoquent les créanciers sociaux. Leur situation n'est pas à ce point de vue supérieure.

D'après un autre système, les créanciers sociaux et les créanciers personnels seraient en pur droit égaux; mais en fait, tant que dure la société, les premiers auraient seuls le droit de saisir ses biens. L'associé s'est en effet obligé à laisser sa part dans le fonds commun tant que la société en aura besoin pour fonctionner. C'est une obligation que ses ayant-cause sont tenus de respecter. Ses créanciers la violeraient s'ils saisissaient et mettaient en vente. Au contraire, quand la société s'est obligée, le fonds se trouve affecté à la garantie d'obligations contractées dans

(1) Aubry et Rau, § 377, n. 15. Thiry. Rev. Critique. V. p. 112 suiv., VII. p. 280 suiv. Dem. sur Brav. I, p. 174, n. 1. Pont, n° 125. En sens contraire, Troplong I, n° 58. — Molinier, p. 217. — Rej., 8 nov. 1836. D. P. 36, I. 412. — Civ. Cass., 30 août 1859. D. P. 59, I, 365. — D'après M. Thiry, Rev. Cr. VII, p. 289, la cour de Cass. Belge s'est prononcée pour la personnalité. Il s'agissait dans l'espèce d'une question fiscale : d'après l'acte constitutif d'une société dont le fonds social consistait en immeubles, les parts des associés prédécédés devaient passer au survivant. Etait-ce une transmission de propriété immobilière, comme le soutenait l'enregistrement ou une transmission de créance, comme le prétendaient les associés ? La cour se prononça en faveur de l'administration.

l'intérêt commun. Il remplit un rôle auquel le pacte constitutif l'a nécessairement destiné. Les créanciers de la société peuvent le mettre en adjudication pour se faire rembourser. De cette manière, ils arrivent à primer les créanciers personnels. Une fois la société dissoute, l'obligation de l'associé qui faisait obstacle au libre exercice des droits des créanciers personnels disparaît. La société n'a plus à réclamer de droits sur les biens qui constituent sa part dans l'acte. C'est seulement alors que le concours peut s'établir entre les deux ordres de créanciers.

Sans doute, même pendant la durée de la société, la part de l'associé débiteur n'est pas frappée d'indisponibilité à l'égard de ses créanciers personnels : « Ils peuvent, disent MM. Aubry et Rau, § 382, n. 3, la « saisir et vendre comme objet incorporel : l'adjudicataire de cette part « ne pourra pas plus qu'un actionnaire s'immiscer dans les affaires so- « ciales, ni provoquer avant la dissolution le partage du fonds commun. » Mais les créanciers personnels ne tirent qu'un médiocre profit de cette faculté ; tous les biens sociaux n'en restent pas moins, malgré le droit conféré à l'adjudicataire, le gage des créanciers sociaux qui peuvent à tout moment saisir et faire vendre. Il est clair que le droit qu'acquiert l'adjudicataire n'a pour lui d'autre valeur que celle de l'excédant de l'actif social sur le passif. C'est tout ce que les créanciers personnels pourront tirer de leur saisie. Ils auront eu l'avantage de réaliser immédiatement, mais ils auront subi indirectement les effets du privilége de fait attribué aux créanciers sociaux.

Seul l'art. 1865 leur offre quelque ressource. Presque toujours, quand ils auront intérêt à agir sur les biens sociaux et à réduire au concours les créanciers de la société, leur débiteur sera tombé en déconfiture. Ils pourront alors de son chef, suivant une doctrine qui n'est pas sérieusement contestable, demander la dissolution.

Les mêmes règles s'appliquent aux tiers à qui l'associé aurait cédé des biens constituant sa part dans le fonds social. La cession leur confère bien un droit de propriété, mais ils sont soumis aux obligations de leur auteur et tenus de laisser les choses sociales à leur destination.

Cette théorie est soutenue par les plus graves autorités : nous l'avouons cependant, elle nous semble soulever des doutes sérieux. Par hypothèse, puisqu'on rejette la personnalité, l'associé est copropriétaire. Il est bien tenu envers la société de certaines obligations ; il ne doit rien retirer du fonds social ; mais ce sont là de pures et simples obligations personnelles qui n'ont d'effet qu'entre lui et la société. Elles ne modifient pas son droit de propriété ; elles n'atteignent pas la chose. S'il les viole, il est passible de dommages-intérêts : mais comment peuvent-elles soustraire des biens qui font partie de son patrimoine au droit de gage de ses créanciers ou entraver les effets des aliénations qu'il a consenties ?

Aucune situation ne se rapproche plus de la sienne que celle du bailleur. Or n'était-ce pas un principe constant dans notre ancien droit que le bail n'était opposable ni aux tiers acquéreurs ni aux créanciers ? N'est-ce pas une remarque banale que sans l'art 1743 C. civ. et 684 C. Pr. la même règle devrait être conservée dans le droit moderne ? On sait assez que ces deux textes ont paru tellement contraires aux principes sur les effets purement relatifs des obligations personnelles, que certains auteurs pour les expliquer ont pensé que le contrat de bail s'était transformé dans le Code et qu'il produisait un droit réel. Ceux mêmes qui avec raison repoussent cette idée conviennent que la justification de ces deux articles ne peut se trouver dans des raisons théoriques et qu'il faut la chercher dans l'utilité générale. Or en matière de société existe-t-il des dispositions analogues ? M. Pont invoque *à pari* l'art. 1743. Par là il admet toutes les objections de principe que nous venons d'élever, mais il n'arrive pas à les réfuter, puisqu'une disposition contraire aux principes ne s'étend pas, si équitable qu'elle soit.

M. Thiry fonde toute sa théorie sur l'art. 1860. Il reconnait qu'en principe les obligations de l'associé envers la société ne pourraient mettre aucun obstacle ni à la saisie de sa part ni aux effets de la vente qu'il en aurait consentie. Telle est d'après lui la doctrine du droit romain qui dans la loi 68 *pro socio* n'impose aucune restriction à la faculté qu'il accorde à l'associé de disposer de sa part, celle aussi de Pothier, qui assimile les associés en ce qui touche leurs droits dans les choses communes à des communistes libres de tout lien contractuel (Pothier, n° 185). Mais le Code aurait abandonné ce système. La rédaction de l'art. 1860 serait significative à cet égard. En n'y introduisant pas après la défense d'aliéner la réserve ancienne « si ce n'est pour la part qu'il y a » le législateur aurait entendu imposer non-seulement à l'associé, mais à tous ses ayant-cause le respect des engagements sociaux (1).

____

(1) Thiry. *loc. cit.* — Pont, n° 603. — Aub. et Rau, § 381. — Demang., sur Bravard, *loc. cit.*

Cette base est bien peu solide. Comment admettre que pour indiquer qu'il continuait à permettre à chaque associé l'aliénation des biens constituant sa part en y faisant seulement la réserve qu'elle ne préjudicierait pas au droit de la société, le Code ait déclaré qu'elle était interdite ? Quelqu'interprétation que l'on donne de l'art. 1860, sa rédaction est inexacte ; mais l'hypothèse qu'il reproduit Pothier, c'est-à-dire qu'il a en vue les biens sociaux, abstraction faite de la part de l'associé aliénateur et que son inexactitude consiste en une simple omission, est de toutes la plus plausible. Une négligence se conçoit lorsque le législateur transcrit la décision d'un jurisconsulte. Elle devient inexplicable quand il s'agit de rompre avec les précédents et d'établir une règle nouvelle. On ne procède pas alors par énigme.

M. Thiry allègue par analogie les règles du contrat de mariage. La femme est copropriétaire des biens de la communauté ; et pourtant lorsqu'il est évident qu'elle agit dans un intérêt exclusivement personnel elle ne peut les obliger ; c'est ce qui a lieu si elle s'engage avec autorisation de justice, hors des cas prévus par l'art. 1427, ou bien quand elle accepte même autorisée du mari une succession purement immobilière. Mais outre qu'une analogie serait insuffisante, il existe de profondes différences entre la communauté et la société ordinaire. La femme doit rester subordonnée. Autrefois, elle n'était pas à proprement parler associée : *non est socia sed speratur fore*. En atténuant ce que l'ancien droit avait d'excessif, le Code en a conservé les règles nécessaires à l'autorité conjugale. Pour assurer au mari l'entière direction de la famille, il lui a laissé la haute main sur les intérêts pécuniaires. Le mari est encore à peu de choses près le maître et seigneur de la communauté, comme l'appelaient nos Coutumes. Il est superflu de démontrer que cet ordre d'idées n'a rien de commun avec la gestion de sociétés civiles.

Une dernière objection peut être adressée au système de la préférence de fait. Son point de départ admis, il devrait aller bien au delà des conséquences qu'il accepte. Si les obligations contractées envers la société sont opposables aux tiers, doit-on arrêter leurs effets au jour de la dissolution ? Ne doit-on pas dire bien plutôt que l'associé s'est engagé à consacrer exclusivement sa mise aux affaires sociales et que cette obligation n'est complétement remplie que quand les créanciers sociaux sont désintéressés à quelqu'époque qu'ils se présentent ? Qu'en d'autres termes ils sont toujours préférés aux créanciers personnels, ce qui est revenir par une voie détournée aux conséquences de la personnalité?

Notre conclusion sera donc que les créanciers sociaux ne peuvent invoquer aucune raison pour être préférés soit aux créanciers personnels, soit aux tiers acquéreurs. Ils se trouvent avec les créanciers personnels sur un pied de complète égalité. S'ils sont purement cédulaires, ils sont sans droit à l'encontre des tiers acquéreurs : de même ils sont primés par tous les créanciers personnels auxquels l'associé a consenti une hypothèque ou au profit desquels il existe une hypothèque légale, notamment par la femme, sans qu'il importe que le mariage soit antérieur ou postérieur à la constitution de la société.

DEUXIÈME PARTIE

SOCIÉTÉS COMMERCIALES

On a vu que le Code civil s'est à peu près borné à reproduire dans la matière des sociétés les idées romaines : que loin de chercher à les élargir et à développer les éléments de progrès qui s'y étaient introduits grâce à l'activité commerciale de l'époque où Rome gouverna le monde ancien, il a laissé de côté la pratique pour formuler une théorie rigoureusement conforme au type primitif de la société ; qu'enfin il ne porte pas trace de la solidarité résultant autrefois des contrats passés par l'*institor*, non plus que de la personnalité. On va voir comment le droit commercial a repris ces diverses combinaisons, les a perfectionnées et en a inventé de nouvelles pour répondre à des besoins nouveaux.

CHAPITRE PREMIER

NOTIONS GÉNÉRALES. PERSONNALITÉ. RÉDACTION ET PUBLICITÉ
DE L'ACTE DE SOCIÉTÉ.

§ 1. Définitions. — Préliminaires.

La législation commerciale admet trois formes de société : la société
en nom collectif ; la société en commandite, qui se divise en commandite
simple et en commandite par actions ; la société anonyme.

La première n'est guère que la société civile ayant subi de graves modifications pour s'adapter aux exigences du commerce, mais retenant ses
principes essentiels. Elle reste avant tout une association de personnes :
chaque associé est tenu sur tous ses biens des engagements sociaux.

Dans la commandite apparaît une idée nouvelle. L'étendue de la responsabilité éloignait les capitalistes : on imagina d'admettre à côté d'associés tenus pour le tout des associés tenus seulement jusqu'à concurrence de leurs mises. La personne des associés de cette espèce a
beaucoup moins d'importance que celle des associés en nom ; la force
qu'ils apportent à la société se mesure aux valeurs qu'ils versent dans le
fonds commun. On peut dire qu'à leur égard la société est bien moins une
association de personnes que de capitaux.

Néanmoins, cette première forme de la commandite tient encore de
très-près à la société en nom. Elle rejette au second plan la personne du
bailleur de fonds ou *commanditaire*, mais elle en tient grand compte.
Le commanditaire ne peut céder son *intérêt* ni quitter la société plus aisément qu'un associé ordinaire. La commandite par actions dégage d'une
façon plus complète l'élément impersonnel. La part devient essentiellement cessible sous le nom d'*action*.

Enfin dans la société anonyme il n'y a plus d'associés en nom : il ne
reste que des actionnaires tenus jusqu'à concurrence de leurs apports.

On rencontre, encore, et ce n'est pas en pratique la moins fréquente
une association commerciale d'une espèce toute particulière, la *partici-*

pation. Mais on peut lui contester, surtout au regard des tiers, le caractère d'une véritable société. Même en le lui accordant, il faut reconnaître qu'elle résiste à toute classification. On devra donc la traiter dans une section spéciale et ne considérer d'abord que les trois formes incontestées des sociétés de commerce.

Le but essentiel d'une bonne législation commerciale étant la facilité, la promptitude et la sûreté des relations avec les tiers, vendeurs, acheteurs, prêteurs de capitaux, on conçoit que tous les traits distinctifs des sociétés de commerce ont leur valeur au point de vue particulier où nous nous sommes placés dans cette thèse.

L'aperçu donné plus haut fait prévoir que dans chacune d'elles les rapports avec les tiers sont organisés d'après un système particulier. Mais elles présentent des caractères communs d'où dérivent des règles d'une application générale.

Nécessairement la société qui fait le négoce est soumise aux règles générales du droit commercial. De là une première série de différences entre les droits de ses créanciers et ceux des créanciers d'une société civile. La preuve des obligations contractées pour fait de commerce pourra être faite conformément à l'art. 109 C. co. (ajoutez art. 1325-1326-1330 C. civ.). La société devra tenir des livres. Les engagements seront présumés, jusqu'à preuve contraire, actes de commerce, et comme tels donneront lieu à la compétence consulaire. Le contrat de gage suivra les règles spéciales posées par les art. 91 et suiv. Enfin si la société est obligée de suspendre ses paiements, ses créanciers, au lieu de conserver leur droit d'action individuelle, se trouveront soumis au régime de la faillite.

On n'a pas évidemment à insister sur ces points, qui rentrent dans la théorie générale du Code de commerce. On s'occupera exclusivement d'une seconde série de différences qui tiennent aux principes propres des sociétés.

1° Elles constituent des personnes morales.

2° L'acte de société doit être rédigé pas écrit et publié.

§ 2. Personnalité.

On sait qu'à Rome la personnalité était l'attribut exclusif des sociétés autorisées par l'État. Les sociétés de publicains pour la ferme des impôts paraissent n'avoir pas eu besoin d'une concession expresse, ce qui s'explique facilement, puisqu'elles étaient créées pour un service public. La reconnaissance officielle des sociétés privées était probablement assez rare. Gaius ne cite comme exemple de sociétés personnes morales que des compagnies exploitant des mines d'or, d'argent ou de sel.

Il est à croire qu'au moyen âge la personnalité fut de droit commun dans les républiques italiennes. « *Societas*, dit Straccha, *est corpus mysticum ex pluribus nominibus conflatum.* » (1). Les Statuts de Gènes en consacraient expressément un des principaux résultats. « *Creditores societatum mercatorum in rebus et bonis societatum præferuntur quibuscumque aliis creditoribus, etiam dotibus.* » (2).

Notre ancien droit est très-obscur. Si Toubeau rapporte la décision du Statut de Gènes et cite deux arrêts, l'un du Parlement du Dauphiné (17 Août 1637), l'autre du Parlement de Paris (25 Janvier 1677), qui ont admis les mèmes principes, Pothier ne parle de la personnalité ni pour l'admettre ni pour l'exclure. Si Denisart (V°. Meubles) cite un arrêt qui a permis de saisir sans formalités comme meuble une action sur la manufacture des glaces à Paris, compagnie autorisée par ordonnance royale, le même auteur cite (V^{ie} Action et Saisie réelle) un autre arrêt permettant de saisir comme immeuble une action de la même société. Merlin, à propos d'une question de substitution, se prononce pour la nature mobilière ; mais loin de fonder sa décision sur la personnalité, il reconnait que l'actionnaire est *co-propriétaire du fonds social* et ne tient son droit pour mobilier que parce qu'il considère le fonds social comme tel (4).

Ces incertitudes sont d'autant plus significatives que sous l'ancien régime, grâce aux traditions du moyen âge, les personnes morales, corporations de métiers, hôpitaux, fabriques, communautés religieuses, etc., étaient très-communes en France.

On doit en conclure que dans cette période la théorie de la personnalité des sociétés de commerce ne fut jamais précisée ; mais il est impos-

(1) Rota Genuensis Decisio, VII. n. 10.

(2) Statut de Gènes imprimé en 1498. Liv. IV, Chap. XII, V. 4. Même statut réformé en 1588.

(3) Institutes de droit Consulaire T. II. p. 101. 102.

(4) Merlin, *Répertoire*, V°. Substitution fidéicommissaire, Sect. VI, §. 1, art. 3. — *Questions de droit*. V°. Action, Actionnaire.

sible de nier que quelques-unes de ses plus importantes conséquences aient été consacrées. Le droit de préférence des créanciers, notamment, paraît ne pas avoir fait doute. Il serait difficile de concevoir de grandes sociétés par actions, comme les Compagnies des Indes Orientales ou des Indes Occidentales, sans patrimoine propre. Toute société dans laquelle les capitaux seuls sont responsables tend nécessairement à se distinguer des associés. Elle a des droits et une responsabilité propres ; l'abstraction est déjà réalisée à certains égards ; la personnalité s'impose pour ainsi dire au législateur. A plus forte raison en devait-il être ainsi quand un acte du Souverain, comme les Ordonnances de 1664 pour les Compagnies des Indes, avait investi la société de prérogatives politiques, lui avait permis de lever une armée, de rendre la justice, de faire la paix ou la guerre (1).

Notre législation moderne n'a jamais établi en termes exprès la personnalité. Le Code de commerce n'y fait pas même allusion. Les deux textes fondamentaux sont : l'art. 529 C. civ., qui déclare meubles les actions ou intérêts dans les compagnies de finance, de commerce ou d'industrie ; ce qui malgré Merlin, ne pourrait s'expliquer si les associés étaient copropriétaires du fonds social, souvent composé en grande partie d'immeubles ; et l'art. 69 C. Pr., qui permet d'assigner les sociétés de commerce dans la personne de leur gérant, faculté qui serait contraire à la maxime : « *nul ne plaide par procureur* », si le gérant agissait pour les associés et non comme représentant un corps moral (2). Ces dispositions, pour n'être pas formelles, ne peuvent néanmoins laisser aucun doute sur l'intention du législateur. Les sociétés de commerce constituent des personnes. De là pour leurs créanciers des avantages considérables :

1° Ils ont le droit de saisir et de faire vendre les biens sociaux, soit pendant la durée, soit après la dissolution de la société, à l'exclusion des créanciers particuliers des associés.

2° Les aliénations ou hypothèques consenties par les associés sur les biens sociaux sont nulles, comme émanant *a non domino* ; elles ne peuvent donc diminuer en rien leur droit de gage. De même les hypothèques légales grevant les biens des associés ne peuvent atteindre les immeubles faisant partie du fonds commun, puisque l'associé n'est pas coproprié-

(1) Anciennes lois françaises, T. XVIII, p. 37-41. — Henri Martin, T. XIII.
(2) Comp. *Observat. du tribunal,* Locré t. XXI, p. 405.

laire. Au regard des créanciers, ces résultats se produisent même après la dissolution, car, ainsi qu'on le verra plus loin la personnalité en ce qui les concerne, persiste jusqu'à la liquidation.

3° La compensation ne peut s'opérer entre ce qu'un associé doit personnellement à un tiers et ce que le tiers doit à la société ; car la créance sociale n'appartient pour aucune partie à l'associé : effet important pour les créanciers sociaux, puisque de pareilles compensations appauvriraient le fonds à leur détriment.

4° La société constitue une débitrice unique : les associés qui sont tenus personnellement ne le sont qu'en seconde ligne. En conséquence, la poursuite ne se divise pas comme dans le Code civil. Les créanciers peuvent toujours demander à la société un paiement intégral.

5° Enfin la procédure dirigée contre un représentant unique sans qu'il faille mettre en cause les membres de la société est plus expéditive et moins coûteuse.

§ 3. Rédaction de l'acte et publicité.

La loi exige en termes exprès que les sociétés soient constatées par un écrit authentique ou sous seing-privé (art. 39 Co. — 21 loi du 24 juillet 1867.) Les associés ne peuvent prouver l'existence du contrat par aucun autre moyen. On a voulu éviter les contestations auxquelles auraient donné lieu des conventions aussi complexes, si on eût permis de les établir en dehors d'actes en forme.

Il ne paraît pas que cette exigence concerne les tiers. On pourrait, il est vrai, leur reprocher d'avoir contracté avec une société dont l'existence n'était pas régulièrement constatée. Mais une telle rigueur nuirait aux affaires. Elle serait en contradiction avec la tendance générale du Code de commerce, qui est de faciliter les preuves, non moins qu'avec les dispositions spéciales du titre des sociétés qui, éminemment favorables aux tiers, n'appliquent qu'aux associés les conséquences de l'inobservation des règles de forme. Les créanciers pourront donc démontrer l'existence de la société, conformément à l'art. 109 Co. (1).

Notre droit ne s'est pas contenté de réglementer les moyens de preuve. La société est destinée à nouer avec le tiers de nombreuses relations : il

____

(1) Bédarride, I, n° 353-354. Molinier, n° 264 et 284. — Nancy, 25 avril 1857; D. P. 55, 2, 349.

importe que les conditions de son existence leur soient connues. Le Code civil ne prend pas dans ce but de mesures particulières; mais c'est que les opérations de la société civile ne sont ni aussi nombreuses ni aussi rapides que celles des sociétés de commerce ; c'est aussi que dans le droit civil le contrat de société produit à l'égard des tiers des effets beaucoup moins considérables. Ils ont chaque associé pour débiteur individuel d'une part de leur créance ; comme on l'a vu, les clauses dérogatoires au droit commun qui modifient la répartition égale de la responsabilité ne leur sont pas opposables, et les indications que le mandataire leur donnera en contractant suffiront en général pour les éclairer sur l'étendue de leurs droits.

L'organisation d'une société de commerce est bien autrement compliquée. Ce ne sont plus seulement des associés considérés isolément que les tiers ont pour débiteurs, ils se trouvent en présence d'un être juridique dont la constitution, les ressources, l'aptitude à s'obliger peuvent varier à l'infini, qui tantôt s'engagera seul, tantôt engagera les personnes qui l'ont créé. L'idée romaine que les personnes morales ne peuvent exister sans l'approbation de l'autorité publique avait un fond de vérité. Certaines garanties sont indispensables. Les tiers seraient exposés à de dangereuses surprises non moins nuisibles au crédit de la société qu'à leurs propres intérêts, s'il suffisait pour constituer une société de cette nature, d'un acte purement privé, d'un consentement occulte.

Les Italiens du moyen âge l'avaient bien compris et les statuts de plusieurs de leurs républiques cherchèrent des garanties dans la publicité. Notre ancien droit tenta à diverses reprises de s'approprier ce système. L'ordonnance de Blois (1573), exigea que les sociétés entre étrangers fussent inscrites *ès registres des bailliages, sénéchaussées et hôtels communs des villes.* Le code Michaut (Ordonn. de 1629), sur la demande des députés assemblés à Paris pour le « rétablissement du commerce » étendit ces règles aux associés français. L'ordonnance de 1673 organisa un régime complet de publicité. Mais ces efforts restèrent infructueux. L'aversion pour le principe salutaire de la publicité, qu'on l'appliquât aux affaires de l'État ou aux affaires privées, était trop vive sous l'ancien régime. Le code Michaut ne fut pas mis en vigueur. Colbert lui-même échoua. Les dispositions de son ordonnance relatives à l'enregistrement des actes de société n'étaient pas exemptes de quelques exagérations qui augmentèrent leur impopularité. Les parlements n'osèrent pas les combattre ouvertement, mais ils les laissèrent tomber en désuétude (1).

Grâce à la révolution, ces préjugés disparurent, et le Code de commerce put instituer efficacement la publicité en matière de société, comme le Code civil en matière d'hypothèques. L'art. 42 régla celle des sociétés en nom et des commandites. Jusqu'à ces dernières années, la société anonyme, celle dont la personnalité est le plus fortement accusée et dont l'existence propre est au plus haut degré indépendante de la personne des associés, fut soumise au régime de l'autorisation et dut être publiée suivant des règles particulières. Après la demi-réforme de 1863, la loi de 1867 en a autorisé la constitution libre et soumis la publication aux formes générales.

En même temps elle a refondu les dispositions du Code de commerce, et dans son titre IV elle contient tout le système actuel de publicité. Nous n'avons pas à en étudier le détail, ni à rechercher s'il faut tenir toutes les dispositions nouvelles pour des améliorations. Mais la publicité produit à l'égard des tiers d'importants effets qu'il est nécessaire d'exposer.

La publication comprend : 1° le dépôt de l'acte constitutif et de quelques autres pièces au greffe de la justice de paix et du tribunal de commerce du lieu où est établie la société (art. 55 et 59, loi de 1867) ; 2° l'insertion dans les journaux d'un extrait de l'acte constitutif et des pièces annexées (art. 56). L'extrait doit contenir les noms des associés autres que les commanditaires et les actionnaires, la raison de commerce ou la désignation adoptée par la société, le montant du capital social et le montant des valeurs fournies ou à fournir par les actionnaires ou commanditaires (2), l'époque où la société commence, celle où elle doit finir et la date du dépôt au greffe (art. 51). L'extrait doit en

---

(1) Savary, T. II, p. 324. *Parère* 10. — Joussa, art. 2. Ord. de 1673, n° 4. — Pothier, *Société*. n° 82. — Pothier paraît cependant exiger la publicité des clauses extraordinaires (n° 98).

(2) Sous l'empire du Code de comm. (art. 43) le capital social ne devait pas être publié dans les sociétés en nom collectif. La loi avait pensé que cette indication était inutile puisque les créanciers avaient une action solidaire contre chaque associé et qu'elle était contraire aux principes de la société en nom, dont le crédit réside moins dans les valeurs sociales que dans le crédit personnel de chacun de ses membres. Par application de cette règle, on avait décidé que si un associé apportait sa part dans une société non encore liquidée, clause assez fréquente en pratique, il n'était pas nécessaire de publier les dettes dont cette part était grevée (Civ. rej. , 28 juin 1865. D. P. 65, 1, 300. Rej., 13 juin 1866. D. P. 66, 1, 37). La loi

outre énoncer si la société est en nom, en commandite simple, en commandite par actions, ou anonyme. Si la société est anonyme, il doit relater le montant du capital social en numéraire et autres objets, ainsi que la quotité à prélever sur les bénéfices pour former le fonds de réserve.

Sont soumis aux mêmes dispositions, tous actes et délibérations ayant pour objet la modification des statuts, la continuation de la société au delà du terme fixé pour sa durée, la dissolution avant ce terme et le mode de liquidation, tout changement ou retraite d'associé, et tout changement à la raison sociale.

La publication par extrait des clauses déterminant les pouvoirs du gérant n'est pas exigée. Dans les sociétés en commandite par actions ou anonymes les tiers peuvent y suppléer jusqu'à un certain point, en demandant communication des statuts déposés (art. 63). La loi ne leur accorde pas cette faculté s'il s'agit d'une société en nom. Ces clauses paraissent donc dans ces sortes de sociétés soustraites à la publicité. Mais s'inspirant de l'esprit de la loi, la doctrine et la jurisprudence admettent qu'elles devront être rendues publiques dès qu'elles sortiront du droit commun. C'était le seul vestige de publicité qu'eût conservé l'ancienne pratique (1) ; à plus forte raison doit-on observer aujourd'hui la même règle.

La loi est plus précise en ce qui touche les conventions additionnelles. Dès qu'elles peuvent modifier la situation de la société vis-à-vis des tiers, elles doivent être insérées dans les journaux, alors même que leur publication n'eût pas été exigée si elles avaient été écrites dans l'acte constitutif. La jurisprudence l'a constamment décidé, en présence des termes très-explicites de l'art. 48 Co. qui se retrouvent dans l'art. 61 de la loi nouvelle (2).

Sous l'empire du Code, la publication devait avoir lieu dans la quin-

de 1867 exige sans distinction la publication du capital. Elle ne permet pas de douter qu'il s'agisse du capital apporté par les associés en nom puisqu'elle ajoute : « et le montant des valeurs fournies ou à fournir par les actionnaires ou commanditaires. » Le rapporteur, M. Mathieu, soutient l'opinion contraire. Si tel fut le sentiment de la commission dont il était l'organe, il est regrettable que la rédaction n'ait pas mieux répondu à la pensée des auteurs de la loi et qu'ils aient écrit exactement l'inverse de ce qu'ils croyaient exprimer. La doctrine et la jurisprudence ne peuvent se mettre en contradiction avec un texte positif. (Req. 20 juillet 1870. D. P. 71, 1. 339).

(1) Pothier, n° 93, dern. alinéa.

(2) Dalloz, *Répertoire*, V°. Société, n° 833. Douai 21 nov. 1840.

(3) Lyon, 20 nov. 1863. D. P. 64-2-233. Paris, 23 juillet 1857. D. P. 57-2-208. — Contrà Molinier, n° 270. Dalloz, n° 845.

zaine qui suivait *l'acte*. Cette disposition avait donné lieu à difficulté. Fallait-il entendre : du jour où l'écrit avait été rédigé ? Ou bien du jour où la société avait été formée ? Particulièrement si la société était sous condition suspensive, était-ce seulement du jour où la condition s'était accomplie que le délai devait courir ? L'affirmative paraissait prévaloir. A quoi bon exiger la publication d'un acte dont l'existence était incertaine ? La cour de Cassation avait décidé, dans un cas analogue que si la naissance de la société était subordonnée à la ratification d'un associé, le délai ne courait pas avant que la ratification fût intervenue. La question prit une importance toute nouvelle quand la loi de 1856 exigea pour la constitution des commandites par actions l'accomplissement de certains faits (versement, souscription, etc.), qui reportaient forcément la constitution à une date de beaucoup postérieure à la passation de l'acte. Bien qu'il fût bizarre de publier une société dont les capitaux n'étaient pas rassemblés et que la loi ne reconnaissait pas encore, quelques arrêts placèrent l'origine du délai au jour où l'acte avait été rédigé (1). La loi de 1867 condamne cette doctrine et place en termes exprès le point de départ du délai au jour de la constitution. Elle a de plus substitué le délai d'un mois au délai trop court de 15 jours établi par le Code. Effectuée dans le temps fixé, la publicité a un effet rétroactif ; elle donne ses pleins effets à la société du moment même de la constitution.

En résumé, les principales clauses intéressant les tiers sont portées à leur connaissance. Ils peuvent les invoquer ou se les voir opposer. Il se forme une sorte de contrat entre les associés et le public, ou, si l'on veut, la société fait au public la promesse de traiter dans telles ou telles conditions ; ceux qui traitent avec elle sont *ipso facto* considérés comme ayant accepté cet engagement (2).

L'Ordonnance de 1673, qui contenait des dispositions analogues, les sanctionnait par la nullité absolue de la société et des actes et contrats passés. C'était changer en un danger pour les tiers une mesure qui avait pour but de les protéger. Le Code de commerce et la loi de 1867 ont mis l'expérience à profit. L'art. 42 du Code et l'art. 56 de la loi

(1) Agen, 10 mars 1858. D. P. 58-2-116. Comp. la note de l'arrêtiste où est résumée une consultation dans laquelle M. Victor Lefranc soutenait avec grande raison l'opinion qui succomba devant la cour.
(2) Bravard, T. I, p. 185.

nouvelle qui le remplace disposent que «les formalités prescrites seront observées à peine de nullité à l'égard des intéressés, *mais que le défaut d'aucune d'elles ne pourra être opposé à des tiers par les associés.* »

La généralité de l'expression « intéressés » doit faire admettre d'une manière très-large le droit de demander la nullité. Il devra être reconnu non-seulement aux créanciers sociaux, mais encore aux créanciers personnels et aux associés eux-mêmes.

Rien d'ailleurs de plus raisonnable. La publicité n'est pas moins utile aux créanciers personnels qu'aux créanciers sociaux, puisqu'elle les avertit d'une modification importante survenue au patrimoine de leur débiteur. Quant aux associés, on ne pouvait les obliger à rester liés entre eux par un contrat que doit rompre la première demande d'un tiers (1). Seulement ainsi que l'indique formellement le texte, la nullité qu'ils obtiendront ne sera pas opposable aux tiers.

D'après certains auteurs, il en serait de même des créanciers personnels. C'est seulement du chef de leur débiteur qu'ils pourraient invoquer la nullité. Dès lors n'ayant pas plus de droits qu'eux, ils ne pourraient s'en prévaloir contre les créanciers sociaux. Mais cette opinion est inadmissible. Les créanciers personnels agissent en vertu d'un droit propre que l'on peut comparer à celui d'un créancier quelconque exerçant l'action paulienne. Vainement essaie-t-on de le nier en alléguant que le Code n'a pu les désigner par le mot intéressés, puisqu'il n'exige pas dans les sociétés en nom la publication qui offrirait pour eux le plus d'utilité, celle du montant de l'apport. L'argument qui en tout cas aurait à peine aujourd'hui la valeur d'une considération historique, puisque la loi de 1867 exige précisément cette publication (art. 57. Voir plus haut p. 38) n'était rien moins que décisif même sous l'empire du code. De ce que la publicité n'était pas à l'égard des créanciers personnels aussi complète qu'ils pouvaient le désirer il ne s'en suivait pas qu'elle fût sans avantage pour eux, et qu'ils n'eussent pas droit à une réparation quand elle avait été omise. Il serait absolument arbitraire de restreindre le sens du mot *intéressés*. Cela est si vrai qu'aucun auteur n'hésite à comprendre les associés sous cette dénomination : à plus forte raison faut-il y comprendre les créanciers. Ce point admis, comme la réserve faite par la fin du

---

(1) Req. 23 décembre 1844. D. P. 45. 1. 113. Civ. Cass. 31 décembre 1844. D, P. 45. 1. 75. Req. 28 fév. 1850. D. P, 50. 1. 232,

texte ne concerne en propres termes que les associés, il est impossible de mettre obstacle aux droits de leur créanciers personnels (1).

De là pour les créanciers sociaux de graves conséquences. Les créanciers personnels en demandant la nullité leur enlèvent nécessairement leur droit de gage exclusif sur l'actif social. Les deux ordres des créanciers se confondent, et viennent en rang égal sur les biens de chacun des associés. En même temps les hypothèques que les associés ont pu consentir pour garantie de dettes personnelles sur des immeubles qu'ils avaient apportés à la société deviennent valables. Les hypothèques légales qui ont grevé leur patrimoine depuis la constitution de la société frappent ces immeubles du jour où elles ont pris naissance. Ainsi la femme de l'un des associés mariés depuis la constitution exercera son hypothèque sur les apports immobiliers du mari avec rang au jour de son mariage (2).

Les créanciers sociaux ne sont pas fondés à taxer ces solutions d'injustice. Ils ont commis une faute en traitant avec la société sans s'assurer qu'elle fût régulière. Les créanciers personnels, au contraire, ne pouvaient prévoir que leur débiteur était entré dans une société. L'eussent-ils su, ils n'avaient aucun compte à tenir de ce contrat passé en violation de la loi et que la loi déclare nul. Il est d'ailleurs de principe que quand la loi exige certaines formes de publicité, l'acte n'est légalement réputé connu que si ces formes ont été observées (art. 1071. C. civ). Un arrêt qui avait refusé à des créanciers personnels le droit d'opposer la nullité, sous le prétexte qu'ils avaient connu en contractant l'existence de la société est resté isolé (3). La jurisprudence est aujourd'hui unanime pour rejeter cette opinion (4).

Les créanciers sociaux peuvent-ils du moins exercer à l'encontre des créanciers personnels l'action solidaire qui leur appartient, comme on le verra contre les associés en nom pour le tout et contre les commanditaires dans la limite des mises? Ils y ont le plus grand intérêt au cas de faillite, puisque la solidarité leur permettrait de figurer dans chacune des masses pour

(1) 15 juin 1847, Bordeaux. D. P. 49. 2. 31 Civ. Cass. 7 mars 1849. D. P. 49. 1. 77. Req. 14 mars 1849. D. P. 49, 1. 77 Civ. rej. 13 fév. 1855. D. P. 55, 1. 308.
(2) Req. 18 mars 1846, D. P. 46. 1. 211. Civ. Cass. 18 mars 1851. D. P. 51. 1. 51. et sur renvoi, Paris 21 juin 1852. D. P. 51.5. 714.
(3) Civ. Rej. 5 mars 1851, D. P. 51. 1. 136.
(4) Paris 21 juin 1852, D. P. 51. 5. 714. Rennes, 6 mars 1869, D. P. 70. 2. 224. Lyon 28 janv. 1873. D. P. 73. 2. 38.

totalité de leur créance (art. 542. Co). Un arrêt récent de la cour de
Rennes se prononce pour la négative, en vertu de l'idée que la société ne
peut produire aucun effet ; il ajoute qu'on ne pourrait tirer aucune cause
de solidarité d'un prétendu quasi délit commis par les associés au préjudice des créanciers sociaux qu'ils ont trompés sur la régularité de leur
contrat ; car s'il y a fraude et dol de la part des associés, ce qui n'aura pas
toujours lieu, il y a aussi imprudence de la part des créanciers sociaux
qui ne peuvent faire peser sur les créanciers personnels les conséquences
de leur faute. Malgré la force de ces raisons, nous admettrons l'opinion
contraire. Si la société est nulle, il n'y en a pas moins eu agissement
collectif de la part des associés et obligation de chacun au tout : pour
que cette obligation pût être contractée, il n'était nullement nécessaire
qu'ils fussent unis par les liens de la société : elle subsiste par elle-
même, leur volonté lui est une cause suffisante. A la vérité, cette volonté
a pu ne pas être exprimée formellement, mais le droit commercial n'est
pas aussi exigeant que le droit civil et admet aisément une présomption
de solidarité (1).

En présence des associés, la position des créanciers sociaux est beaucoup plus avantageuse. Ils ont le choix d'invoquer la nullité ou de maintenir l'acte. Mais ils ne peuvent évidemment maintenir l'acte en tant qu'il
leur est avantageux, le méconnaître pour le reste ; l'injustice serait
criante.

Ainsi, ayant traité avec une commandite dont les statuts n'ont pas été
publiés, ils ne sont pas en droit de prétendre d'une part que les commanditaires sont tenus comme membres de la société, de l'autre qu'ils ne
peuvent limiter leur responsabilité à leur mise. Il n'en serait autrement
que si les commanditaires avaient figuré dans les opérations sociales
comme des associés ordinaires. Alors les créanciers n'auraient plus besoin
de l'acte pour les poursuivre, ils n'auraient qu'à invoquer l'existence
d'une société de fait (2).

De même des créanciers qui s'appuieront sur un acte resté secret pour

<hr>

(1) Molinier, I, nº 291. Cf. id. 580, Grenoble, 11 janv. 1834. Rouen 10 décembre 1839
S. 40. 2. 118. En sens contraire Rennes, 6 avril 1869. D. P. 70. 2. 224.

(2) En ce sens, Dalloz, Vº Société, nº 1132. Bédarride, *Sociétés de commerce*, I, nº 368.
Cass. 31 décembre 1844, D. P. 45. 1. 75. Rej. 15 décembre 1851. D. P. 52. 1, 71. Lyon
9 décembre 1850. D. P. 51. 2. 9. Paris 26 janv. 1855. D. P. 55. 2. 195. Paris 16 janv.
1858. D. P. 59. 2. 166. Rej. 23 fév. 59. D. P. 59. 1. 403. — V. cep. en sens contraire Lyon, 7 août 1851. D. P. 51. 2. 85.

établir l'existence de la société ne pourront soutenir que la société n'a pas été dissoute au terme fixé par l'acte, sous prétexte que la dissolution n'aurait pas été publiée (1).

Que si l'acte avait été en partie publié et en partie dissimulé, les clauses régulièrement publiées seraient pleinement valables : les créanciers les ont connues, ils ont traité en conséquence : ils doivent donc les respecter. La nullité s'appliquerait exclusivement aux clauses dissimulées, les créanciers auraient le droit de les méconnaitre ou de s'en prévaloir. Ces solutions résultent du texte même de la loi en ce qui concerne les conventions ajoutées après coup (art. 61. Loi de 1867). Il n'y a pas plus de raison pour compromettre l'acte tout entier lorsqu'il s'agit de clauses contemporaines de la constitution. Ce résultat n'est évidemment pas contraire à la règle que les créanciers ne peuvent méconnaitre pour partie l'acte dissimulé, puisqu'il ne s'agit que d'une dissimulation partielle. On peut dire qu'il existe réellement deux actes de société, l'un public, l'autre secret.

Rarement les créanciers sociaux auront intérêt à se prévaloir de la nullité complète de la société. Ils y perdent leur droit de préférence sur l'actif, et en outre leur action solidaire contre les biens personnels des associés en nom. Dans les sociétés en commandite ou dans les sociétés anonymes, ils ne peuvent y gagner le droit de poursuivre les commanditaires ou les actionnaires sans limitation à leurs apports que dans les cas exceptionnels où sans s'être mêlés à l'administration (car alors l'art. 28 Co. suffirait) ces associés ont pu paraître associés en nom. C'est surtout lorsqu'il s'agira d'une publication incomplète, de la dissimulation de certaines clauses exorbitantes du droit commun et susceptibles de leur préjudicier, par exemple d'une disposition restreignant les pouvoirs du gérant, avançant l'époque de la dissolution, etc., qu'il sera pour les créanciers de la plus haute importance d'exciper du défaut des mesures prescrites (2).

Quand ils voudront tenir pour valable une société irrégulière faute de publication ou d'écrit, ils pourront en faire la preuve par tous les moyens, ainsi qu'on l'a indiqué plus haut (3). On a soutenu qu'ils devraient au moins

(1) Civ. Rej. 13 mars 1851. D. P. 54, 1, 130.
(2) Voy. aussi infra. p. 127.
(3) Add. à l'arrêt cité. Besançon 9 juin 1859, D. P. 59, 2, 168, Toulouse 5 juillet 1867, D. P. 67, 2, 117.

justifier qu'au moment où ils contractaient, ils croyaient à l'existence de la société. La cour de Cassation a rejeté cette prétention (1). Il suffit que l'engagement ait le caractère d'un engagement social, abstraction faite de la bonne ou de la mauvaise foi du créancier. Décider le contraire serait donner accès à tous les débats que la loi a voulu éviter, en ordonnant la publicité (comp. art. 1071) et exposer les tiers qui auraient traité avec la société à des déchéances que ne leur inflige aucun texte.

Quand un associé traite en son propre et privé nom avec la société, il a nécessairement, en ce qui concerne ce contrat particulier, les mêmes droits que tout autre créancier social (2).

Les règles concernant la publicité sont d'ordre public. Les intéressés n'y pourraient pas déroger conventionnellement.

Une fois encourue, la nullité ne peut être couverte, ni pour le passé ni même pour l'avenir, par l'accomplissement tardif des formalités prescrites, ni par des actes d'exécution.

Le principe de l'Ordonnance était différent : aucun délai n'était fixé ; seulement la publication n'avait d'effet qu'au jour où elle était effectuée. La cour de Paris a voulu renouveler ce système et l'appliquer aux publications faites après les délais légaux (3). Mais cette doctrine absolument contraire à la loi et qui affaiblissait gravement l'organisation actuelle de la publicité, n'a pas prévalu en jurisprudence (4).

La publicité la plus perfectionnée laisserait encore place à des erreurs et à des mécomptes de la part des tiers, si les parties pouvaient inventer et combiner les clauses du pacte social sans autre règle que leur caprice. Tout en leur accordant une grande liberté nécessaire aux spéculations si variées du commerce et de l'industrie, la loi, en organisant des types de société, montre qu'elle n'entend pas laisser leur volonté affranchie de toute direction. Aussi est-il universellement admis que les associés ne peuvent s'écarter de certaines conditions essentielles à l'espèce de société qu'ils ont adoptée. Par exemple, la société en nom collectif

(1) Civ. rej. 13 mars 1854, D. P. 54, 1, 130.
(2) Req. 28 févrer 1859, D. P. 59, 1, 232.
(3) Paris, 4ᵉ Chambre, 27 janvier 1855. D. P. 55, 2, 106. Bédarride, n° 358. — Demang. sur Brav., I, p. 190, n. 3.
(4) Paris, 11 juillet 1857, S. 58, 2, 40. — Agen, 10 mars 1858, D. P. 58, 2, 116. — Molinier, n° 270, 280. Du reste on est d'accord pour déclarer sans effet la publication qui n'intervient qu'après que la demande en nullité a été intentée. Paris, 26 janvier 1855, 1ʳᵉ Chambre, D. P. 55, 2, 105.

qui a pour but de mettre en œuvre le crédit de chacun de ses membres ne comporterait pas de clause imposant au gérant de ne traiter qu'au comptant. La publicité serait impuissante à valider une telle convention. On aura du reste à revenir sur ce point.

Ainsi est complété l'ensemble de garanties que présente aux tiers l'organisation des sociétés de commerce. La personnalité fortifie leur crédit et leur assure une entière liberté d'action. La publicité et la détermination légale de leurs conditions d'existence donne toute lumière et toute sécurité à ceux avec qui elles entrent en relations.

§ 4. Application des formes commerciales aux sociétés civiles.

Rien n'empêche les société civiles de prendre les formes des sociétés commerciales, afin de participer et de faire participer leurs créanciers aux avantages qui en résultent. On l'a contesté. Mais nulle disposition de la loi ne réserve exclusivement ces formes au commerce : en se les appropriant, les associés civils ne font qu'user de la liberté des conventions. Le conseil d'Etat a maintes fois consacré cette opinion en autorisant des sociétés civiles à adopter l'anonymat.

Mais alors se pose une question vivement controversée. Outre les caractères tenant à la forme même, la société prendra-t-elle ceux qui dérivent de la commercialité ? L'affirmative a été soutenue : elle paraît inadmissible. Ce n'est pas à l'extérieur d'un acte qu'il faut s'attacher pour savoir s'il est commercial ou non. La loi ne l'admet qu'à titre d'exception et pour des motifs tout spéciaux en matière de lettre de change. On connaît les principes d'après lesquels en tout autre cas se détermine la commercialité. Trois conditions sont nécessaires ; il faut que l'acte soit à titre onéreux, qu'il porte sur des meubles, qu'il ait un but de spéculation. La forme dans laquelle il s'accomplit n'a aucune influence sur l'une ou sur l'autre de ces conditions. On peut en outre tirer argument de la loi du 21 avril 1810, qui supposant dans ses art. 8 et 13 que des sociétés par actions existent pour l'exploitation des mines, déclare sans distinction dans son art. 82 que cette exploitation n'est pas un commerce (1).

(1) Troplong, I, n° 327 et suiv. Bravard, I, p. 180.—Paris, 15 fév. 1868. D. P. 68, 2 208. — Paris, 17 août 1868, D. P. 68, 2, 192. Ces deux arrêts sont réunis dans le Sirey de 68, 2, 331 avec une note de M. Labbé. — Adde Cass. 27 mars 1866, S. 66, 1, 211.

Ces principes démontrés, on peut s'étonner que plusieurs des auteurs qui les ont mis en lumière reconnaissent à la déclaration des parties le pouvoir de rendre commerciale la société civile constituée sur le modèle d'une société de commerce. La contradiction est évidente. Si l'on admet cette idée, il n'y a pas de raison pour ne point considérer l'adoption de la forme commerciale comme l'équivalent d'une déclaration. La vérité est qu'une volonté privée ne peut changer la nature légale d'un contrat. Dans le cas particulier d'une société minière où se sont surtout placés les auteurs que nous combattons, on oppose que l'exploitation d'une mine est en réalité un acte commercial. Il est impossible de traiter plus légèrement un texte de loi : car l'art. 32 de la loi de 1810 dit le contraire en toutes lettres. Il serait facile de justifier ses motifs ; mais fût-il arbitraire, les associés ne peuvent le faire plier devant leurs désirs.

CHAPITRE II.

SOCIÉTÉ EN NOM COLLECTIF.

§ 1. Notions générales.

De toutes les sociétés commerciales, la société en nom collectif est celle qui offre aux tiers les avantages les plus complets. Ainsi que l'indique l'appellation même sous laquelle elle est désignée, chaque associé y figure en nom et de sa personne. Ce n'est pas seulement sa mise qu'il emploie aux spéculations sociales ; sa fortune tout entière y est engagée ; il répond sur tous ses biens des obligations que la société peut contracter. Pour fortifier encore ces garanties, la loi déclare tous les associés tenus solidairement (art. 22 Co.)

La société en nom collectif, très-voisine comme on l'a déjà indiqué, de la société civile, paraît avoir existé dès les origines du droit commercial moderne. On la rencontre dans les lois et les usages des républiques italiennes. Nos plus anciens auteurs s'en occupent tantôt sous son nom actuel, tantôt sous le nom de *Société générale* ou encore de *Société libre.* L'ordonnance de 1673 lui consacre d'importantes dispositions.

On étudiera successivement : 1° Comment la société se met en rapport avec les tiers ; 2° Comment elle est tenue envers eux.

§ 2. Comment la société se met en rapport avec les tiers: Gérance -- Raison sociale.

On n'a rien de particulier à dire sur la nomination des gérants. Les principes du Code civil s'appliquent sans modification. On doit toutefois remarquer que les administrateurs devront toujours être désignés par les statuts, puisque l'art. 57 (loi de 1867) place leur indication parmi les mentions que doit contenir l'acte déposé et publié. Mais il ne s'en suit pas, comme paraît le penser M. Bravard (I, p. 198) que les associés ne puissent leur refuser les prérogatives habituelles des gérants statutaires et les déclarer toujours révocables, sauf à publier la révocation pour lui donner effet à l'égard des tiers.

Sous peine de rendre impossible le fonctionnement de la société, il est nécessaire d'attribuer aux gérants des pouvoirs plus considérables que dans les sociétés civiles. Ils peuvent obliger plus largement les associés. Le but même de la société leur conférera, à moins de clause contraire, le droit d'emprunter. Leur faculté d'aliéner aura une plus grande portée. Mais il faut le remarquer, ce sont là des différences de fait et non de principe, puisqu'en matière de société civile il est reconnu que les pouvoirs du gérant se mesurent aux nécessités de l'administration.

On a déjà vu une différence plus grave, résultant de l'idée que la constitution de la société comprend certains éléments essentiels que les associés ne peuvent supprimer. La société civile est libre de modifier arbitrairement les règles de la gérance : les associés en nom ne peuvent dénaturer la forme qu'ils ont adoptée : ils ne pourront en conséquence convenir que le gérant ne traitera qu'au comptant (1).

Mais le trait vraiment original de la gérance d'une société en nom collectif est la *raison sociale*, c'est-à-dire le nom qui manifeste sa personnalité et sous lequel elle figure dans ses rapports avec les tiers.

C'est encore en Italie que l'on voit apparaître la raison sociale. A l'origine, la société semble avoir été désignée par la réunion des noms de tous les associés. Rien de plus conforme à sa nature. Chaque associé devant être obligé, chaque associé donnait ou faisait donner par le gérant son nom au tiers avec qui la société traitait. Mais pour abréger, l'usage s'introduisit de mettre seulement le nom de quelques-uns ou même d'un seul des associés en ajoutant : *et Compagnie*. Dès le temps de Barthole, cette formule était en usage ; dans le latin du temps : *Titius et socii talis societatis* (2). Dès cette époque aussi, on admettait que les associés qui n'étaient pas expressément désignés n'en étaient pas moins tenus solidairement des engagements que signait la société. Invoquant le droit romain, on considérait l'associé dont le nom figurait dans la raison sociale comme

(1) Brav., I, p. 201, Paris, 12 août 1848, D. P. 51, 1, 42. Comp. en sens contraire en matière de commandite, deux arrêts d'Orléans 1ᵉʳ juin 1852 D. P. 53, 5, 427. — 11 janv. 53, D. P. 53, 2, 160.

(2) Barthole, sur la loi 37, D. de Stip. serv. — Paulus de Castro, sur la loi 11 D. de duobus reis, n° 5.

le préposé des autres et comme pouvant dès lors les obliger au tout. Cette application des règles spéciales à l'*institor* était plus ingénieuse qu'exacte, puisqu'il pouvait se faire que la signature fût donnée par un des associés englobés dans la mention *et Compagnie* ou par tous les associés ensemble. Mais elle eut le mérite de faire échouer un système qui dans le cas d'un engagement signé *Titius et socii* voulait obliger Titius à une moitié de la dette, et les autres associés ensemble à l'autre moitié. Une lointaine analogie avec la répartition d'une succession entre différents groupes de successeurs était, à coup sûr, insuffisante pour justifier une division aussi bizarre. L'argumentation des Bartholistes, en la discréditant, engagea la société en nom dans sa véritable voie.

Notre ancien droit accueillit la raison sociale. De là elle est passée dans le Code de commerce qui, comme les législations précédentes, lui attribue une importance considérable; car dans son art. 22, il définit la société en nom collectif « celle que contractent deux personnes ou un « plus grand nombre et qui a pour objet de faire le commerce sous une « raison sociale. »

En effet, la raison sociale est exactement la signature de la société : les actes auxquels elle est apposée produisent leurs pleins effets à l'encontre de la société personne morale et de chacun des associés. Sans doute les engagements sociaux pourraient être contractés par un associé signant de son propre nom, déclarant qu'il agit au nom de la société et investi effectivement d'un mandat ou, s'il n'est que gérant d'affaires, faisant tourner l'opération au profit commun (art. 1862, 1864 C. civ.). Mais les tiers devront alors établir les circonstances qui font de l'obligation une obligation sociale. Bien que l'art. 109 Co. leur ouvre tous les moyens de preuve possibles, ils sont dans une situation beaucoup moins avantageuse que munis d'un acte signé de la raison sociale. En ce cas, aucune preuve ne leur incombe; ils n'ont qu'à produire leur titre.

· Le droit d'employer la raison sociale appartient au gérant. Faute de gérant désigné, elle est confiée à tous les associés qui sont autorisés à prendre part à la gestion en vertu de l'art. 1859 c. civ.

La gestion et par conséquent l'usage de la signature sociale peuvent être attribués à des personnes étrangères. Bien qu'il ait été contesté (1), ce point est certain en l'absence de toute prohibition dans la loi. Il est

(1) Malepeyre et Jourdan, p. 124.

clair que ces tiers étant de simples mandataires, obligent la société sans s'obliger eux-mêmes, sauf les cas particuliers de responsabilité.

La raison sociale ne doit contenir que les noms des associés (art. 21). Autrement les tiers seraient trompés ; la société s'attribuerait faussement le crédit attaché aux noms étrangers qui figureraient dans sa signature. Le texte n'indique pas de sanction : mais on la déduit facilement des principes généraux. Si le nom a été pris sans le consentement de celui qui le porte, les créanciers peuvent intenter une demande en nullité de leur contrat comme entaché de dol et un recours en dommages-intérêts contre la société. Dans certaines circonstances, l'usage de cette signature mensongère peut même constituer un délit d'escroquerie. Si la personne dont le nom a été inséré sans droit dans la raison sociale l'a permis ou simplement toléré, elle est considérée comme associée à l'égard des créanciers : elle s'est comportée comme telle, elle a véritablement signé les engagements de la société ; il est juste qu'elle en soit tenue.

Le tiers muni d'un titre signé de la raison sociale par l'un de ceux qui peuvent en faire usage a droit d'agir contre la société sans qu'on ait à considérer si l'obligation a tourné au profit commun, ou bien si ses résultats ont été appliqués au profit particulier d'un des associés. La règle est admise déjà en matière de société civile. Elle reçoit une extension nouvelle en matière commerciale, dans l'intérêt même de la société, qui souffrirait si les engagements signés de son nom étaient trop facilement attaquables. Il ne s'agit plus seulement de l'usage ultérieur des valeurs. Alors même que dès le principe le gérant a contracté dans son intérêt personnel, la société peut être tenue. Il suffit que les tiers aient eu juste sujet de croire que l'engagement était pris dans l'intérêt commun, ce qui sera toujours présumé. Les tribunaux ont très-largement interprété cette condition de bonne foi. Ils décident que le créancier peut agir contre la société, même s'il a su que la dette était personnelle au gérant, dès qu'il a eu lieu de penser que la société avait intérêt à ce qu'elle fût acquittée, pour éviter, par exemple, des poursuites entraînant la faillite, ou simplement diminuant le crédit de son représentant (1). De même, ils maintiennent la présomption favorable au créancier, au cas où il s'agit de la novation d'une dette contractée dans le principe par l'associé en son propre nom. Ils considèrent l'emploi de la raison sociale

(1) Req. 21 fév. 1860. D. P. 60. 1. 121.

comme devant faire supposer jusqu'à preuve contraire que la novation n'est intervenue que du consentement de la société (1).

§ 3. Comment la société est tenue envers les tiers.

Les créanciers ont à la fois pour obligés la société et les associés. Contre chacun de leurs débiteurs ils peuvent agir pour le tout.

On a vu comment à Rome la solidarité n'était admise que dans le cas particulier de l'*institor*, et comment les anciens interprètes l'étendirent à toutes les sociétés de commerce. « Des commerçants associés, dit Pothier, en développant l'idée de Barthole, sont censés être les instituteurs et les préposés les uns des autres pour les affaires de commerce (2). » C'est ainsi que l'ancien droit était arrivé à donner satisfaction aux besoins et aux usages du négoce sans contredire trop ouvertement les principes Romains.

Dans le droit actuel, en ce qui concerne les associés, leur obligation au tout dérive purement et simplement d'une solidarité légale annoncée par l'art. 1862 du Code civil et consacrée par l'art. 22 du Code de commerce.

En ce qui concerne la société, l'action au tout résultait forcément de la personnalité. C'est la société qui s'est obligée ; elle constitue un être juridique ; elle a un patrimoine propre ; elle est donc obligée d'acquitter intégralement la dette (art. 1244).

L'art. 24 fait plus. Ce n'est pas uniquement entre les associés qu'il crée la solidarité. Il les déclare « solidaires des engagements de la société. » La société n'est donc pas obligée au tout seulement comme personne morale ; la solidarité existe entre elle et les associés. La remarque a son importance. La société, outre l'interdiction de faire un paiement partiel, se trouve soumise aux conséquences de la solidarité, par exemple, si l'objet dû périt par la faute de l'un des associés, elle ne sera pas déchargée (art. 1205).

Au reste, les rapports établis entre elle et les associés ne sont pas exactement semblables à ceux qui existent d'ordinaire entre codébiteurs solidaires. On ne trouve rien d'absolument comparable en droit civil.

(1) Req. 22 fév. 1845. D. P. 45. 1. 260. Req. 7 mai 1851. D. P. 51.1.251.
(2) *Société*, no 96.

L'égalité n'est pas complète comme entre codébiteurs de même ordre ; la subordination d'un engagement à l'autre n'est pas aussi marquée qu'entre les cautions et le débiteur principal; la situation est intermédiaire.

D'une part, la loi a voulu faciliter les poursuites contre les associés. A cet effet, elle les a autant que possible assimilés à des débiteurs principaux. En les déclarant cautions solidaires, elle n'eût abouti qu'à leur interdire le bénéfice de division et le bénéfice de discussion. Elle va plus loin ; elle leur attribue la qualité de commerçants (art. 2050) ; elle décide que la faillite de la société entrainera leur faillite personnelle (comp. art. 531 Co).

D'autre part, il reste toujours que les engagements sociaux ne les concernent que médiatement, puisque la société forme une personne distincte. Forcément leur obligation a un caractère subsidiaire : ils viennent en seconde ligne appuyer de leur cré·' celui de la société. Aussi est-il universellement admis qu'ils ne peuvent être poursuivis avant que le créancier ne se soit adressé à la société. On discute seulement sur la forme dans laquelle le créancier doit toucher la société de sa demande. D'après les uns, une simple réclamation suffirait (1) ; d'après les autres, il faudrait que la société eût été poursuivie et condamnée; mais la condamnation obtenue, le créancier pourrait la faire exécuter à son choix contre la société ou l'un quelconque des associés (2). D'autres enfin exigent que le tiers ait épuisé les biens de la société (3). Cette dernière opinion parait préférable. La marche qu'elle indique est la plus naturelle; elle est plus équitable, puisqu'elle n'impose à un associé d'avancer seul le paiement dans l'intérêt commun qu'en cas de nécessité absolue; elle ne cause enfin aucune gène sérieuse au créancier qui a tout intérêt à s'attaquer d'abord aux biens sur lesquels il a un privilége.

De la nécessité d'agir d'abord contre la société résulte une dérogation accessoire aux effets habituels de la solidarité. La poursuite intentée contre l'un des associés avant la discussion du fonds social, étant irrégulière, ne pourra faire courir les intérêts : de même, elle ne pourra interrompre la prescription (art. 2247).

(1) Molinier, n° 354.
(2) Pardessus, n° 1028. Delangle, *Sociétés commerciales*, n° 263. Bédarride, n° 165.
(3) Alauzet. n° 130. Delamarre et Lepoitvin, T. III, n° 20. Dalloz, V° Société, n°

Mais il ne sera pas nécessaire d'obtenir contre les associés de nouveaux jugements. La société les représente ; en cas d'insuffisance de l'actif social le jugement rendu contre elle sera exécutoire contre chacun d'eux (Demang. sur Brav., T. I, p. 210. 211 note).

On s'est demandé si une clause expresse et dûment publiée ne pourrait pas exempter les associés en nom de la solidarité. Avec la majorité des auteurs nous répondrons négativement. L'art. 22 est formel et fait de la solidarité une condition essentielle de la société en nom collectif (1). On ne pourrait non plus prétendre restreindre la solidarité aux associés dont les noms figurent dans la raison sociale; car l'art. l'établit entre tous les associés indiqués dans l'acte constitutif.

Toutefois, un accord particulier avec un créancier supprimerait valablement la solidarité à son égard. Une telle convention ne toucherait pas à la constitution de la société: ce ne serait qu'un pacte isolé, accidentel, une renonciation que le créancier est toujours maître de faire.

____

(1) L'art. 112 du Code de commerce allemand interdit en termes exprès toute clause qui dérogerait à la solidarité.

CHAPITRE III.

SOCIÉTÉ EN COMMANDITE.

I. Historique.

Le droit romain ne connaissait pas la commandite. A peine peut-on trouver une lointaine analogie entre cette société et une sorte de contrat de cheptel, dont parle la loi 8. C. II. 3.

C'est au moyen âge, dans les villes commerçantes de la Méditerranée, peut-être sur les côtes de France à Marseille ou à Montpellier, mais plus probablement en Italie qu'apparaît cette combinaison destinée à produire de si féconds résultats.

A l'origine, sa forme était des plus simples. Un capitaliste fournissait à un négociant les fonds nécessaires pour une opération isolée ou pour une série d'entreprises ; le bénéfice était partagé ; le bailleur de fonds restait inconnu aux tiers ; il n'était pas exposé à leurs actions ; sa responsabilité se trouvait limitée aux sommes qu'il avait engagées. Telle est la convention qui reçut en Italie le nom de *commanda* ou *commandita* : en France celui de *commande*. Le négociant chargé de diriger l'affaire se nommait le *commandité* ou le *complimentaire*. On appelait le capitaliste *commanditaire*.

Si ce contrat n'était pas encore la commandite moderne, il en renfermait les principaux éléments. Certains auteurs ont refusé d'y voir autre chose qu'un mélange du mandat et du contrat de louage. C'est à tort : les statuts de Montpellier (XIII⁰ siècle), de Marseille (1253-1255), de Gênes (1588), assimilent en termes exprès la commande à la société.

La commande, qui ne tarda pas à recevoir le nom de société en commandite, prit un développement considérable. Elle offrait un moyen de faire fructifier les capitaux sans cesser d'être en règle avec l'église. Grâce au secret qui couvrait sa constitution intérieure, les nobles pouvaient y placer leur argent ; les apparences étaient sauvées ; le gentilhomme, bailleur de fonds, ne dérogeait pas et recevait en toute sécurité les profits qui lui revenaient.

L'Ordonnance de 1673, Tit. IV, consacre à la commandite plusieurs dispositions. Elle en détermine exactement la nature dans l'art. 8, où elle dispose que les associés en commandite ne seront obligés que jusqu'à concurrence de leur part. L'art. 2 exige la publicité quand la société est contractée entre marchands. Cette mesure n'est pas étendue au cas où il existe parmi les commanditaires des personnes non marchandes. « Ce serait, dit Jousse sur l'art. 2, détruire l'usage des sociétés en commandite. »

Mais dans l'ancien droit le type de la commandite n'était pas nettement défini. Elle se distinguait à peine de ce qu'on appelait alors la société anonyme, c'est-à-dire de la participation (1). Comme la participation, elle comprenait des associés inconnus du public. Les effets du contrat étaient exclusivement produits entre les contractants. La publicité, dans le cas où elle était prescrite par l'Ordonnance, ne conférait aucun droit aux tiers contre les commanditaires : elle devait seulement leur révéler l'existence de l'association et leur permettre d'apprécier avec plus de certitude les ressources du complimentaire. On sait d'ailleurs que sur ce point l'Ordonnance ne fut pas mise en vigueur. Enfin la commandite fut longtemps sans avoir de raison sociale. Pothier disait : « La société anonyme « (en participation) convient avec la société en commandite en ce que « dans l'une et dans l'autre il n'y a que l'un des associés qui contracte « et qui s'oblige envers les créanciers de la société ; l'autre associé qui « est l'associé inconnu dans les sociétés anonymes, de même que l'asso- « cié en commandite n'y sont obligés que vis-à-vis leur associé principal. « Ces associés diffèrent en ce que dans la société anonyme l'associé in- « connu est tenu indéfiniment pour la part qu'il a dans la société d'ac- « quitter son associé des dettes qu'il a contractées pour la société au « lieu que l'associé en commandite n'est tenu que jusqu'à concurrence de « la somme qu'il a mise dans la société. » (*Société*, n° 63).

Encore cette différence unique n'était pas toujours maintenue. On voit Savary qualifier de société en commandite une association entre trois maisons de commerce dont l'une achetait en Italie les matières premières nécessaires à la fabrication des soieries et du brocard, dont la seconde

---

(1) Il en était de même en Italie. Cf. les auteurs cités par Troplong, n° 389.

abriquait à Lyon, dont la troisième débitait les étoffes à Paris et qui, agissant chacune en leur propre nom, étaient tenues envers les tiers de la totalité des dettes qu'elles contractaient.

Au xviiie siècle se produisit dans les usages commerciaux en matière de commandite une modification qui ne fut pas sans influence sur la législation moderne. Savary refusait absolument à cette société la raison sociale. Pothier semble suivre son opinion; mais dès 1762 les livres de pratique commerciale donnent des formules de commandite où il est dit que les opérations se feront sous la raison N. et Cie (1).

Les travaux préparatoires du Code de commerce constatent également cet usage dans le dernier état de l'ancien droit.

II. Commandite actuelle. — Généralités.

Le Code organisa les éléments confus qu'il trouvait dans la législation antérieure et donna à la commandite une physionomie bien arrêtée. Des efforts furent tentés dans la discussion pour combattre les innovations, même celles que l'usage avait déjà consacrées. Merlin s'attachant rigoureusement à l'idée de la commande primitive s'éleva contre l'emploi de la raison sociale (2). Mais ces tendances rétrogrades ne prévalurent pas contre la grande expérience des affaires qui distinguait la plupart des rédacteurs. D'après l'art. 23 du Code de commerce « la société en com-
« mandite se contracte entre un ou plusieurs associés responsables et so-
« lidaires et un ou plusieurs associés simples bailleurs de fonds que l'on
« nomme commanditaires ou associés en commandite. Elle est régie sous
« un nom social qui doit être nécessairement celui d'un ou de plusieurs
« associés responsables et solidaires. »

Et l'art. 24 achève de préciser le rôle des deux éléments que renferme la commandite : « lorsqu'il y a plusieurs associés solidaires et en nom,
« soit que tous gèrent ensemble soit qu'un ou plusieurs gèrent pour tous,
« la société est à la fois société en nom collectif à leur égard et société
« en commandite à l'égard des simples bailleurs de fonds. »

Ainsi d'une part, des associés personnellement responsables et solidai-

(1) Merlin, *Répertoire*, V° Société, p. 392.
(2) Locré, T. XVII, p. 185.

res ; de l'autre des bailleurs de fonds responsables comme dans l'ancien droit seulement jusqu'à concurrence de leur mise.

La raison sociale ne peut révéler au tiers que les noms des premiers. C'est un principe en effet que tout associé qui livre de cette manière son nom au public et qui l'appose aux contrats de la société, engage son propre crédit et par conséquent accepte une responsabilité indéfinie.

Mais l'existence des commanditaires n'est plus occulte comme elle l'était autrefois. La formule « et compagnie » rappelle constamment qu'outre les associés dont les noms figurent en toutes lettres dans la signature, il s'en trouve d'autres soit de la première catégorie, soit simples bailleurs de fonds. Les publications prescrites par le Code et par la loi de 1867 complètent cet avertissement. En même temps qu'elles indiquent nominativement les associés personnellement responsables, elles donnent le montant des apports effectués par les commanditaires ; combinaison bien simple, par laquelle est heureusement résolu le problème qui avait embarassé les rédacteurs de l'ordonnance (Cf. Savary, *Parfait négociant*, p. 367) : porter à la connaissance du public tout ce qui l'intéresse dans la constitution de la société sans compromettre le secret des commanditaires, qui désirent ordinairement ne pas mêler leur personne aux opérations de la société.

Les créanciers d'une commandite ont donc pour gage en premier lieu le fonds commun formé des mises de tous les associés, sur lequel, en vertu de la personnalité, ils priment les créanciers personnels, subsidiairement le patrimoine de chacun des associés en nom.

La commandite limitant la responsabilité de certains de ses membres constitue une dérogation au droit commun ; elle doit donc être établie en termes exprès ; sinon les tiers, trompés par l'ambiguité de l'acte, pourraient contester le caractère des bailleurs de fonds à ceux qui le réclameraient et les traiter comme associés en nom.

Savary exigeait déjà que les limites de la responsabilité fussent précisées par une stipulation formelle (p. 367) ; à plus forte raison en est il de même dans la législation moderne, soigneuse de protéger les créanciers contre toute chance de surprise (1). Mais la loi ne prescrit aucune formule sacramentelle. Il n'est pas indispensable que le mot commandite se

---

(1) Exceptionnellement, d'après un décret du 2 prairial an XI, la société pour l'armement d'un corsaire est réputée de plein droit, société en commandite.

trouve dans l'acte constitutif, des énonciations quelconques suffisent,
dès qu'elles ne peuvent laisser place au doute. En général, l'appréciation
de la cour d'appel sera souveraine à cet égard ; toutefois si reconnaissant l'existence de clauses qui nécessairement font de la société une
commandite, elle déclarait les commanditaires intégralement tenus des
dettes, la violation de la loi serait manifeste et donnerait lieu à l'intervention de la cour de cassation.

III. Rapport des tiers avec les associés solidaires et personnellement responsables. — Gestion.

D'après l'art. 22, les associés solidaires et responsables ou commandités sont des associés en nom. Il suffira donc de leur appliquer les règles
déjà posées au sujet de la société en nom collectif.

Mais de plus ils jouent dans la commandite un rôle spécial. C'est à
eux ou à quelques-uns d'entre eux que la gestion est confiée. Elle est
interdite aux associés commanditaires. Aucune prohibition légale n'empêche de la remettre à un tiers, mais on n'en voit guère d'exemple. Les
associés en nom qui le plus souvent sont les promoteurs de l'entreprise
et qui en tous cas y engagent leur fortune tiennent à s'en réserver la
direction.

Quant aux pouvoirs du gérant, ils sont les mêmes que dans la société
en nom collectif. La société est liée par les obligations qu'il contracte
pour son compte dans les limites de son mandat. Il dispose de la
signature sociale. Les engagements contractés sous cette signature ont
au profit des tiers l'efficacité qu'on a indiquée plus haut.

Pas plus que les gérants d'une société en nom, les commandités chargés de la gestion ne sont nécessairement irrévocables ; tout dépend des
clauses insérées dans les statuts.

En principe, les statuts peuvent apporter au pouvoir des gérants toutes les réserves jugées utiles. Il suffit qu'elles soient publiées pour que
les tiers soient tenus de les respecter et perdent tous droits contre la
société à raison des contrats passés au delà de ces limites. Comme on l'a
vu au sujet de la société en nom, une exception doit être faite pour les
clauses contraires aux conditions essentielles des sociétés commerciales.

IV. Rapports des commanditaires avec les tiers.

§ 1. Obligation de verser la mise ou de la rétablir.

Quand les commanditaires ont effectué leur mise, ils se sont entièrement acquittés ; le fonds social est constitué ; ni la société, ni ses créanciers n'ont plus aucun droit contre eux. Mais il peut se faire que le gérant ait commencé les opérations avant le versement complet du capital, ou encore qu'il ait restitué les mises, avant d'avoir complétement éteint le passif. Dans ces hypothèses, les créanciers peuvent incontestablement agir contre les commanditaires du chef de la société, leur débitrice, pour les contraindre à faire ou à restituer leur apport. Peuvent-ils aussi exercer contre eux une action directe ? C'est une question depuis longtemps controversée, mais que la jurisprudence incline de plus en plus à résoudre par l'affirmative.

L'intérêt est considérable. Si les créanciers n'ont qu'une action oblique, ils sont contraints de subir toutes les exceptions que les associés ont à opposer à la société. Ainsi les commanditaires sont en droit de refuser leurs capitaux à une société qui n'a pas été publiée ; si le gérant a surpris leur consentement par dol, ils peuvent demander la nullité et se dégager ; ils peuvent, au moyen d'une convention intervenue entre tous les membres de la société, obtenir la remise totale ou partielle de ce qu'ils avaient promis d'apporter ; ou encore les choses ayant suivi leur cours régulier et la société étant en liquidation, s'ils retirent leurs mises après avoir laissé aux mains du gérant des valeurs suffisantes pour acquitter le passif, puis que le gérant tombe en faillite, et ne puisse payer intégralement les dettes qu'il avait reçu mandat de solder, la société, bien qu'elle se trouve en perte, n'a rien à leur réclamer, c'est par la faute du gérant que la liquidation ne peut plus être menée à bien : dans toutes ces hypothèses, l'action indirecte manque de fondement ; sauf le cas de fraude, les créanciers, quelque préjudice qu'ils éprouvent, s'ils sont réduits à cette seule action, sont dénués de tout recours.

Que l'on admette au contraire l'action directe. Malgré la nullité de la société, malgré les remises ou les restitutions régulières d'apports, les créanciers ont toujours le droit d'exiger que les versements soient effectués et que tout ce qui a été promis entre dans la caisse sociale (1).

Il faut cependant se garder d'une exagération où est tombé M. Troplong. Ce jurisconsulte a signalé comme étant l'utilité capitale de l'action directe, l'impossibilité pour les commanditaires d'opposer aux créanciers la compensation de ce qu'ils doivent au gérant. S'il a voulu parler des créances personnelles du gérant, son erreur est manifeste. Quelque système que l'on admette, il n'y a jamais de compensation possible entre une créance de la société contre un commanditaire et une créance du commanditaire contre le gérant. La première condition de la compensation fait défaut : il n'y a pas identité de personnes. S'il a eu en vue les créances des commanditaires contre la société représentée par le gérant, la compensation doit être admise même par ceux qui accordent l'action directe. Sans doute, dans ce système, les associés sont obligés directement envers les créanciers ; mais comme ils ne sont tenus que dans la limite de ce qu'ils doivent à la société ; ils peuvent opposer les paiements qu'ils ont effectués. Or, la compensation n'est pas autre chose : elle a lieu de plein droit ; dès que les deux dettes en sens inverse coexistent, elles sont réputées payées, l'action des créanciers manque de base (2). Si dans les hypothèses citées plus haut, les créanciers n'ont pas à craindre les exceptions que le commanditaire peut opposer à la société, c'est que ces exceptions ont un caractère purement personnel. On peut, dans une certaine mesure, comparer les créanciers et la société à des cocréanciers solidaires sans lien entre eux, tels qu'ils étaient en droit romain. En payant à l'un ou à l'autre, le commanditaire se libère d'une manière absolue ; les modes d'extinction analogues au paiement produisent les mêmes résultats : mais les remises de dettes, les exceptions de dol, etc., n'ont qu'un effet purement relatif.

Bien que l'action directe n'ait aucune influence sur la compensation et qu'il faille écarter ainsi une considération que M. Troplong déclarait de nature à faire une forte impression, l'intérêt demeure assez sérieux pour expliquer le grand nombre d'arrêts rendus sur la question et la vivacité de la controverse.

(1) Req. 24 juin 1861 — D. P. 61, 1, 435. — Pour le cas de dol du gérant Req. 10 fév. 1868, D. P. 68, 1, 370.
(2) Req. 4 mars 1867. D. P. 67, 1, 426. Comp. cependant, Aix, 9 juin 1855.

Dans l'ancien droit, l'action directe était universellement rejetée (1). Ses adversaires dans le droit moderne ne manquent pas d'invoquer l'autorité de ce précédent. Ils ajoutent qu'aujourd'hui encore les commanditaires sont restés simples bailleurs de fonds du gérant, qui contracte seul et en son propre nom, qu'ainsi ils n'entrent pas en relation avec les tiers, qu'ils ne contractent pas plus d'obligations envers eux que le prêteur envers les créanciers de son emprunteur.

C'est méconnaître entièrement la vraie nature de notre commandite. Les commanditaires n'ont jamais été de simples prêteurs; ils ont toujours eu la qualité d'associés et par exemple en cas de faillite du gérant n'ont jamais pu prétendre figurer dans la masse. Seulement dans l'ancien droit leur association restait occulte ; rien ne la révélait aux tiers ; ils étaient semblables à des participants. Nécessairement ils échappaient à toute action des tiers. Là est l'unique raison qui conduisait les anciens jurisconsultes à écarter l'action directe. Le gérant traitait *nomine proprio* comme l'associé dont parle l'art. 1864. C'est en se référant aux principes qu'a résumés cet article que Pothier le déclarait seul tenu. Aujourd'hui la situation est complètement changée. La commandite a une raison sociale, le gérant ne contracte plus seulement pour lui seul comme on le prétend ; il révèle par sa signature l'existence des commanditaires, puisqu'il y joint la mention « et compagnie ». Bien plus, la loi ne se contente pas de cette indication vague, elle oblige à publier un extrait de l'acte social. Les tiers sont expressément avertis de la forme de la société ; le montant des apports promis par les commanditaires leur est connu. A quoi servirait cette publication si, comme on l'a indiqué, elle n'était pas une véritable offre, mais une offre irrévocable que leur font les associés ? Quiconque traite avec la société a droit à toutes les garanties qui ont été annoncées, sinon l'annonce de ces garanties serait un piége. En publiant leurs apports, les commanditaires s'engagent à les effectuer envers tous ceux dans l'intérêt desquels cette publication est prescrite. Vainement

(1) Dans les sociétés en commandite n'y ayant que l'associé principal et dans les sociétés anonymes n'y ayant que l'associé connu qui fasse seul et en son nom les contrats de la société, c'est une conséquence qu'il n'y a que lui seul qui s'oblige et que les associés en commandite, de même que les associés inconnus, ne sont point tenus des dettes de la société envers les créanciers avec qui l'associé principal ou inconnu a contracté, suivant les principes établis supra, n° 101. (Pothier, *Société*, n° 102).

on objecte que leur nom ne figure pas sur l'extrait inséré dans les journaux ; l'extrait mentionne leur promesse, cela suffit ; les créanciers pré-
venus trouveront les noms dans l'acte constitutif qu'ils se feront com·
muniquer.

Après avoir rendu quelques décisions contraires(1), la jurisprudence ne
met plus en doute l'action directe quand la société est en liquidation (2).
Elle n'a pas encore eu à se prononcer sur une poursuite intentée
contre un commanditaire pendant la durée de la société. Les considérants
de plusieurs arrêts, notamment d'un arrêt de Poitiers (3), semblent
indiquer pour cette hypothèse des tendances vers une solution opposée.

« Attendu, dit la cour, que si c'est contre les gérants que doivent être
dirigées toutes actions des créanciers tant que la société subsiste, rien ne
saurait mettre obstacle après la dissolution, quand les gérants ont disparu,
à ce que les créanciers recherchent personnellement et individuellement
si les actionnaires ont opéré les versements promis ou si après les avoir
effectués ils n'en auraient pas retiré tout ou partie, etc. »

Mais il faut bien s'entendre. Sans doute tant que la société sera de-
bout, le créancier devra diriger d'abord son action contre le gérant; avant
de diriger un recours personnel contre un associé il doit s'être adressé
à la société, qui est sinon la seule au moins la principale débitrice. Mais
une fois la société poursuivie, s'il est constaté que ces ressources ne
suffisent pas, on cherche vainement un motif pour interdire au créancier d'exercer ses droits contre le commanditaire qui détient encore une
partie des valeurs sociales. Qu'on n'objecte pas qu'il a toujours la ressource de provoquer la dissolution ou une déclaration de faillite. Il peut
ne pas vouloir de ces extrémités et trouver plus avantageux de laisser à
la société la vie et la chance de relever ses affaires.

L'action directe étant admise, elle doit être nécessairement solidaire
dans la mesure de l'apport. Chaque commanditaire s'est engagé à verser
dans le gage des créanciers une valeur qui devait indistinctement répondre de l'intégralité de chaque dette. Son retard à s'exécuter ne peut
nuire aux créanciers en les obligeant à diviser leur action. On sait du

(1) Douai, 11 juillet 1846. D. P. 46. 2. 170.
(2) Req. 23 juin 1846. D. P. 46, 1. 314.—Paris, 6 décembre 1850. D. P. 51, 2. 20.
Req. 30 juillet 1851. D. P. 52. 1. 22. Grenoble, 10 janv. 1854. D. P. 55. 2. 291. —
Aix, 13 août 1860. D. P. 60. 2. 223. — Poitiers, 30 janvier 1867 D. P. 67. 2. 142.
(3) Poitiers, arrêt cité à la note précédente.

reste que la solidarité est la règle sinon absolue au moins très-générale en matière de société de commerce (1).

Dans la mesure de leurs apports, les commanditaires sont tenus aussi rigoureusement que des associés ordinaires. Ils ne peuvent stipuler ni à l'égard des tiers, ni à l'égard de leurs coassociés que les effets par eux apportés seront exemptés de toute perte (art. 1855, C. civ.). Une exonération partielle, elle-même valable entre associés, ne serait pas opposable aux tiers, puisqu'elle leur enlèverait indirectement une partie de la mise sur laquelle ils avaient droit de compter.

L'application de ce principe certain a soulevé une difficulté. On a toujours reconnu que le commanditaire ne pouvait se présenter sur l'actif social en concours avec les créanciers, mais on a soutenu qu'il pouvait venir avec eux sur les biens des associés gérants, puisque les créanciers sociaux n'ont pas sur ces biens de droit de préférence contre les créanciers personnels. Cette opinion oublie qu'en face des créanciers sociaux, le commanditaire qui a stipulé que sa mise serait partiellement affranchie des pertes, n'est même pas créancier personnel. La clause à leur égard est de nul effet. Le commanditaire n'est et ne peut être pour eux qu'un associé (2).

Une controverse s'est élevée sur le point de savoir si l'action dirigée contre les commanditaires à l'effet de les obliger à verser leur mise était commerciale ou non. En faveur du caractère civil, on a argumenté de ce que le prêt fait à un négociant n'est pas un acte de commerce. Mais le commanditaire ne prête pas : il entre dans un négoce ou dans une industrie : il spécule tout aussi bien que le gérant. Il fait donc un acte de commerce et se trouve soumis à la juridiction consulaire. Et, comme le remarque M. Demangeat (sur Bravard, t. I, p. 247), il y a une sorte d'intérêt public à ce qu'il en soit ainsi ; il importe que ceux qui ont traité avec la société après avoir vu dans l'extrait le montant des valeurs à fournir puissent faire rentrer ses valeurs par les voies ordinaires en matière de commerce. C'est ainsi que le prêt à la grosse, qui par tant de

____

(1) Civ. cass. 9 fév. 1861. D. P. 61. 1. 73. — Cf. Troplong, T. I, p. 373, 374.

(2) Civ. Rej. 9 mai 1865, D. P. 65, 1, 277. La question ne peut pas se poser dans les sociétés en nom collectif. L'associé qui obtiendrait de concourir avec les créanciers sur les biens de ses coassociés n'y gagnerait rien, puisque tenu sur sa fortune propre, il verrait les créanciers que sa présence aurait empêchés d'être intégralement payés, se retourner contre lui.

points se rapproche de la commandite, est rangé parmi les actes commerciaux, art. 633 (1). Notons cependant que la question a perdu une partie de son intérêt depuis la suppression de la contrainte par corps. On examinera plus loin diverses autres questions sur l'obligation du commanditaire qui, bien qu'elles puissent se présenter dans la commandite simple, se sont posées plus spécialement en matière de commandite par actions.

§ 2. Immixtion des commanditaires dans la gestion.

Les commanditaires ne conservent leur situation privilégiée qu'à la condition de ne s'immiscer en rien dans la gestion. « L'associé comman- « ditaire, dit l'art. 27, ne peut faire aucun acte de gestion même en vertu « de procuration. S'il contrevient à cette défense, ajoute l'art. 28, il est « solidairement tenu des obligations qui dérivent des actes de gestion « qu'il a faits. Il peut même, si ces actes présentent assez de gravité, « être déclaré indéfiniment responsable pour tous les engagements de la « société. »

La prohibition des art. 27 et 28 est fondée sur une double raison. Il importe que la situation respective des commandités et des commanditaires soit bien nette aux yeux des tiers. L'immixtion du commanditaire causerait des erreurs : il deviendrait difficile de distinguer les diverses responsabilités. En second lieu, le commanditaire court peu de dangers ; il ne compromet que sa mise ; sa fortune, son honneur sont à l'abri ; s'il pouvait diriger l'entreprise, il serait tenté de se lancer dans des voies aventureuses, au risque de ruiner les associés en nom et les créanciers.

Le dernier motif paraît avoir été prépondérant dans l'esprit du législateur. Il peut seul expliquer l'interdiction d'agir comme fondé de pouvoirs du gérant. Se présentant en cette qualité, le commanditaire ne pouvait guère tromper les tiers, puisqu'il est de principe que le mandataire ne s'oblige pas. Aussi l'ancien droit autorisait-il ces sortes de procuration. Plusieurs tribunaux d'appel réclamèrent contre la disposition prohibitive du projet de code soumis à leur appréciation. Mais les rédacteurs résistèrent ; les excès de la spéculation exigeaient les précautions les plus rigoureuses ; la commandite était dénaturée et devenait un instrument de fraude ; le véritable gérant se dissimulait : il prenait le nom de

(1) Cass. 23 fév. 1845. — 13 août 1855, P. 55, 1, 769. — Req. 3 mars 1863, D. P. 69, 1, 125, et arrêts cités en note.

commanditaire, revêtait un homme de paille du titre de gérant et se faisait donner un mandat sous le couvert duquel il abordait sans péril les opérations les plus hasardeuses.

Le projet allait même plus loin que la rédaction définitive ; il interdisait au commanditaire de concourir à aucun achat, vente et obligation de la société, le réduisant ainsi à un rôle purement passif et le forçant à subir les caprices du gérant. L'intervention du Tribunat fit rejeter cette exagération et reconnaître implicitement aux commanditaires le droit de surveiller la gestion. On crut nécessaire, en 1863, lorsqu'on révisa les art. 27 et 28, de consacrer par une disposition expresse le contrôle des commanditaires. « Il fallait, dit le rapporteur, M. David Deschamps député, rassurer les capitaux effrayés. » Est-il bien sûr que les alarmes des capitaux aient été si vives? On peut en douter : car ainsi que le même rapporteur s'empresse de le reconnaître, le droit de contrôle n'avait jamais été contesté, ni en doctrine ni en jurisprudence.

Le législateur de 1863 eût été mieux inspiré en s'expliquant sur plusieurs controverses soulevées dans cette matière délicate.

Des auteurs refusent aux commanditaires le droit d'autoriser le gérant à certains actes qui dépassent ses pouvoirs, par exemple à constituer une hypothèque. Il est certain qu'en donnant cette autorisation, les commanditaires touchent à la gestion et que leur intervention produit ses effets à l'égard des tiers. Mais en réalité, aucun des deux motifs sur lesquels est fondée la prohibition de l'art. 27 n'existe dans l'espèce. Les tiers ne peuvent se méprendre sur le caractère des associés en commandite, parce que ceux-ci étendent par une délibération spéciale les pouvoirs du gérant. Ces associés ne sont pas en situation d'exercer sur la gestion une influence fâcheuse, parce qu'ils autorisent sur la demande du gérant un acte d'une nature exceptionnelle. On doit donc admettre la régularité de telles autorisations.

La difficulté est plus sérieuse quand il s'agit de savoir si les associés peuvent se réserver la faculté d'interdire ou de prescrire certains actes au gérant. Avant tout, il y a là, nous semble-t-il, une question de mesure. Si cette clause n'est qu'un moyen détourné de saisir la gestion, si, comme le dit M. Troplong, nº 428, une assemblée de commanditaires en profite pour se transformer en convention au petit pied absorbant tous les pouvoirs dans sa main despotique, les commanditaires doivent subir une responsabilité indéfinie.

Si la clause est loyale, si elle ne porte que sur certains actes importants, la cour de Cassation adopte une distinction très-juste proposée par MM. Troplong et Pardessus. Les délibérations des commanditaires lieront le gérant à leur égard et le rendront responsable de toute contravention aux décisions prises. Elles seront sans effet à l'égard des tiers : le gérant, quand il les aura méconnues, n'en obligera pas moins la société. Dès lors les tiers ne peuvent accuser les commanditaires d'immixtion dans la gérance. Il faudrait, pour que l'art. 28 fût applicable, que les commanditaires non contents de cette action tout intérieure aient manifesté leur intervention à l'extérieur (1).

Enfin, il est à peu près universellement admis que la révocation du gérant ne constitue pas un acte d'immixtion et que par conséquent les statuts peuvent réserver aux commanditaires le droit de la prononcer.

L'ancien art. 27 interdisait aux commanditaires d'être employés pour les affaires de la société. De là quelques auteurs avaient conclu que le commanditaire ne pouvait même être employé comme ingénieur, directeur d'usine, commis. La jurisprudence avait rejeté cette interprétation trop littérale et trop restrictive. La rédaction nouvelle a consacré son système, en faisant disparaitre les termes qui avaient donné lieu à la controverse.

Il est clair que le commanditaire qui traite en son nom et comme tiers avec la société ne doit pas être considéré comme s'immisçant dans la gestion. On était cependant, à l'époque de la rédaction du Code, si préoccupé des dangers de la fraude et si disposé à forcer le sens de la loi, que le conseil d'État dut déclarer formellement que l'art. 27 ne concernait pas les actes passés dans ces conditions. (Avis du 29 avril 1802). ·

La sanction de l'obligation imposée au commanditaire a été adoucie depuis la promulgation du Code. Le texte primitif déclarait le commanditaire qui s'était immiscé dans la gestion tenu solidairement avec les associés en nom collectif, pour toutes les dettes et engagements de la société. Un seul acte, la moindre imprudence suffisait pour qu'il lui fallut subir cette responsabilité indéfinie. La loi de 1863 distingue : en tout cas le commanditaire est déclaré responsable des dettes et engagements de la société résultant des actes de gestion qu'il a faits ; il peut, suivant le nombre ou la gravité de ces actes, être déclaré solidairement

(1) Req. 22 mai 1860.

obligé pour tous les actes de la société ou pour quelques-uns seulement.

Le pouvoir d'appréciation du juge est souverain. La commission aurait voulu qu'il en fut ainsi même à l'égard des obligations dérivant de l'acte indûment accompli par le commanditaire. Le conseil d'Etat repoussa l'amendement, et la commission qui, d'après la législation du temps, ne pouvait persévérer dans son opposition qu'en proposant le rejet de la loi, finit par accepter le projet sous sa première forme. On doit reconnaître d'ailleurs que la résistance du conseil d'Etat était fondée ; le système de la commission laissait trop de place à l'arbitraire des tribunaux ; il rendait la répression moins sûre ; c'était un premier symptôme des faiblesses qui, sous prétexte de liberté, devaient se multiplier dans la loi de 1867.

Le Code ne détermine pas exactement la situation de l'associé commanditaire qui a contrevenu à l'art. 27. La responsabilité qui le frappe a-t-elle pour résultat de lui attribuer la qualité de commerçant et de permettre aux créanciers sociaux de le faire déclarer en faillite ? Evidemment il n'en saurait être ainsi quand le commanditaire n'est déclaré responsable que d'un ou de quelques-uns des engagements sociaux. Mais la question qui se posait sans distinction sous l'empire de l'ancien art. 28 se pose aujourd'hui quand un jugement a prononcé la responsabilité totale. Elle est généralement résolue dans le sens de l'assimilation complète à l'associé en nom. Sans doute ni le législateur de 1867 ni celui de 1863 ne se sont exprimés en termes précis. Ils se bornent à prononcer la responsabilité totale et la solidarité. On peut être tenté d'en conclure qu'en traitant le commanditaire comme un commerçant, on donne à une disposition pénale une interprétation extensive. Mais l'esprit de la loi ne permet pas l'hésitation. Si le commanditaire est déclaré responsable de tous les engagements sociaux, c'est que les tiers trompés par son immixtion ont pu le prendre pour un associé en nom, il est donc juste qu'ils aient contre lui les mêmes droits que s'il l'était effectivement.

Bien plus, depuis la loi nouvelle, la responsabilité totale n'aura lieu que si le commanditaire s'est livré à des actes de gestion continus ou d'une gravité exceptionnelle. Ce ne sera donc plus en réalité un commanditaire : mais bien un associé en nom dissimulé sous une fausse qualification. En le déclarant responsable, on le replace dans sa véritable situation ; il doit y être replacé de tous points.

CHAPITRE IV

SOCIÉTÉ EN COMMANDITE PAR ACTIONS.

I. Définitions. — Actions et Obligations en général. — Historique. Lois de 1856 et 1867.

Les avantages de la commandite simple sont balancés par de graves inconvénients. La considération des personnes y conserve encore assez d'importance pour que la part du commanditaire ou pour employer le mot consacré son *intérêt* ne soit pas en principe cessible, de sorte qu'il ne peut en se substituant un tiers rentrer indirectement dans les fonds qu'il a versés. Aussi sous cette forme la commandite est-elle peu en faveur, soit auprès des spéculateurs qui ne se soutiennent que par la circulation incessante des valeurs dont ils disposent, soit auprès des capitalistes qui veulent un placement facile à surveiller et ne se soucient pas de laisser des capitaux indéfiniment engagés dans les chances d'une entreprise industrielle ou commerciale. Si le commanditaire en droit n'est pas commerçant, il n'en expose pas moins ses fonds aux mêmes hasards qu'un commerçant. On conçoit aussi qu'une société dans laquelle les membres sont aussi étroitement liés ne peut s'ouvrir au public : elle ne comporte qu'un nombre d'associés restreint. Enfin, par une conséquence de la même idée, elle se dissout à la mort d'un quelconque des associés, même d'un commanditaire, si on n'a pris soin d'insérer une clause contraire dans les statuts.

La commandite par actions, plus dégagée de l'élément personnel, est beaucoup plus favorable au libre mouvement des capitaux. La part de chaque associé qui échange le nom d'*Intérêt* pour celui d'*Action* est éminemment cessible. Non-seulement elle peut être transmise par la voie régulière du droit civil, mais elle peut l'être également par des moyens beaucoup plus rapides, particuliers au droit commercial : le transfert sur les registres de la société, la passation à l'ordre du cessionnaire, enfin, lorsqu'elle est au porteur, la remise de la main à la main, c'est ce qu'on exprime en disant que l'action est *négociable*.

Si différentes que soient dans leurs constitutions et dans leurs résultats une société par intérêts et une société par actions nettement caractérisées, les combinaisons que peut imaginer la volonté des parties sont si variées qu'il est très-difficile de déterminer avec précision la limite théorique entre l'intérêt et l'action. En présence des nuances insensibles par lesquelles on peut passer de l'un à l'autre l'analyse semble impuissante à découvrir une ligne de démarcation (1).

On a cru trouver une différence constante dans la cessibilité. Toute part cessible serait une action, toute part incessible un intérêt (2). Mais d'un côté si l'art. 1861 prohibe la cession de l'intérêt contre le gré des associés, il ne la prohibe pas avec leur autorisation. Que le consentement soit donné dans l'acte de société et l'intérêt devient complétement cessible. Loin que la loi y mette obstacle, les art. 57 et 61 de la loi du 24 juillet 1867 ordonnent de publier tout changement d'associé, ce qui ne peut s'entendre des actionnaires dont le nom ne figure pas dans les extraits. De l'autre côté, les actions peuvent être déclarées incessibles par une clause expresse. Telles étaient dans l'ancien droit les actions de la compagnie des glaces de St.-Gobain : telles sont aujourd'hui les actions des gérants en commandite que les statuts affectent à la garantie de leur administration. Le législateur lui-même frappe d'inaliénabilité les actions déposées avec la même destination par les administrateurs des sociétés anonymes (art. 26).

Rechercher si le titre est négociable ou non est un moyen encore moins sûr. Rien ne s'oppose à ce qu'une part d'intérêt soit déclarée négociable; l'art. 91 3° Co. (nouveau) le reconnait expressément quand il dit : « ... à l'égard des actions, *des parts d'intérêt* dont la transmission s'opère par un transfert sur les registres de la société. » Rien ne s'oppose non plus à ce qu'une action soit cédée dans les formes prescrites par le Code civil.

En réalité, les conditions du problème sont telles qu'elles ne permettent pas d'obtenir un criterium d'une rigueur mathématique. Pour embrasser l'infinie diversité des hypothèses, il faut se contenter d'une

(1) Voir l'article de M. Beudant, intitulé l'Action et l'Intérêt, dans la *Revue critique* de 1869.

(2) Bravard, T. I, p. 252 et suiv.

idée très-générale laissant dans chaque cas particulier une grande place à l'interprétation de la volonté des parties. Les sociétés par actions sont le dernier degré de la transformation des sociétés de personnes en sociétés de capitaux. On devra donc considérer si la société fait abstraction complète de la personne des commanditaires, ou si au contraire elle a conservé dans une certaine mesure l'*intuitus personœ*. Au premier cas, les parts sont des actions, au second des parts d'intérêts.

Ce n'est pas à dire au surplus que le système qui fonde la distinction sur la cessibilité, ne renferme une grande part de vérité ; et qu'il n'ait pas dans l'application une grande valeur. La cessibilité sera presque toujours le signe le plus manifeste que la considération des personnes n'a eu aucune importance dans la composition de la société. Si l'intérêt la comporte, ce n'est jamais qu'à titre exceptionnel ; elle est plus souvent entourée de certaines garanties. En d'autres termes, elle est de la nature d'une société par action : dans une société par intérêt, elle est un accident.

On pourra bien éprouver des incertitudes quand il faudra caractériser une société placée, pour ainsi dire, sur les terrains vagues qui se trouvent aux frontières : mais ces difficultés que la théorie ne peut refuser d'examiner, seront rares en pratique, et la faculté reconnue aux associés de transmettre librement leurs droits suffira généralement à faire classer une société parmi les sociétés par actions, sauf à corroborer ou là corriger ce moyen de détermination à l'aide des autres clauses de l'acte et des déclarations expresses qu'il peut contenir.

Il y a plus : c'est à la cessibilité que les sociétés par actions doivent la plupart de leurs avantages et la grande faveur dont elles jouissent.

Rien n'est plus précieux pour l'actionnaire que cette faculté : elle lui permet de réaliser à tout moment la valeur de son titre, et de sortir quand il lui plait de la société. Un ordre donné à un agent de change suffit. Le spéculateur est toujours en état de rassembler ses capitaux et de les concentrer sur une entreprise nouvelle. Celui qui veut jouir en sécurité d'un capital acquis peut toujours, s'il est vigilant, changer un placement qui lui paraîtrait dangereux.

Il est clair d'autre part que la mort du propriétaire d'une action qui passe ainsi de main en main n'a plus aucune influence sur la marche de la société.

Enfin les sociétés par actions peuvent aller chercher des capitaux dans des régions qui ne sont guère accessibles qu'à elles seules. Ne considérant point les personnes, peu leur importe d'être alimentées par les apports de quelques puissantes maisons financières ou par le concours d'une multitude d'humbles patrimoines. Elles fractionnent leur capital en actions de faible valeur, et attirent les plus petites épargnes, faisant ainsi entrer dans la circulation la partie si considérable de la richesse que retiennent dans un état d'extrême division les diverses couches de la classe moyenne.

Ce n'est pas seulement pour réunir des associés que les sociétés par actions font appel à des souscriptions publiques. Elles donnent la même extension à leurs emprunts : elles vont chercher dans tous les rangs des capitalistes, des prêteurs aussi bien que des associés. Les titres qu'elles délivrent en reconnaissance des sommes prêtées portent le nom d'*obligations*. Ils constituent une partie importante des valeurs en circulation, et leur émission est un des moyens les plus efficaces dont disposent aujourd'hui le commerce et l'industrie pour rassembler les capitaux disséminés et mettre en œuvre les forces du crédit.

Considérées dans leur nature juridique, les obligations sont purement et simplement des titres de créance contre la société. Elles ne donnent pas droit aux bénéfices, et portent un intérêt fixe. En cas de faillite les obligataires font partie de la masse et reçoivent un dividende. Ils ont en un mot les mêmes droits que tous les prêteurs.

Mais les obligations présentent aussi des caractères tout spéciaux et ne diffèrent pas moins au point de vue financier des titres de créance ordinaires que les actions ne diffèrent des parts dans une société civile.

Afin d'attirer les capitaux, les sociétés ont recours aux combinaisons les plus variées. Ordinairement l'obligation est au porteur : elle circule ainsi avec la plus extrême facilité, et, si la société est solide, vaut à peu près dans les mains de son propriétaire de l'argent comptant. Quelquefois elle est nominative ; en ce cas d'une négociation moins prompte, elle est d'une possession plus sûre. Depuis la loi fiscale de 1857, tout obligataire peut exiger un titre nominatif ; il existe aussi des *titres mixtes*, c'est-à-dire sous forme nominative, avec des coupons au porteur.

En général, les obligations sont émises à un prix inférieur à leur valeur nominale ; mais c'est d'après la valeur nominale qu'elles doivent être remboursées. L'intérêt qu'elles produisent est le plus souvent de 3 0/0 ; seulement comme il est calculé sur la valeur nominale, il est en réalité beaucoup plus fort. Le bénéfice que procure au souscripteur le remboursement supérieur au prix d'achat l'augmente encore et le porte d'habitude au-dessus du taux légal.

Souvent aussi les compagnies joignent à ces avantages les appâts d'un gain aléatoire. Elles amortissent leurs emprunts par des paiements échelonnés. Le sort désigne aux époques fixées les obligations qui doivent être remboursées. La prime de remboursement étant la même pour toutes, celles qui sortent dès les premiers tirages réalisent un bénéfice important. Quelquefois enfin les obligations (celles du Crédit foncier et de la ville de Paris, par exemple) donnent droit à des lots considérables.

On conçoit avec quelle énergie des sociétés ainsi organisées sollicitent les capitaux, et quelle activité elles impriment à leur circulation ; mais il est facile d'imaginer aussi quels ravages peut exercer la fraude avec de telles ressources à sa disposition.

Le siècle dernier avait connu de grands scandales financiers. L'histoire de Law en témoigne. Si l'on ne peut reprocher à Law que l'imprudence d'un inventeur, dont les expériences n'avaient pas été complètes, des personnages puissants qui l'entouraient s'enrichirent de la détresse publique. Le spectacle donné par la foule des agioteurs laissa une si profonde impression que Daguesseau, dont l'intégrité n'était pas exempte d'une certaine étroitesse janséniste, dénonçait le commerce des actions comme « la source d'une infinité de maux qui blessent également l'honnêteté et la discipline publiques, le véritable intérêt de l'État et celui des familles. » (*Mémoire sur le commerce des actions de la compagnie des Indes*).

Encore à cette époque la nécessité d'une autorisation royale et surtout le peu d'activité du mouvement financier étaient une garantie. Les désastres se multiplièrent au commencement de ce siècle quand le Code, tout en maintenant l'autorisation pour la société anonyme, affranchit de toute surveillance la commandite par actions qu'il avait créée. La législation nouvelle coïncidait avec les débuts d'une période, où se sont réalisés les plus grands progrès du commerce et de l'industrie dont l'histoire fasse mention. Grâce aux réformes politiques et sociales qui venaient de s'accomplir, la richesse s'était augmentée, le bien-être s'était répandu, les besoins s'étaient accrus à tous les degrés de la société française. En même temps la finance et l'économie politique devenaient enfin maîtresses du crédit. Elles en comprenaient la puissance annoncée déjà par Law et parvenaient à l'employer utilement.

Dans ce milieu favorable, l'esprit d'entreprise et d'association prit un développement inattendu. Mais à sa suite, la mauvaise spéculation et la fraude se donnèrent carrière. Elles s'emparèrent en quelque sorte de la commandite par actions. En douze années (1826 à 1838) 1007 sociétés en commandites par actions furent fondées au capital de 952,642,300 fr. Presque toutes étaient des œuvres d'escroquerie (1).

Dans la dernière année de la restauration, une décision importante de la Cour de Paris consacra une pratique qui n'était encore que timidement admise. La société des Messageries du commerce avait émis des actions au porteur. On contesta que cette forme admise par le Code pour les sociétés anonymes pût être employée par les sociétés en commandite. On faisait valoir que la personne des commanditaires était jusqu'à un certain point prise en considération par leurs associés, ce qui devenait impossible si l'action se transmettait de mains en mains sans que rien pût constater à qui elle avait appartenu ; que le porteur d'un titre de cette nature devenait insaisissable et qu'ainsi les tiers ne savaient plus à qui · s'adresser pour exercer le recours que la jurisprudence leur assure ; qu'enfin les associés commanditaires n'étant plus connus pouvaient s'immiscer dans l'administration.

Mais le premier motif ne pouvait se soutenir devant l'art. 34. Co. qui accorde aux commandites le droit de diviser leur capital en actions. Les deux autres étaient de pures considérations de fait insuffisantes pour légitimer une atteinte à la liberté des conventions. En droit, le recours des tiers et la prohibition de gérer subsistaient. En fait même, l'exercice de l'action et l'application de la défense devenus sans doute plus difficiles étaient loin d'être impossibles ; à défaut du porteur, l'action qui pouvait être saisie et vendue répondait dans une certaine mesure des versements restant à effectuer. L'objection tirée de l'intérêt des tiers s'affaiblissait encore si l'on admettait avec certains jurisconsultes que le souscripteur primitif restait tenu jusqu'à l'entière libération de l'action. Aussi la société qui soutenait la validité de son émission triompha-t-elle devant tous les degrés de juridiction (Cour de Paris, 7 février 1832). Cette jurisprudence était irréprochable au point de vue juridique. Au point de vue économi-

(1) Buchère, *des Valeurs mobilières*, p. 223.

que elle attribuait à la commandite une puissance nouvelle, mais elle créait de nouveaux dangers.

Le mal devint tel qu'en 1838 le gouvernement ne voyait de remède que dans la suppression de la commandite par actions. La Chambre recula devant cette mesure excessive. La Commission substitua au projet qui lui avait été soumis une série de dispositions tendant à protéger les tiers et les actionnaires. La fin de la session et les préoccupations politiques des sessions suivantes empêchèrent de donner suite à la réforme. Les choses restèrent en l'état pendant dix-huit années. On vit même des au-teurs graves nier le péril : « La loi, disait M. Troplong, doit rester telle qu'elle est et les esprits timides doivent calmer leurs frayeurs (1). » Tant de confiance était peu justifiée. Les scandales se multiplièrent dans des proportions inouïes. Du 1er juillet 1854 au 30 juin 1855, en une seule année, le Journal général d'affiches publia l'annonce de 225 sociétés en commandite par actions s'élevant au total à un capital de 968,000,000 de francs. Le rapport du président du tribunal de commerce de la Seine (*Droit* du 13 juillet 1856) constate du 1er juillet 1855 au 1er juillet 1856 la formation de 551 sociétés de la même nature représentant un capi-tal de 1,921,672,000 francs : la plupart n'eurent d'autre résultat que d'enrichir les fondateurs et de ruiner les actionnaires.

Il fallut enfin agir. En 1856 le gouvernement fit voter une loi destinée à prévenir les fraudes les plus fréquentes et à punir certains faits qui ne renfermant pas exactement les conditions exigées par la loi pour le dé-lit d'escroquerie avaient échappé à la répression.

Si la loi ne put empêcher toutes les spéculations coupables, elle ne fut pas sans efficacité ; mais une réaction suivit de près, favorisée par une grande révolution économique. Quelques années après le vote de la loi, les principes de la liberté commerciale remportaient un bruyant triom-phe. Longtemps relégués dans les livres des économistes, ils passaient dans les traités célèbres conclus par le gouvernement impérial. Sans nier les progrès accomplis, on est en droit de dire que certains partisans des principes nouveaux se livraient aux plus dangereuses exagérations. Les droits de l'État, sa haute mission de surveillance étaient méconnus dans les rapports privés aussi bien que dans les rapports internationaux. La loi de 1856 était signalée comme une usurpation commise par le législa-

(1) *Traité des sociétés.* Sommaire, n° 149.

leur sur le domaine des conventions dont il devait s'interdire l'accès,
L'accord des parties devait à lui seul faire leur loi, sans autre garantie
que les lumières de l'intérêt personnel. A ces prétentions se joignirent
des réclamations moins désintéressées et qui peut-être n'exercèrent pas
une moindre influence. Certes, le régime des sociétés par action appelait des perfectionnements ; mais il fallait conserver beaucoup de mesure et de fermeté. Le législateur eut le tort de se rendre trop complètement aux critiques dirigées contre son œuvre. En 1865, on annonça un
projet destiné à leur donner satisfaction. En 1867 après une laborieuse
préparation, le projet fut porté devant la Chambre. Il réglait à la fois
les sociétés en commandite et les sociétés anonymes. En ce qui concerne
la commandite, il supprimait ou tempérait plusieurs exigences de la loi de
1856 : il diminuait la sévérité de diverses sanctions pénales. La réforme
était plus profonde pour les sociétés anonymes. Continuant une évolu-
tion commencée en 1863, le projet abolissait l'autorisation gouvernemen-
tale, sauf pour les sociétés tontinières et les assurances sur la vie. Une
troisième partie organisait les sociétés si connues sous le nom de *sociétés
coopératives* et auxquelles la loi donnait le nom plus juridique de *sociétés à capital variable*. Enfin le législateur essayait de remplacer les garanties qu'il supprimait en développant la publicité.

A la Chambre la discussion fut assez vive et très-confuse. Beaucoup de
membres eussent désiré en rester au système de 1856 que quelques-uns
soutinrent avec vigueur. Un plus grand nombre étaient prêts à voter la
loi présentée par le gouvernement : quelques-uns enfin voulaient aller au
delà. Partisans absolus des théories ultra-libérales dans l'ordre juridique
et économique, ils reprochaient à la loi de procéder par atermoiements
et demi-mesures. D'après eux toute réglementation devait disparaître en
matière de sociétés. Le législateur n'avait pas le droit d'obliger les parties à choisir entre certains types qu'il créait arbitrairement : il ne devait
conserver ces types que comme de simples modèles analogues aux différentes espèces de communauté dites conventionnelles, présentant à ceux
qui voudraient s'y référer les grandes lignes de leurs statuts. Une opinion si impraticable n'avait aucune chance de succès. La chambre en
écouta l'exposé avec la faveur qui s'attache aux idées hardies soutenues
avec éloquence : elle écarta le contre-projet qui l'appliquait. Le projet de
la commission fut voté dans son ensemble, après quelques modifications
importantes.

A coup sûr la loi nouvelle mérite en partie les éloges que lui ont donnés ses défenseurs. La suppression de l'autorisation notamment était une
expérience à tenter. Le droit que le Code de 1807 reconnaissait au gouvernement pouvait devenir une source d'abus, et à la longue reconstituer
des monopoles semblables à ceux de l'ancien régime. Plusieurs des restrictions imaginées en 1856 étaient excessives et méconnaissaient les besoins légitimes des opérations financières. Leur adoucissement ne peut
être qu'approuvé. Mais on ne s'en tint pas là; des précautions utiles furent sacrifiées; surtout, ce qu'on ne saurait assez blâmer, des peines
portées contre certaines manœuvres de la dernière déloyauté ne furent
maintenues qu'en apparence. Plus on donnait de liberté, plus on devait
imposer de responsabilité: à lire certains articles, il semblerait que le
législateur ait pris pour la liberté la faculté d'éluder la loi. Un député
n'avait pas tout à fait tort de dire avec ironie: « La loi de 1856 a été
« faite principalement pour rassurer les actionnaires, tandis que le pro-
« jet actuel est fait plutôt pour rassurer les spéculateurs (1). »

Les innovations introduites en 1856 et conservées en tout ou en partie
par la loi de 1867 peuvent se diviser en trois séries :

Les unes ont pour but d'assurer la constitution sérieuse de la société ;
d'autres fixent les obligations des souscripteurs d'actions : d'autres enfin
organisent un conseil de surveillance et déterminent sa responsabilité.

Un grand nombre de ces dispositions ont pour but direct de protéger
les actionnaires : mais toutes présentent le plus grand intérêt pour les
créanciers sociaux, puisqu'elles cherchent à prévenir des fraudes qui
anéantiraient l'actif social Il y a donc lieu de les examiner sous ce point
de vue particulier.

II. Constitution de la Société (2).

§ 1. Souscription totale. — Versement du quart (art. 1-2.)

La plupart du temps, les sociétés qui ne devaient servir qu'à l'agiotage
sur les actions commençaient leurs opérations sans ressources suffisantes.
Les fondateurs avaient hâte de lancer l'affaire; il importait de précipiter
l'émission et de s'ouvrir aussitôt le marché. On étourdissait le public à

(1) M. E. Picard, Séance du 28 mai 1867.
(2) Voir un article de M. Beudant dans la Revue critique, année 1870.

force de réclames. L'entreprise avait pendant un instant les dehors de
la prospérité. Quelques dépenses importantes faites coup sur coup ache-
vaient de dissimuler la réalité ; les objections, les attaques se perdaient
dans le bruit. Il se produisait une hausse factice dans la valeur des actions.
Les fondateurs et ceux des actionnaires qu'ils avaient mis dans le secret
s'empressaient de vendre et de réaliser la prime. Quand la vérité se révélait ils étaient sortis de la société emportant de gros bénéfices. De
telles manœuvres ne réussissaient que si la lumière n'avait pas le temps
de se faire ; on déclarait donc la société constituée avant que le capital
fût souscrit. Souvent aussi pour entraîner le public et faire tomber les
défiances qu'il était difficile de ne pas soulever, on réunissait des souscriptions fictives données par des hommes de paille. Les actionnaires
sérieux qui venaient plus tard ne pouvaient sauver la société en effec-
tuant leurs mises ; ils n'aboutissaient qu'à enrichir les fondateurs.

Quant aux créanciers, ils n'étaient pas moins maltraités. Un gage
qu'ils avaient cru solide se fondait à leur première tentative. Le danger
était d'autant plus grand que la société avait pu demander des ressources
à une émission d'obligations, et compromettre ainsi dans sa mauvaise
fortune tout un public de prêteurs.

La fraude n'était pas toujours la cause de ces désastres. Souvent des
sociétés constituées dans des vues loyales, entraînées par les illusions de
leurs gérants, suivaient la même voie qui les conduisait aux mêmes ca-
tastrophes.

Les sociétés prudentes avaient soin d'user d'une clause à laquelle fait
allusion l'art. 1843 du Code civil. Leurs fondateurs reculaient l'époque
de la constitution ; ils la fixaient au moment où le capital aurait été souscrit en totalité, ou du moins dans une mesure suffisante pour assurer
l'avenir. Jusque-là, les actionnaires n'étaient pas liés : ce qui était très-
équitable, puisqu'ils avaient dû compter sur le capital demandé au début
de l'entreprise. Les opérations sociales ne pouvaient commencer ; de
sorte que les tiers n'étaient point exposés à traiter avec une société
manquant encore des fonds indispensables.

S'inspirant de cet usage, la loi de 1867, qui reproduit en ce point la
loi de 1856, exige dans son art. 1er, pour que la société soit constituée :
d'abord que le capital social soit souscrit tout entier ; en second lieu,
que chaque actionnaire ait versé le quart de sa mise. L'expérience avait
montré combien les souscriptions simulées étaient fréquentes ; seule,

la première condition n'eut fait qu'en augmenter le nombre ; grâce à la seconde, on est assuré qu'il ne se présentera que des actionnaires ayant l'intention et le pouvoir d'apporter les sommes qu'ils promettent. Désormais la société ne se forme plus sans offrir à ses membres et aux tiers des garanties solides. Elle ne peut plus tromper le public et se perdre elle-même par des opérations prématurées.

Les dispositions de l'art. 1er ont eu de graves conséquences. Elles rendent impossibles certaines stipulations très-usitées sous l'empire du Code, qui parfois n'étaient pas sans utilité, mais qui trop souvent recélaient un dol, et qu'en tout cas le législateur a légitimement sacrifiées pour assurer l'efficacité de ses prescriptions.

1° L'obligation imposée à la société d'avoir tout son capital souscrit interdit les *actions de prime gratuites*, attribuées à ceux qui promettaient leur appui pour faire réussir la société, et qui, comme leur nom l'indique, donnaient le droit de partager les bénéfices, et souvent même, à la dissolution, l'actif social sans rien apporter en échange.

On les présentait comme une rémunération des soins et du secours donnés à l'entreprise : en réalité, elles constituaient presque toujours un avantage hors de proportion avec les prétendus services qu'elles rémunéraient et n'avaient d'autres résultats que de frustrer les actionnaires et d'induire les tiers en erreur sur le montant du capital social. C'étaient de véritables présents ; parfois des moyens de corruption. Dans les sociétés anonymes, le gouvernement surveillait sévèrement leur création, il avait grand soin de l'empêcher pour peu qu'elle ne fût pas assez justifiée (1). Leur suppression n'est pas un des moins bons effets des lois nouvelles. Ceux qui veulent apporter une aide réelle et licite à la société n'en souffrent pas. Il leur est aussi facile de stipuler un salaire en argent, ou s'ils l'aiment mieux, de faire considérer leur industrie comme un apport et de se faire délivrer des actions jusqu'à due concurrence. Pourvu que les formalités que l'on examinera plus loin soient observées, la loi admet tout ces arrangements.

2° La clause que sous telle condition, les souscriptions seront annulées, rend la constitution impossible tant que la condition n'est pas défaillie. Jusque là, on ne peut dire que le capital soit intégralement souscrit.

(1) Ordonn. ministérielle du 22 octobre 1817.

3° Une conséquence plus grave est que la société ne peut plus procéder par émission successive de son capital. Ce résultat, on ne peut le nier, est de nature à créer quelques difficultés.

Beaucoup de sociétés ne peuvent recevoir dès le début toute l'extension qu'elles prendront avec le temps. L'avenir de l'entreprise est douteux : il faut, comme on dit, tâter le terrain. Émettre le capital strictement nécessaire à la première période, c'est se mettre dans le cas de manquer de fonds lorsque se présentera l'occasion favorable pour développer la société. Émettre un nombre d'actions répondant aux besoins futurs d'une prospérité qui n'est encore qu'en espérance c'est courir le risque d'inquiéter le public et d'éloigner les capitaux. L'émission successive des actions donnait le moyen de proportionner les ressources aux nécessités présentes. Des emprunts ou émissions d'obligations la remplaceront dans une certaine mesure, mais auront l'inconvénient de grever l'actif et de diminuer le crédit. Le moyen le plus simple et le plus avantageux consistera en général à réserver à l'assemblée, par une clause des statuts, la faculté de décider l'augmentation du capital. La délibération sera pleinement valable, à condition d'être publiée. Si les statuts n'ont pas prévu le cas, il faudra de toute nécessité l'accord unanime des associés.

On a quelquefois soutenu qu'une modification aussi grave à l'état antérieur aboutirait à la création d'une société nouvelle. Cette opinion est évidemment inadmissible quand la modification résulte des statuts originaires. Même dans l'hypothèse où elle n'avait pas été prévue lors de la fondation, il est difficile, devant le maintien de l'ancien pacte dans son ensemble, d'admettre qu'il y ait substitution d'une seconde société à la première.

Le Code civil, en énumérant les causes de dissolution, ne parle pas des changements aux statuts, si importants qu'ils soient. La loi de 1867 prévoit en matière de sociétés · anonymes la composition des assemblées qui peuvent en opérer et règle la publicité de leurs délibérations, sans laisser soupçonner que ces votes puissent faire disparaître l'ancienne société.

La question n'a pas d'ailleurs tout l'intérêt qu'au premier abord on serait tenté de lui attribuer. Bien que l'émission ne donne pas lieu à une nouvelle société, elle n'en doit pas moins être soumise aux prescriptions des art. 1er et suivants. Un auteur l'a contesté en arguant du caractère restrictif de ces textes (1). Mais alors la loi deviendrait lettre morte ; en fixant au début un capital peu considérable, puis en procédant par augmentation ultérieure, les fondateurs éluderaient toutes ces précautions. M. Griolet (2) veut justifier l'application de l'art. 1er par cette idée, qu'à la suite de la délibération décidant qu'il y a lieu d'augmenter le capital, la société cesse d'être constituée. Le capital n'est plus souscrit ; le quart n'est plus versé : il faut procéder à la reconstitution. Cette considération serait décisive ; mais elle semble ne pouvoir pas être admise. A quelles conséquences conduirait-elle si on la suivait logiquement ! Aucune action de la société ne serait plus négociable (art. 2). Si la nouvelle souscription n'était pas couverte, les associés primitifs ne seraient plus liés. Vainement leur opposerait-on leur ancienne obligation et leur consentement à la modification aux statuts. L'ancienne obligation serait détruite ; aucune convention ne pourrait la maintenir, puisqu'on ne peut s'engager à rester dans une société irrégulière. Les actions émises lors de la fondation, qui en principe étaient des titres conformes à la loi, cesseraient de l'être : ce ne seraient plus que les actions d'une société non constituée et nul ne pourrait être rendu responsable de cette bizarre métamorphose. On trouverait sur le marché des actions devenues, pour ainsi dire, spontanément illégales. De tels résultats condamnent l'idée d'où ils dérivent. Une délibération qui a pour but d'accroître les ressources de la société ne peut avoir pour effet immédiat de la détruire.

En réalité, une fois que la société est constituée, elle ne peut l'être que définitivement. Lors de la constitution primitive, les conditions légales ont été remplies, les intérêts des tiers et des actionnaires ont été sauvegardés comme le voulait la loi. La société s'est fait verser le quart qu'elle devait encaisser : elle a obtenu la souscription totale du capital jugé nécessaire à son fonctionnement. Ces garanties ne sont en rien diminuées par la délibération qui augmente le capital : ce sont des faits acquis sur lesquels il n'y a pas à revenir. L'appel de fonds est un fait entièrement distinct. De nouveaux intérêts vont y être engagés, il importe qu'ils soient également protégés ; mais ceux qui étaient mêlés à la fondation ne sont plus en jeu. Les abus de la spéculation ne sont à craindre que

(1) Vavasseur, *Sociétés*, n° 350.
(2) Note sur un arrêt de Paris, 23 mai 1869. (Crédits généraux de Saint-Nazaire). D. P. 69, 2, 115.

sur les actions nouvelles, c'est donc de leur émission seule qu'il y a lieu de s'occuper. Il a été constaté que la société est née viable ; les progrès, le développement de ses affaires ne peuvent la rendre suspecte et la ramener à l'état de formation.

En résumé, les anciennes actions et les anciens actionnaires resteront dans la même situation qu'auparavant. L'émission nouvelle sera considérée isolément et régie par les art. 1, 2, 3 et suiv. de la loi de 1867. Mais il demeurera important de décider que la société primitive persiste à plusieurs égards. D'abord, nul ne pourra demander la liquidation de l'ancienne situation. En second lieu, il ne sera pas nécessaire de rédiger et de publier à nouveau l'acte social : il suffira de publier le changement survenu.

Si les souscriptions n'atteignent pas le capital que les fondateurs avaient demandé au public, la société ne se forme pas. Mais la loi ne fait point obstacle à ce qu'un accord intervienne pour abaisser le chiffre du capital social et le réduire à la partie souscrite. C'est à tort que quelques auteurs le contestent, et voient dans une telle convention un moyen de tourner la loi (1). La loi est respectée, puisque la société ne présente pas au public un capital simulé : tout est sincère dans son actif. La réduction une fois consentie et publiée, elle est exactement dans la même situation que si dès le début elle avait fixé son capital au chiffre définitivement adopté. On avoue d'ailleurs, dans l'opinion adverse, qu'en recommençant l'acte de société le résultat serait atteint sans qu'il fût possible d'élever une objection. Tout dès lors se réduit à une pure affaire de forme et si notre système permettait d'éluder la loi, l'autre le permettrait également.

Nous admettrons même qu'une clause des statuts réserverait valablement à l'assemblée des souscripteurs le droit de décider la réduction à la majorité des voix. La question est plus discutée. L'auteur d'une note sur l'arrêt de Paris du 24 mars 1859, insérée au Dalloz de 1859, 2, 146, objecte que la société n'étant pas constituée, il ne peut y avoir d'assemblée d'actionnaires ayant le droit de prendre des décisions obligatoires pour la minorité. Mais, est-il nécessaire que la société soit constituée pour qu'un contractant doive respecter son contrat ? Ne peut-on d'avance en prenant un engagement, s'obliger à accepter les modifications qu'une

(1) Bédarride. *Commentaire sur la loi* de 1867, n° 23. Cf. aussi Paris, 24 mai 1859, D. P. 59, 2, 146.

assemblée quelle qu'elle soit jugera utile d'y apporter ? Les assemblées d'une société constituée tirent leur pouvoir du libre consentement des parties ; le libre consentement existe aussi bien de la part du souscripteur qui se soumet d'avance aux votes des membres d'une société non constituée. Le titre et les droits de l'assemblée ont la même origine et la même valeur (1).

Quand le capital est réduit, les créanciers sociaux se trouvent privés d'une partie des garanties sur lesquelles ils avaient compté. Mais ils n'ont qu'à s'en prendre à eux-mêmes d'être entrés en rapports avec une société dont l'organisation n'est pas achevée. Le pourraient-ils, ils n'auraient que rarement intérêt à s'opposer à la modification. Le mal vient bien plus de l'impossibilité où est la société de trouver assez de souscripteurs, que de la convention de réduction, qui ne fait guère que constater l'insuccès. La question serait tout autre, s'il s'agissait d'un accord survenu entre les souscripteurs pour réduire les sommes déjà souscrites, fût-ce même avant la constitution définitive. Le commanditaire est directement obligé envers le créancier, et celui-ci n'ayant pas, comme on le verra, à se préoccuper de l'art. 1 de la loi de 1867, la souscription une fois effectuée est irrévocable à son égard.

Le versement du quart du capital doit être effectué, comme le texte l'indique, par chaque actionnaire. Il ne suffirait pas que la société eût dans sa caisse une somme égale ; il faut que toutes les actions soient libérées du quart. La loi n'a pas eu pour but unique d'assurer à la société un fonds de roulement suffisant, elle a voulu surtout écarter les faux souscripteurs ou ceux qui ne prenaient des actions que pour jouer et bénéficier de la prime. Exiger un versement total eût été un moyen plus sûr encore ; mais le succès des sociétés naissantes eût été compromis et les caisses sociales auraient été encombrées de capitaux inutiles. Cette dernière considération est de la plus haute importance, si l'on songe que plusieurs sociétés fondées sous l'empire du Code, notamment des compagnies d'assurances, n'ont jamais demandé à leurs actionnaires que les versements les plus minimes. « Ces compagnies, dit M. de Courcy (2), ont besoin d'un capital considérable pour la garantie de leurs opérations vis-à-vis du public, mais elle n'ont aucun besoin de le réaliser en entier. Un fonds de roulement leur suffit. On voit même fonctionner dans les ports de mer

(1) Cf. Vavasseur, nos 49 50.
(2) *Les sociétés anonymes, examen de la loi de 1867.*

« des sociétés d'assurances dont les actions ne sont représentées que par des signatures. » On ne peut donc qu'approuver la réserve du législateur. Peut-être même le versement restreint qu'il a exigé causera-t-il des embarras à quelques sociétés; mais il fallait s'y résoudre ou renoncer à chercher des garanties.

Le versement du quart nécessaire à la constitution doit être effectué en espèces. Une somme payée en billets, en factures, n'est pas véritablement versée dans la caisse sociale. Aucune dérogation n'est admissible; la règle est d'ordre public (1).

En est-il de même du paiement des trois autres quarts? M. Beudant le pense : d'autres auteurs le nient (2). Une distinction paraît devoir être faite. Ou bien le paiement libérera le souscripteur, que la société recouvre ou non les valeurs qu'elle a reçues, ou bien le souscripteur d'après une réserve expresse restera tenu en cas d'insolvabilité du signataire des effets. Dans ce dernier cas, on ne découvre pas de raison pour prohiber ces sortes de paiements. La souscription produit tous ses effets. La société il est vrai pourra éprouver des difficultés et des retards; mais une fois le premier quart versé, libre de ne pas réclamer le reste à plus forte raison l'est-elle d'accepter tous les délais qu'il lui plaira. La question est toute différente dans la première hypothèse, qui sera la plus ordinaire. Alors il est vrai de dire avec M. Beudant que des paiements en billets et en factures ne seraient souvent que des paiements fictifs. Le souscripteur s'est engagé à payer, rien ne peut l'en dispenser. Les gérants n'ont pas qualité pour nover les créances sociales. Vainement la société elle-même y consentirait-elle, les tiers ont droit à ce que le fonds social soit constitué comme le promettait l'acte originaire.

Bien plus, une clause dérogatoire insérée dans les statuts et avertissant les tiers serait inefficace. La valeur des billets serait toujours incertaine : les variations qu'ils subiraient, les doutes qui s'élèveraient sur le recouvrement ne permettraient pas de savoir si la souscription totale a eu lieu ; l'art. 1er de la loi de 1867 serait violé.

Ce n'est pas à dire toutefois qu'un apport en effets de commerce ou autres valeurs soit impossible : mais il doit, pour être régulièrement

(1) Cass. 11 mai 1863. D. P. 63. 1.213. — Paris 28 mai 1869. D. P. 69. 1.115
(2) Beudant, *Revue critique*, T. 36. En sens contraire, Duchère, *Valeurs mobilières*, n° 517.

effectué, être soumis à l'application de l'art. 4, lequel, ainsi qu'on le verra plus loin, fournit le moyen de contrôler les mises qui ne consistent point en numéraire et d'en déterminer la valeur réelle.

Les motifs que l'on a donnés pour rejeter le paiement en billets conduisent à un tempérament nécessaire. Il y a des effets qui équivalent à de l'argent comptant. Les coupons échus de rente sur l'Etat, ceux d'obligations ou actions de sociétés à l'épreuve, les billets de banque (1), les bons du trésor payables à vue, de telles valeurs doivent être acceptées sans difficulté en paiement de sommes souscrites même pour versement du premier quart. Il ne peut être question en ce cas de versement simulés ou de souscriptions incertaines (2).

On ne peut interdire au souscripteur de se libérer par compensation. C'est une faculté de droit commun et que la force des choses oblige de lui reconnaître. A quoi servirait d'exiger qu'il versât dans la caisse sociale une somme qu'en vertu de sa créance il se ferait rendre immédiatement (3) ? Mais bien entendu les conditions de la compensation doivent être rigoureusement observées ; sinon la fraude se donnerait carrière. (4)

La loi veut que le gérant constate la souscription et le versement par acte notarié. A cette déclaration doivent être annexés la liste des souscripteurs, l'état des versements effectués, l'un des doubles de l'acte, s'il est sous seing privé, et une expédition, s'il a été passé par un notaire

(1) Aujourd'hui, le doute ne peut même plus naître pour les billets de banque, puisqu'ils ont ours orcé.

(2) Paris, 28 mai 1869, D. P. 69, 1, 115.

(3) Rouen 26 juillet 1863 et Rej. du pourvoi Req. 4 mars 1867 D. P. 67. 1.426.

(4) On a vu par exemple les fondateurs de la Caisse générale des actionnaires pratiquer la combinaison suivante. Ils avaient promis un apport de un million. En retour et en rémunération de leur travail ils devaient recevoir 6000 actions libérées de 500 francs chacune : 21158 actions sont souscrites par le public et libérées de moitié. De connivence avec les fondateurs, les gérants supposent que 5000 ont été négociées pour le compte de ceux-ci et que la société a ainsi reçu pour eux 1.250.000 francs : de sorte que leur mise est faite et qu'ils se trouvent en outre créanciers de 250 000 francs. Comme le déclara hautement la cour de Paris, tout était mensonge dans cette combinaison ; les actions souscrites étaient des actions non libérées ; la souscription n'avait été aux termes des statuts ouverte que sur des actions appartenant à la compagnie ; si les fondateurs avaient réellement vendu 5000 de leurs actions ils en auraient retiré le prix et n'auraient pas eu à le prendre dans la caisse sociale. (Buchère, n° 500).

autre que celui qui a reçu la déclaration. L'autre original de l'acte reste déposé au siége social (1).

Nous n'avons pas à insister sur ces règles de forme qui concernent surtout l'organisation intérieure. On doit cependant remarquer que la liste des souscripteurs et l'état des versements faciliteront aux tiers, qui pourront toujours en prendre connaissance, l'exercice de leurs actions directes contre les actionnaires.

On n'a pas à insister davantage sur une autre disposition de l'article, la prohibition des actions ou coupures d'actions de moins de cent francs, si le capital social n'excède pas deux cent mille francs et de moins de cinq cents s'il est supérieur. Cette disposition a eu pour but d'empêcher de mettre en circulation des titres de valeur minime, offrant l'appât de gros bénéfices, « véritables billets de loterie, » qui exerçaient une séduction désastreuse sur la partie la moins éclairée du public. A l'égard des créanciers, la prohibition n'a qu'un intérêt très-indirect; elle leur évite, le cas échéant, dans leur action contre les souscripteurs, les embarras et les frais considérables qu'entraînerait l'extrême division du capital social.

L'art. 2 rentre, comme la règle précédente, dans cet ordre de dispositions, qui ont pour but essentiel d'assurer la stabilité de la société et d'empêcher la spéculation déréglée sur la prime. Aucune action ne peut être négociée avant le versement du quart. La loi de 1856 exigeait le versement des deux cinquièmes ; il est plus simple et plus rationnel de se contenter du quart, c'est-à-dire de fixer une même époque pour la constitution de la société et la faculté de négocier.

§ 2. Vérification des apports qui ne consistent pas en numéraire (art. 4).

L'art. 13 suffirait, si la loi n'avait à prévoir que des apports en capitaux. Mais dans la plupart des sociétés on trouve des apports d'une autre nature, un immeuble, une usine, le droit d'exploiter un brevet d'invention. Dans toutes, les gérants apportent leur industrie et stipulent une rémunération soit sous la forme d'un traitement, soit sous celle d'un droit de prélèvement sur les bénéfices, ou d'actions représentant la valeur reconnue à leur concours (2).

(1) D'après l'art. 1ᵉʳ, il ne faudrait que deux doubles : en se reportant à l'art. 33 on voit que le législateur quoiqu'il en ait dit d'abord, en exige quatre.

(2) Ces actions, appelées *actions industrielles* pour les distinguer de celles qui re-

C'était là une des sources d'abus les plus fécondes ; l'évaluation de l'apport était exagérée ; des avantages hors de proportion avec les services rendus restreignaient les profits des actionnaires. Consistant souvent non-seulement en un droit à l'encontre des coassociés, mais en une créance sociale, ils grevaient l'actif, compromettaient le crédit et préjudiciaient aux autres créanciers. Souvent aussi l'apport constitue la partie essentielle du fonds ; c'est l'usine ou le brevet que la société a en vue d'exploiter ; son évaluation exagérée renversait toutes les prévisions des actionnaires et du public ; les capitaux engagés dans une entreprise sans avenir se consumaient ; les porteurs d'obligations ne trouvaient plus lors de la liquidation le gage qui leur avait été promis. Sans doute on pouvait reprocher aux intéressés leur imprudence ; à s'en tenir aux principes rigoureux du droit, on pouvait répondre à leurs plaintes qu'ils devaient subir les conséquences d'engagements librement acceptés et que la loi n'avait pas à veiller sur la manière dont ils conduisaient leurs affaires. Mais cette thèse soutenue non sans éclat par M. Emile Olivier dans la discussion de la loi de 1867, ne tenait pas compte des faits : un engagement, si onéreux qu'il soit, est inviolable, mais il faut du moins qu'il soit l'œuvre d'une volonté suffisamment éclairée. Dans la plupart des contrats les parties ont le moyen de se renseigner ; la loi n'a pas à leur venir en aide. Mais les sociétés par actions et les émissions d'obligations ne sont pas des contrats ordinaires ; les fondateurs s'adressent au public ; souvent ils cherchent des capitaux jusque dans les Etats étrangers ; le souscripteur au moment où il s'engage ne peut rien contrôler ; les appréciations si prudentes qu'elles soient sont forcément vagues et incomplètes, il doit s'en rapporter aux énonciations des prospectus ou à ces indications très-générales que peuvent fournir le bruit public et la presse.

L'art. 4 s'est proposé de remédier à cette situation en lui assurant lors de la constitution de la société les renseignements et les moyens d'action qui lui ont manqué jusque-là. Le danger est aussi grand pour les créanciers que pour les actionnaires. Néanmoins la loi n'a institué aucune protection spéciale en faveur des premiers. C'est aux actionnaires qu'elle remet le soin de veiller à la bonne constitution de la société ; il était difficile, en effet, sous peine de jeter le trouble dans la société, de laisser aux

présentent le capital proprement dit, ne donnent habituellement droit qu'à une part dans les bénéfices pendant la durée de la société.

tiers la faculté d'échapper aux suites de leurs engagements ; d'un autre côté comme l'exactitude des évaluations n'est pas moins importante pour les actionnaires, leur contrôle offre à tous les intéressés une garantie suffisante.

D'après l'art. 4, après que la souscription est close, une assemblée générale doit se réunir et faire apprécier la valeur de l'apport ainsi que la cause des avantages stipulés. L'assemblée ne pouvant elle-même procéder à l'appréciation, nomme des commissaires pris dans son sein ou au dehors. Ces délégués doivent faire imprimer leur rapport et le mettre à la disposition de tous les actionnaires. Une seconde assemblée générale, qui ne peut se réunir que cinq jours au moins après que le rapport a été distribué, en discute les conclusions. Si elle approuve la déclaration du gérant, la société est définitivement constituée : sinon elle ne se forme pas. Ainsi la souscription est, dans le principe, conditionnelle : elle dépend de la décision à rendre par l'assemblée.

Les délibérations sont prises à la majorité des voix ; cette majorité doit comprendre le quart des actionnaires et représenter le quart du capital en numéraire. Les associés qui ont fait l'apport n'ont pas voix délibérative.

A la suite d'un vote défavorable, il peut arriver que l'associé dont l'apport ou les avantages étaient soumis à vérification réduise ses prétentions. On s'est demandé si la majorité a qualité pour accepter de nouvelles propositions et reconstituer la société sur cette base. Bien que la question soit très-controversée, la négative paraît certaine. Le pouvoir de lier la minorité repose sur un engagement tacite que la loi impose à tous les actionnaires au moment où ils souscrivent. Il faut pour l'admettre un texte précis. Or la loi ne prévoit que le cas d'approbation pure et simple. Il y a plus : elle ne pouvait sans abus aller au delà. Remettre à la majorité le droit de négocier et de transiger avec le gérant serait lui conférer un pouvoir discrétionnaire sur la minorité. Celle-ci pourrait obliger les dissidents à rester dans une société n'offrant plus les ressources sur lesquelles ils avaient compté et incapable de leur fournir le placement sûr et fructueux qu'ils s'étaient promis ; en un mot, dénaturer les engagements résultant de la convention primitive. On conçoit qu'un souscripteur se soumette valablement d'avance à une décision portant sur une simple alternative : mais il n'y aurait plus de véritable consentement s'il acceptait d'avance toutes les combinaisons en nombre illimité qu'il plaira à la majorité d'imaginer. On peut, il est vrai, argumenter pour l'opinion adverse de la discussion au Corps législatif ; mais dans cette discussion confuse ni la Chambre, ni le rapporteur ne paraissent avoir clairement posé la question.

Au surplus, la controverse est sans intérêt bien grand pour les tiers, puisque dans l'un et l'autre système ils ont toujours la garantie d'une délibération ; seulement si on reconnait à la majorité le droit d'accepter les nouvelles conditions du gérant, on l'expose à des surprises et à des manœuvres qui compromettent l'efficacité du contrôle.

La décision de l'assemblée sur la valeur de l'apport ou de l'avantage est souveraine : elle ne peut être déférée à la justice. Mais si l'associé dont les actionnaires prétendent vérifier les droits conteste qu'il y ait lieu de procéder à cette vérification, la question devient contentieuse ; elle est du ressort des tribunaux. La loi ne donne pas à l'assemblée qualité pour la résoudre (1).

On a taxé d'immorales les dispositions de l'art. 4 en leur reprochant de donner aux souscripteurs le moyen d'éluder leur engagement. Reproche singulier et qu'on pourrait aussi bien adresser à toute espèce de condition apposée à un contrat. Il est vrai que si l'on considère les souscripteurs dans leur ensemble, la condition dépend exclusivement de leur volonté ; mais dans la réalité l'assemblée ne peut être assimilée à un débiteur unique. Le nombre ordinairement considérable des membres qui la composent, et leur intérêt, qui est de soutenir l'entreprise si elle promet de bons résultats, préviennent toute entente frauduleuse ayant pour but de forcer le gérant par la menace d'un refus d'approbation à restreindre des demandes légitimes. Le danger est même absolument chimérique dans le système qui n'accorde à la majorité que le droit d'accepter ou de refuser la déclaration qui lui est soumise. Comme il faut alors l'unanimité pour modifier les stipulations primitives, une seule voix suffit pour couper court aux manœuvres qui seraient tentées.

D'autres critiques plus justes ont été formulées dans un esprit opposé. On s'est demandé si en dépit des apparences l'art. 4 n'était pas inefficace, si l'assemblée aurait les lumières et la cohésion nécessaires pour résister aux artifices d'un gérant de mauvaise foi, si enfin dans le cas où la commandite n'a qu'un petit nombre d'actionnaires, ceux-ci ne peuvent pas

(1) Cass. 18 décembre 1867. D. P. 67. 1. 474.

colluder avec le fondateur, accepter de fausses évaluations et loin de protéger les tiers, attirer frauduleusement leurs capitaux en donnant les mains à une émission d'obligations qu'ils savent dépasser les forces de la société.

En 1856, le gouvernement avait proposé une mesure dont les effets eussent été plus certains. D'après l'art. 7 du projet, l'associé qui avait fait un apport dont la valeur réelle était exagérée de plus de moitié était tenu pendant deux ans envers tout intéressé de réparer le dommage causé par cette exagération : en d'autres termes, la lésion ouvrait un recours à celui qui en souffrait. La commission du Corps législatif recula devant cette idée. Elle avait pour elle les habitudes de notre droit si réservé en pareille matière qu'il n'admet la rescision pour lésion que dans trois hypothèses : vente d'immeubles, partage, contrat de mineurs ; aussi sa résistance l'emporta et la Chambre consacra le système qu'a reproduit la loi de 1867. On doit, croyons-nous, le regretter. L'exposé des motifs le disait avec beaucoup de justesse : la faculté de se soustraire aux effets de son consentement soit directement par une action en rescision, soit indirectement par la nouvelle action en indemnité imaginée par le projet, doit être rarement accordée ; mais elle peut l'être surtout lorsqu'il s'agit de conventions qui sont plus spécialement soumises au principe de l'égalité, ou lorsqu'un des contractants était exposé plus que tout autre à être induit en erreur.

§ 3. Sanction.

La sanction des dispositions que l'on vient d'étudier (art. 1, 2, 3, 4) est double. Les art. 13 et 14, frappent certaines contraventions de peines correctionnelles ; l'art. 7 prononce la nullité de la société irrégulièrement constituée. Il serait hors de propos d'insister sur les sanctions pénales.

La nullité de l'art. 7 est, à la considérer dans les rapports de la société avec les tiers, semblable à celle que prononce l'art. 42 du Code de commerce. Elle ne peut être opposée par les associés aux personnes étrangères à la société auxquelles elle préjudicierait. L'art. 7 de la loi nouvelle s'en explique formellement. C'est une marque que la loi dans les précautions qu'elle édicte n'a pas seulement en vue l'intérêt des associés, mais qu'elle entend aussi protéger les tiers. Au moment où la société se forme, elle confie aux actionnaires la sauvegarde des intérêts communs ; ils peuvent, ils doivent, si les formalités protectrices ne sont pas remplies, retirer leur consentement ; s'ils manquent à cette obligation, s'ils accèdent à une société irrégulière, la loi remet à tous les intéressés les moyens de se défendre, en leur accordant le droit de demander la nullité. Les associés ont ce droit comme les autres : mais puisqu'ils ont commis la faute de contracter un engagement illicite, il leur est interdit avec grande raison de tirer avantage de cette nullité hors de leurs relations mutuelles.

Il importe de noter que les créanciers sociaux auront presque toujours intérêt à faire maintenir la société à leur égard puisqu'ils conservent ainsi un droit de gage exclusif sur le fonds.

La cour d'Aix a pensé que la loi refusait même aux créanciers personnels des associés le droit d'opposer la nullité aux créanciers sociaux. Mais l'art. ne contient pas trace de cette rigueur, et comme on l'a indiqué au sujet de la publicité, il est de toute justice de sacrifier les créanciers sociaux qui ont commis une imprudence aux créanciers personnels qui n'ont rien à se reprocher. Aussi l'arrêt a-t-il été cassé et la question jugée conformément à la jurisprudence de la cour suprême par la cour de Grenoble, devant laquelle l'affaire avait été renvoyée (1).

La sanction de l'art. 7 peut donc préjudicier aux créanciers sociaux. Mais à un point de vue général elle leur est beaucoup plus favorable que nuisible, car mettant la société à la discrétion du premier venu intéressé à la nullité, elle rend très-rares les constitutions irrégulières.

III. Responsabilité des souscripteurs d'actions.

§ 1. Responsabilité en cas de cession pour les versements à effectuer.

On a démontré que le commanditaire simple est tenu d'effectuer son apport non-seulement envers la société, mais aussi envers les tiers. Le principe est applicable au souscripteur d'actions ; mais à raison de la cessibilité de son titre, s'est élevée une grande difficulté qui sous l'empire du Code conduisit un grand nombre d'auteurs à diminuer sa responsabilité et que les lois de 1856 et de 1867 s'essayèrent à résoudre.

---

(1) Aix 9 avril 1867, D. P. 67, 5, 400. Civ. cass. 11 mai 1870 D. P. 70, 1, 400. — Grenoble 23 décembre 1871 D. P. 72, 2, 200.

Dans le cas où la cession portait sur une action dont partie était encore due, le cessionnaire était certainement obligé : en même temps que les avantages il acceptait les charges du droit qu'il acquérait. En était-il de même du cédant ? Ou bien fallait-il admettre que la cession emportait novation, qu'elle le faisait disparaître et lui substituait le cessionnaire ?

Cette dernière opinion était soutenue par beaucoup d'auteurs et d'arrêts. L'art. 1861 n'admet-il pas au moins par *a contrario* que l'associé avec le consentement de ses coassociés peut sortir de la société et s'y faire remplacer par un tiers ? Or ce consentement résulte de la forme donnée au titre ; en créant des actions destinées à circuler de mains en mains, la société n'a pu avoir l'intention d'engager indéfiniment les souscripteurs envers elle ; la considération des personnes n'existe pas dans des contrats de ce genre ; on s'occupe uniquement du capital et du titre : là où est le titre, là est l'obligation.

Les tiers eux-mêmes, en traitant avec une commandite par actions, ont dû accepter les conséquences naturelles de ce mode de diviser le capital, et consentir d'avance à la substitution du titulaire actuel au souscripteur primitif.

Ce système rencontrait une vive résistance. Le droit civil est formel, objectaient ses adversaires : il n'y a pas de novation, si la volonté de l'opérer ne résulte pas clairement de l'acte (1273 C. civ.). Or, surtout au point de vue des tiers, le consentement est loin d'apparaître avec évidence. Sans doute, l'action est cessible, et il importe qu'elle circule aisément. Mais le but de la cessibilité est de permettre au souscripteur de reprendre la libre disposition des capitaux qu'il a versés ; il n'est pas nécessaire qu'il ait par surcroît la faculté de se soustraire à ses obligations. Tout au contraire, c'est à un cessionnaire qu'il va demander l'équivalent des fonds qu'il a engagés ; cette opération ne concerne pas la société ; elle ne doit pas modifier ses droits ni ceux de ses ayant-cause.

Quelques-uns allaient même plus loin : la possibilité pour le souscripteur de s'exonérer par une cession était présentée comme contraire à l'inviolabilité des contrats et comme une stipulation illicite.

C'était une exagération manifeste. Les parties peuvent s'engager dans la mesure qui leur convient, et on a démontré sur l'art. 1861 que rien ne s'opposait à ce qu'une clause expresse déchargeât de toute obligation l'associé autorisé à substituer un tiers. On a, il est vrai, considéré cette clause comme n'étant pas opposable aux créanciers sociaux ; mais il s'agissait de sociétés civiles dans lesquelles la règle *res inter alios acta*, s'appliquant avec toute sa rigueur, ne permet pas d'opposer aux tiers les conventions intervenues entre associés (art. 1863). Il en est autrement dans les sociétés commerciales : la publicité écarte ce principe. Notamment en matière de commandite, les tiers n'ont d'action contre les associés que dans les limites où la société elle-même pourrait agir en vertu de l'acte social porté à leur connaissance.

Toute la question se réduit à découvrir l'intention des parties. Si en droit civil les objections tirées de l'incertitude du consentement ont une grande force, le droit commercial est plus large sur les interprétations de volonté. La libération du souscripteur primitif, bien que ne dérivant pas nécessairement de la cessibilité, lui est au moins très-conforme (1). Aussi la pratique tendit-elle à se fixer en ce sens.

Le Conseil d'État laissait introduire dans les sociétés anonymes qu'il autorisait le principe de la libération. Seulement il prenait une précaution contre les abus qu'il était trop facile d'en faire : il déclarait le souscripteur responsable en cas de cession jusqu'à concurrence de moitié de l'action. La loi du 15 juillet 1845 (art. 8, n° 2), et après elle diverses autres, portant concession de lignes de chemins de fer, avaient de même limité l'obligation du souscripteur en cas de cession au paiement des 5/10.

A plus forte raison devait-on admettre que s'il y avait plusieurs cessions successives, les cessionnaires devenus cédants étaient libérés. Des auteurs, M. Troplong, par exemple, qui soutenaient le système de la responsabilité, l'écartaient dans cette hypothèse. Il était naturel que le

---

(1) M. Molinier cherchait un autre indice pour déterminer l'intention des parties. Il pensait que la mention du transfert sur les registres de la société, impliquait son consentement, de là une distinction nécessaire : la cession d'actions nominatives était la seule qui emportât novation : celle d'actions au porteur laissait subsister l'obligation du souscripteur primitif (*Droit commercial*, n° 417). Mais il est trop clair que l'inscription sur les registres est une pure formalité, de laquelle on ne peut tirer aucune conclusion. En réalité, la société l'ignore ; il n'y a ni délibération, ni même le plus souvent approbation du gérant ; la mention est mise par un commis. Bien plus : en règle très-générale, la société ne peut se refuser au transfert ; ce n'est donc pas au moment où elle le constate qu'elle consent, mais lors de la confection des statuts, ce qui ramène à l'argument sur lequel on fonde d'ordinaire la libération. Enfin dès qu'on admet l'action directe des créanciers, la volonté de la société ne suffit plus. Or dans l'enregistrement du transfert les tiers n'interviennent pas même en apparence.

cessionnaire engagé par la cession qui lui avait été faite fût dégagé quand il avait à son tour cédé l'action.

Tout en tenant pour juste l'opinion qui libérait le souscripteur aussitôt qu'il avait cédé, on doit reconnaître qu'en pratique elle était pleine de dangers; elle amenait des réductions imprévues du capital social; sitôt que les affaires périclitaient, une cession frauduleuse suffisait au souscripteur pour s'échapper, il sacrifiait les capitaux souvent peu considérables qu'il avait versés et sauvait le reste de son apport; le cessionnaire n'était qu'un homme de paille; la société voyait disparaître tout à coup ses dernières ressources et les créanciers le plus clair de leur gage. Des actionnaires pouvaient ainsi s'associer pour les entreprises les plus téméraires ou même pour spéculer sur des hausses factices en ne risquant qu'une minime partie de ce qu'ils avaient promis.

Le mal s'augmentait encore quand l'action était au porteur. Il devenait à peu près impossible d'exercer aucun recours contre le titulaire actuel. Aucune indication, aucune écriture sur les registres de la société ne permettaient de le saisir. Etait-il par hasard découvert, il n'avait qu'à faire passer son titre en d'autres mains pour détourner l'attaque. La société ou les tiers n'avaient qu'une chance d'obtenir le versement encore dû : exécuter l'action, c'est-à-dire la saisir et la faire vendre; le prix entrait dans le fonds social et la libérait d'autant. Rien d'ailleurs de plus légitime, l'actionnaire ne remplissait pas ses obligations, le contrat était résolu : c'était une application pure et simple de l'art. 1184 C. civ.

Mais le moyen, excellent contre un actionnaire qui refusait de s'acquitter pour des causes à lui personnelles, était sans efficacité dans le cas beaucoup plus grave où les porteurs d'action abandonnaient la société à raison du mauvais état de ses affaires. Cette désertion en masse lui portait un coup mortel, et les actions se vendaient mal ou ne se vendaient pas.

Néanmoins l'idée que le titre seul était tenu des versements non effectués se répandit, et un système se fit jour qui la généralisant, supprima, quelle que fût la forme des titres, toute responsabilité personnelle pour ne plus laisser subsister que la responsabilité réelle de l'action.

Sans être encore reçu par la jurisprudence, il gagnait du terrain, quand en 1856 le législateur jugea nécessaire de condamner des solutions dont la fraude tirait trop bon parti, et sacrifia sans hésiter la liberté des conventions à l'intérêt général.

Le Conseil d'Etat avait cru suffisant d'imposer au souscripteur, en cas de cession, la responsabilité de moitié comme il le faisait dans ses décrets d'autorisation de sociétés anonymes. La commission du corps législatif demanda et obtint la responsabilité intégrale. De plus, d'après l'art. 2, l'action ne put devenir au porteur qu'après sa libération totale. Cette dernière disposition, outre qu'elle mettait une entrave aux abus de la spéculation, assurait à la société et aux tiers la possibilité de recourir contre le cessionnaire. La loi adoptait ainsi le système qui donnait le maximum de garanties.

Mais elle souleva de vives réclamations. Beaucoup ne méritaient pas d'être écoutées et n'étaient qu'un témoignage en sa faveur. Quelques-unes ne manquaient pas de justesse. Dans les sociétés qui ne demandent à leurs actionnaires qu'un versement peu considérable sur le montant de l'action et qui n'appellent la plus forte part de leur capital qu'en des circonstances extraordinaires, la responsabilité indéfinie pouvait devenir une lourde charge. Persistant pendant de longues années et après de nombreuses cessions, elle pouvait surprendre les héritiers du souscripteur. Sous la loi de 1856, l'inconvénient était en fait peu sensible, car ces sociétés adoptent ordinairement l'anonymat, qui demeurait régi par l'ancienne législation. Mais il devenait grave aux yeux du législateur de 1867, qui se proposait de déclarer l'anonymat libre et de le soumettre aux mêmes restrictions que la commandite. Aussi comprend-on jusqu'à un certain point que le Conseil d'Etat, en rédigeant la loi nouvelle, ait jugé opportun de chercher un système différent. La modification qu'il proposa paraissait simple et judicieuse. Il maintenait en principe la responsabilité intégrale, mais il permettait aux statuts d'y déroger en la réduisant à moitié pour le cas de cession. Les actions restaient nominatives jusqu'à l'entière libération. En toute hypothèse on trouvait une responsabilité personnelle, le souscripteur au moins jusqu'à moitié, et le cessionnaire pour le tout. Mais un danger capital n'avait pu être évité : la cession frauduleuse à des insolvables. Sous l'apparence d'une atténuation on ruinait l'œuvre du législateur de 1856. Il semblait que tout se bornât à une réduction de la responsabilité du souscripteur ; en réalité, rien ne garantissait plus la moitié dont il était libéré ; dans les circonstances critiques, l'obligation du cessionnaire ne devait être qu'un simulacre.

La commission du corps législatif le comprit ; mais au lieu de demander le retour à l'ancien état de choses, elle approuva et voulut seulement que le législateur eût le courage de son opinion. Elle décida que la limitation de la responsabilité du souscripteur à moitié vaudrait même lorsqu'il ne céderait pas son action. Elle ajouta à l'article proposé par le Conseil d'Etat une disposition ainsi conçue : « Les actions ou coupons d'action sont nominatifs jusqu'à l'entier acquittement de l'obligation contractée par le souscripteur primitif. » De là résulte que si l'obligation du souscripteur primitif est limitée à moitié, l'action peut être au porteur après versement de moitié, et qu'ainsi le cessionnaire ultérieur n'est plus tenu. En d'autres termes, la commission supprimait toute responsabilité personnelle après libération de moitié ; au delà c'était l'action qui seule répondait des autres versements ; s'ils n'étaient pas effectués, l'action était exécutée, et le prix de vente s'imputait sur ce qu'elle devait encore. « Rarement, disait M. Mathieu, la société sera 'en assez mauvaise situation pour que la moitié ou les trois quarts déjà fournis ne répondent pas du reste. » Le rapporteur oubliait les imprudences et les fraudes qui avaient causé tant d'alarmes avant 1856.

La commission, du reste, avait si bien conscience des périls de son œuvre, qu'elle obligeait les sociétés, où l'engagement des souscripteurs était limité, à en faire la mention formelle sur leurs factures, annonces et documents de toute espèce.

De son côté, le Conseil d'Etat maintint ses solutions et les formula plus clairement dans deux articles ainsi conçus : « Les souscripteurs « d'actions sont tenus au payement du montant total des actions par « eux souscrites. Toutefois, il peut être stipulé, mais seulement par les « statuts constitutifs de la société que ceux des souscripteurs qui auront « aliéné leurs actions ne seront responsables des sommes dues par les ces- « sionnaires que jusqu'à concurrence de la moitié du montant de chaque « action. — Les actions ou coupons d'action sont nominatifs jusqu'à leur « entière libération. Les actions ou coupons d'action sont négociables « après le versement du quart. »

Enfin, MM. de Janzé, Pouyer-Quertier, Jules Simon, etc., proposèrent sous forme d'amendement les anciennes dispositions de la loi de 1856.

Au Corps législatif, la discussion offrit un curieux épisode. Les commissaires du gouvernement dans leur lutte contre la commission s'attaquèrent surtout à la publicité donnée à la clause qui réduisait l'obligation du souscripteur, lui reprochant d'inviter les tiers à la méfiance et de ruiner la société. Il semble qu'ils auraient dû la prendre pour leur compte, puisqu'ils admettaient une dérogation à la responsabilité intégrale dont l'effet le plus sûr était, comme celui du système admis par la commission, de réduire le capital à moitié de sa valeur et qu'il est peu moral de cacher au public une telle diminution de garantie. Mais au fond, toute la controverse entre eux et la commission se ramenait à ce point : la loi doit-elle avouer ses résultats inévitables ? Assurément, le Conseil d'État ne se rendait pas compte de ce qu'il y avait d'étrange dans son système de clandestinité.

Après des débats longs et confus, le Corps législatif rejeta successivement les trois systèmes en présence. Au milieu d'un tel désarroi, la commission essaya une transaction entre les tendances contradictoires qui s'étaient fait jour dans le vote de l'assemblée. Elle chercha, tout en conservant la possibilité d'une libération avant le versement intégral, à donner aux tiers des garanties suffisantes pour vaincre les inquiétudes de ceux qui regrettaient la loi de 1856. Les points principaux de son système tels qu'ils se dégagent du rapport et de l'art. 3 de la loi nouvelle révèlent de grands efforts pour résoudre le problème. Malheureusement le texte où la commission a formulé ses idées est si obscur et si incomplet que sur plusieurs questions d'une haute gravité il est impossible d'en tirer une doctrine certaine.

Comme les projets antérieurs, l'art. 3 conserve le principe de la responsabilité intégrale. Il admet qu'elle peut être réduite à moitié du capital et que l'action peut être au porteur dès que le souscripteur n'est plus responsable. Mais en outre, il assure aux tiers une double garantie.

En premier lieu, la limitation et la conversion des actions en titres au porteur ne peuvent plus résulter d'une clause des statuts. Une délibération de l'assemblée est nécessaire. Cette délibération, comme l'indique le § 1 de l'art., ne peut avoir lieu qu'après le versement de moitié.

L'efficacité de ces prescriptions n'est pas contestable. Sans doute, c'est aux actionnaires qu'il appartient de se prononcer sur leur propre libération ; mais déjà engagés par un versement de moitié, ils seront peu disposés à la décréter imprudemment.

Restent à craindre les décisions d'une assemblée aux abois et qui ne reculerait pas devant des cessions frauduleuses pour sauver ce qui n'a pas encore été versé. La deuxième partie de l'article a pour but d'en prévenir les conséquences. Elle est ainsi conçue : « Soit que les actions

« restent nominatives après cette délibération, soit qu'elles aient été con-
« verties en actions au porteur, les souscripteurs primitifs qui ont
« aliéné les actions et ceux auxquels ils les ont cédées avant le verse-
« ment de moitié restent tenus au paiement du montant de leurs actions
« pendant un délai de deux ans à partir de la délibération de l'assemblée
« générale. »

On le voit, l'idée générale est de maintenir la responsabilité quelque temps après la délibération de l'assemblée. Grave obstacle assurément aux délibérations prises et aux cessions effectuées en fraude des créanciers sociaux ; ces manœuvres ne sont tentées qu'à la dernière extrémité ; on les repousse tant qu'il reste de l'espoir, car elles exciteraient la défiance et seraient le signal de la ruine ; il faudrait donc pour réussir agir rapidement et se débarrasser de toute obligation aussitôt après la délibération de l'assemblée.

Mais l'article est loin d'appliquer son principe d'une manière claire et complète. Pour en donner l'explication, il faut distinguer entre la responsabilité du souscripteur primitif et celle du cessionnaire.

On verra d'abord celle du cessionnaire sur laquelle la loi s'explique avec le moins de confusion.

1° *Responsabilité du cessionnaire.* Avant tout on doit retenir des considérations précédemment émises sur les titres au porteur que leur forme rend impossible toute poursuite contre ceux auxquels ils ont été transmis. Cette impossibilité de fait est tellement absolue qu'elle équivaut à une libération et que dans la langue même du législateur convertir une action nominative en action au porteur c'est affranchir de toute obligation personnelle tous ceux qui l'acquerront après qu'elle aura pris cette nouvelle forme. Toutes les discussions relatives aux lois de 1856 et de 1867 en font foi. Ainsi donc du premier alinéa de l'art. 3. résulte que tout cessionnaire postérieur au vote de l'assemblée n'encourt aucune responsabilité. Le deuxième paragraphe règle la situation des cessionnaires antérieurs au versement : il décide en termes exprès qu'ils sont tenus, mais pendant deux années seulement ; ils peuvent être facilement retrouvés, puisqu'ayant reçu l'action à une époque où elle était nominative, leurs noms sont inscrits sur les registres mentionnant le transfert.

Il est difficile de comprendre pourquoi le deuxième paragraphe ne parle que des cessionnaires antérieurs au versement et non des cessionnaires antérieurs à la délibération. Peut-être est-ce inadvertance ;

mais il n'en faut pas moins accepter sa teneur, de sorte que l'on se trouve
en présence de cessionnaires sur lesquels la loi ne se prononce pas ;
ceux qui ont reçu l'action entre le versement et la délibération. Quelle
sera leur responsabilité ? On ne peut évidemment les déclarer tenus
selon le droit commun : ils doivent être traités comme l'une ou l'autre
des deux classes entre lesquelles ils sont placés. D'autre part leur appliquer la responsabilité de deux ans et les assimiler aux cessionnaires antérieurs au versement, c'est violer le texte. Reste donc à faire rétroagir les
avantages de la délibération et à les décharger de toute obligation. Cette
solution n'a rien de trop exorbitant, puisqu'en définitive la condition à
laquelle la loi soumet la décharge des cessionnaires, c'est-à-dire le paiement de moitié était remplie lors de leur acquisition et qu'il ne manquait
plus que les conditions de forme.

2° *Responsabilité du souscripteur.* — La conversion d'une action nominative en action au porteur n'a aucune influence de fait sur la situation
du souscripteur. Son nom n'en est pas moins sur les livres de la société :
il peut être découvert et poursuivi. Aussi ne peut-on tirer à son égard
aucune conséquence du premier alinéa de l'article. C'est donc à tort que
plusieurs auteurs (1) pensent qu'après la conversion en titres au porteur
il doit, sauf les exceptions indiquées par la loi, être considéré comme
libéré de son obligation personnelle. Le principe est l'obligation intégrale.
Nulle part la loi ne pose un principe contraire pour le cas de conversion
des titres et puisque cette conversion est sans effet par elle-même, on
doit conclure qu'hors des cas que la loi aura formellement exceptés, le
souscripteur après comme avant la délibération reste obligé dans les termes du droit commun.

Ceci posé, on ne trouve qu'une exception. Elle est établie par l'alinéa
2 de l'article 3 : « Les souscripteurs primitifs qui ont aliéné leurs actions
et ceux auxquels ils les ont cédées avant le versement de l'autre moitié,
restent tenus du paiement pendant deux années à partir de la délibération
de l'assemblée générale. » Le texte est de la plus grande ambiguïté. S'agit-
il de tous les souscripteurs qui ont aliéné leurs actions ? ou seulement de
ceux qui les ont aliénées avant le versement de moitié ? Grammaticalement
les deux sens sont admissibles. Plusieurs auteurs tiennent pour le second
qui est peut-être plus naturel. Mais alors quelle situation faire à ceux

(1) Beudant, *Responsabilité du souscripteur d'actions*, Revue critique de 1848.

qui aliènent après le versement ? Les libérer est impossible, puisque la libération est une exception. Les assujettir à la responsabilité de droit commun est absurde, ainsi que le reconnaissent les auteurs qui en présence du texte croient devoir s'y résigner. Il faut donc rapporter les mots « avant le versement de moitié » uniquement à la partie de la phrase qui concerne les cessionnaires. Ainsi entendus, ils n'offrent rien que de raisonnable, puisque les cessionnaires postérieurs au versement ne sont soumis à aucune obligation.

Dès lors les règles de la loi sur les souscripteurs deviennent très-simples. Si le souscripteur conserve son titre, il reste perpétuellement tenu, sauf les effets de la prescription de droit commun. S'il aliène, il reste tenu pendant deux ans à partir de la délibération. La loi ne faisant aucune distinction, il en est ainsi soit qu'il aliène avant cette époque, soit qu'il aliène postérieurement. Donc s'il aliène après plus de deux ans, il est immédiatement affranchi. Beaucoup d'auteurs ont trouvé ce résultat choquant : il a semblé qu'il était contraire au vœu de la loi de priver brusquement les tiers de leur recours contre le souscripteur. C'est ne pas se rendre compte du but dans lequel le législateur a introduit la responsabilité de deux ans. Il a voulu que la décision de l'assemblée fût séparée de la libération dont elle est la condition nécessaire par un intervalle assez long pour qu'il devint à peu près impossible aux actionnaires de voter en vue d'une cession frauduleuse. De là cette période de deux ans, que l'on pourrait appeler période de suspicion, dans laquelle les effets du vote à l'égard des souscripteurs sont suspendus. Si au bout de ce temps la société est encore en vie ; si, ni elle, ni les tiers n'ont réclamé le capital encore dû, il devient tout à fait invraisemblable que la délibération ait préparé des transferts dolosifs ; la loi lui laisse produire ses pleins effets. Sans doute bien qu'en opérant la conversion, les actionnaires n'aient pas prémédité de fraudes, ils peuvent, les circonstances ayant changé, en profiter pour frustrer leurs créanciers. Mais outre que cette hypothèse se réalisera rarement, on doit observer qu'à moins d'adopter l'amendement Jules Simon et Janzé il était impossible d'empêcher les actionnaires de mauvaise foi d'abuser des cessions ; que d'ailleurs le législateur de 1867 n'obéissait pas à des sentiments de défiance excessifs contre la spéculation ; qu'il avait modifié à regret sa rédaction primitive ; et qu'enfin l'art. 3 même avec notre interprétation contient un ensemble de restrictions bien plus rigoureuses que celles du système proposé par le Conseil d'État et rejeté comme trop peu libéral par la Commission.

La délibération de l'assemblée qui adopte la conversion n'est pas obligatoire pour tous les actionnaires. Ils peuvent, s'ils le veulent, conserver leurs actions sous la forme nominative qui leur donne même depuis la loi de 1872 sur les valeurs au porteur plus de sécurité contre la perte ou la destruction des titres. L'usage de cette faculté ne les prive pas du bénéfice de l'art. 3; leur responsabilité est restreinte de la même manière que s'ils étaient nantis de valeurs au porteur. C'est ce que décide expressément le deuxième paragraphe en disant : « Soit que les actions restent « nominatives après cette délibération, soit qu'elles aient été converties « en actions au porteur, etc. » On comprend en effet, d'une part que le maintien d'une forme moins favorable aux abus de la spéculations ne doit pas leur nuire : d'autre part que les recours doivent être réglés d'une manière uniforme et ne peuvent, sous peine de confusion, varier au gré de chacun des souscripteurs ou porteurs d'actions.

Quand l'assemblée rejette la proposition de convertir les actions, la responsabilité du souscripteur et des cessionnaires subsiste intégralement. On a essayé de le contester en soutenant que les mots : « Soit que les actions, etc. » faisaient allusion à la décision de l'assemblée. Mais alors à quoi servirait de délibérer si, quel que fût le vote, favorable à la conversion ou contraire, il produisait les mêmes conséquences ?

La responsabilité subsiste également dans toute son étendue si les statuts n'ont pas accordé à l'assemblée le droit de délibérer sur la conversion.

§ 2. Responsabilité à raison de remises d'apports effectués, de rachats d'actions, etc.

La société n'étant pas seule créancière des apports, ne peut en faire remise au préjudice des tiers ; une fois engagé le commanditaire l'est irrévocablement ; la publication l'a lié envers tous ceux qui peuvent traiter avec la société (1). Ces principes fondamentaux dans toute espèce de commandite sont, dans les commandites par actions, confirmés et aggravés par l'art. 1er de la loi de 1807, qui exige la souscription intégrale du capital ; une clause dérogatoire expressément insérée dans les statuts serait impuissante ; elle rendrait la souscription incertaine en partie et vicierait la constitution.

(1) Voir notamment Cass. 6 novembre 1865, D. P. 65, 1, 480.

Ainsi, on ne pourrait stipuler que les associés reprendraient leurs mises par fractions à époques fixées. Cette convention ne serait pas sans utilité pour les sociétés qui ont besoin au début de capitaux considérables, et qui, une fois qu'elles fonctionnent, se soutiennent avec un fonds de roulement d'importance médiocre. Elle sera dans une certaine mesure remplacée à l'aide d'une émission d'obligations remboursables par séries successives.

Si grave que soit cette restriction à la liberté des conventions, elle paraît devoir être approuvée. Les droits respectifs des intéressés sont ainsi nettement définis. Sous l'empire du Code des clauses de ce genre tendaient à confondre deux situations absolument distinctes, celles d'actionnaire et d'obligataire. En accordant à l'actionnaire le droit de se faire rembourser sa mise par fractions, pendant la durée de la société, on l'élevait peu à peu au rang de créancier. A la vérité, il ne concourait pas avec les obligataires dans la liquidation et devait, en pareille hypothèse, leur abandonner les fonds qu'il avait encore dans la société. Mais ce qu'il avait touché avant cette époque, il l'avait touché légitimement et le conservait tout comme eût fait un véritable créancier. S'il est bon que les relations juridiques soient d'une extrême souplesse et puissent se modifier suivant les besoins des contractants, encore faut-il reconnaître au législateur le droit d'empêcher des équivoques propices à des pratiques frauduleuses.

Fréquemment les sociétés ont essayé d'effectuer des remises d'apports en rachetant des actions. Il est clair que le résultat est exactement le même. Rachat ou remise, l'actionnaire reçoit la valeur de son action qui sort de la caisse sociale; le capital est réduit d'autant. On a soutenu cependant la validité de cette opération. L'argument principal était tiré de son utilité financière. Souvent c'est un moyen pour les administrateurs de débarrasser le marché des titres qui l'encombrent et de relever le cours. Mais sans compter qu'un acte ne devient pas licite parce qu'il est profitable, cette manœuvre de bourse ne laisse pas que d'être suspecte; c'est au bon état de ses affaires, à la régularité et à la prudence de son administration que la société doit demander la bonne tenue de ses actions.

Aussi les tribunaux n'ont-ils pas hésité à prononcer la nullité de ces rachats et à obliger les actionnaires à rapporter les sommes qu'ils avaient reçues. De plus la vente étant nulle, le vendeur conserve la qualité d'actionnaire et, si l'action n'est pas entièrement libérée, doit effectuer les versements qui lui sont réclamés (1).

Evidemment le rachat opéré par la société ne serait pas moins irrégulier s'il était fait sous le couvert du gérant agissant en apparence *proprio nomine*. Il suffirait de démontrer la simulation pour que l'acte fût traité comme il doit l'être et déclaré nul (2).

Un auteur a été plus loin : il a soutenu que le gérant d'une commandite ne peut se rendre acquéreur d'actions alors même qu'il les prendrait réellement pour son compte personnel. Ce serait, d'après cette opinion, affaiblir les garanties promises aux tiers, car les sommes payées par le gérant, faisant déjà partie comme tous ses biens du gage des créanciers sociaux, n'augmentent pas les ressources de la société et ne peuvent être considérées comme réellement versées ; si elles entrent dans le capital actions, elles sortent du patrimoine du gérant ; l'augmentation d'une des parties du fonds social est compensée par une diminution de l'autre ; la prétendue souscription se réduit à un déplacement de valeur ; la société s'est payée elle-même (3).

Une simple observation suffit pour détruire ce raisonnement. Le gérant, pour être tenu envers les créanciers, n'en est pas moins maître de disposer de sa fortune comme il l'entend. Les tiers ne pouvant attaquer ses biens que comme ils se comportent, ne peuvent se plaindre de les voir diminuer. La comparaison entre le capital actions et le patrimoine du gérant manque de fondement, puisque leurs droits sur le patrimoine sont absolument indéterminés.

On doit considérer comme vente et annuler la convention par laquelle le gérant reçoit avec transfert en blanc des actions qu'il s'engage à négocier et dont il verse immédiatement la valeur à l'actionnaire. La cour de Bourges n'avait vu là qu'une opération habile si elle servait à soutenir le cours des actions, engageant la responsabilité du gérant si elle avait été mal conduite, mais dans tous les cas parfaitement valable en elle-même et dégageant complètement l'actionnaire. La cour de Cassation rétablit les vrais principes et donna satisfaction aux droits des tiers : « Attendu, dit-elle, que la mise une fois versée dans la caisse sociale de-

(1) Civ. 14 décembre 1869, D. P. 70, 1, 170. Bourges, 24 décembre 1870, D. P. 72, 2, 222.
(2) Paris, 18 janvier 1862. D. P. 62, 2, 181.
(3) Molinier, n° 524.

« venant la propriété commune de tous les associés et le gage des créan-
« ciers sociaux, ne peut être retirée qu'à la suite d'une liquidation faite
« dans l'intérêt de tous ; qu'il résulte de là que toute convention inter-
« venue entre le gérant de la société et l'un des actionnaires ayant pour
« résultat direct ou indirect de restituer à celui-ci la mise par lui versée
« ou de l'affranchir des versements restant à faire doit être réputée nulle
« et de nul effet comme contraire à la prohibition de la loi et à l'essence
« même de la commandite..... casse. » (1)

Toutefois, si le gérant est parvenu à effectuer la négociation dans de
bonnes conditions et à revendre toutes les actions pour un prix égal ou
supérieur aux sommes qu'il a comptées aux actionnaires, le préjudice
n'existant plus, ni la société ni les tiers ne peuvent critiquer l'opération (2).

Il ne faut pas confondre avec le rachat d'actions l'amortissement qui
consiste à rembourser les actions à l'aide des bénéfices. C'est une mesure
à laquelle recourent les sociétés les plus prospères et les plus loyale-
ment conduites. Elle sert à restreindre le nombre des actionnaires et
même, si elle est poussée assez loin, à les supprimer. Ordinairement les
actions remboursées ne sont pas purement et simplement éteintes. On les
transforme en *actions de jouissance* qui permettent aux titulaires de
prendre part aux profits sociaux sans leur laisser aucun droit dans le
partage du fonds social qui à la dissolution advient tout entier aux associés en nom. Les gérants gagnent à cette transformation une plus grande
liberté dans la conduite des affaires sociales. Quant aux tiers, ils n'éprouvent aucun préjudice, puisque les dépenses sont payées sur des bénéfices qui en tout état de cause revenaient aux associés et que le capital
n'est pas entamé.

Il arrive souvent qu'un commanditaire, pour se libérer des versements
qui lui restent à faire, abandonne au gérant ses actions déjà en partie
libérées. Si la société les met en vente et retire de quoi parfaire l'apport,
les créanciers ne peuvent élever d'objections ; mais si elle les conserve,
ou bien si le prix de vente reste inférieur à ce qui est encore dû (ce qui
arrivera fréquemment, car cet abandon n'aura lieu en général que si les
affaires sociales sont compromises), on retombe dans un véritable cas de

(1) Civ. Cass. 18 fév. 1868, D. P. 68, 1, 833. En ce sens sur le renvoi Riom 22 fev.
1870. D. P. 71. 2. 00.
(2) Req. 11 janv. 1866. D. P. 67. 1. 499.

remise partielle. Les tiers intéressés ne peuvent se voir opposer cette apparence de *datio in solutum* ruineuse pour la société, et ont le droit de contraindre l'actionnaire à payer la différence (1).

Cette solution doit être étendue même au cas où il a été stipulé dans les statuts que l'actionnaire qui refuserait de s'acquitter serait déchu de ses droits et perdrait avec son action les sommes déjà versées. Evidemment l'actionnaire ne peut tirer un droit de cette clause pénale et contraindre la société à recevoir ses titres en paiement ; mais il semblerait que si la société le déclare frappé de déchéance, elle le fait à ses risques et périls et que le débiteur est libéré du reste de sa mise, si désavantageux que soient les résultats produits par la vente ultérieure de l'action ; on pourrait même être tenté de dire qu'user d'une clause pénale n'est à aucun degré un acte à titre gratuit comparable à une remise et que l'actionnaire doit être déchargé même à l'égard des tiers.

Une telle argumentation ne peut se soutenir devant la loi de 1867 ; elle aboutirait à rendre la souscription du capital en partie conditionnelle, ce qui est impossible.

Il est clair d'ailleurs que les droits de la société et des tiers subissent, s'il y a lieu, la restriction admise par l'art. 3, et que notamment force est aux intéressés de se contenter du produit de l'exécution, si le débiteur récalcitrant avait acquis l'action depuis sa conversion en titre au porteur.

§ 3. Dividendes fictifs.

Aux principes que l'on vient d'exposer se rattachent les règles concernant l'attribution des bénéfices aux commanditaires. Elles ont en effet pour but de déterminer quand il y a véritablement bénéfice, quand au contraire la prétendue répartition n'est qu'une délibation du capital social portant atteinte aux droits des tiers, et comment ceux-ci peuvent obtenir réparation des dommages qui leur sont causés.

1° *Quand y a-t-il bénéfice ?*

Faut-il se placer à l'époque de la liquidation et ne considérer comme profits légitimement acquis au commanditaire que l'excédant de l'actif sur

---

(1) Cf. Rennes, 31 décembre 1867. D. P. 70, 2, 11.

le passif existant à cette époque ? Faut-il au contraire admettre que des *distributions de dividendes*, pour employer le mot consacré, peuvent être régulièrement faites pendant la durée de la société, alors même que son compte de liquidation se solderait en perte ? Dans le premier système, les actionnaires d'une société tombée en faillite sont tenus à rapporter des dividendes qu'ils ont touchés alors que la société prospérait et que ses inventaires constataient des profits. D'après le second, les dividendes perçus dans ces conditions appartiennent définitivement au commanditaire.

L'année même de la rédaction du Code, la Cour de Rouen se prononça en faveur de la première opinion. La situation, disait-elle, ne peut être définitivement réglée que quand la société a pris fin ; sinon le commanditaire pourrait reprendre sa mise en tout ou en partie sous forme de dividendes.

Mais il est facile de découvrir le vice de ce raisonnement. Par hypothèse, le commanditaire n'a été payé que sur une valeur dont s'était accru l'actif social. Sa mise n'a pas cessé de faire partie du fonds. Sans doute, il peut se faire que lors de la liquidation elle ait disparu. Mais pourquoi ? parce qu'elle aura déjà été absorbée par les créanciers, bien loin de leur avoir été soustraite. Or le commanditaire n'est tenu des pertes que jusqu'à concurrence des sommes qu'il a apportées ; il ne s'est pas engagé à faire entrer un centime de plus dans le gage des créanciers (art. 31 Co.) ; il a donc pleinement satisfait à ses obligations et ne doit aucun compte à raison des droits qu'il a exercés dans la société.

Cette vérité avait été formellement reconnue par le Conseil d'Etat dans la discussion du titre des sociétés : une proposition consacrant le système de la Cour de Rouen avait été combattue, convaincue d'erreur et rejetée. Aussi l'arrêt fut-il cassé. Vainement sa solution fut-elle reproduite par la Cour de Paris, devant laquelle l'affaire avait été renvoyée ; elle resta sans autorité dans la jurisprudence et la doctrine, qui depuis longtemps sont unanimes pour décider en sens contraire.

Logiquement, l'actionnaire devrait pouvoir à chaque opération se présenter à la caisse, et en cas de succès toucher dans les bénéfices une part proportionnelle à son intérêt. Mais cette application rigoureuse du principe est impossible. Les affaires d'une maison de commerce sont incessantes, complexes, reliées les unes aux autres, de telle sorte qu'il serait le plus souvent arbitraire et dangereux de les isoler et de faire pour chacune prise séparément la balance des profits et des pertes. Ni a comptabilité, ni le crédit de la société ne résisteraient à un pareil système. Aussi est-ce un usage universel de ne faire d'inventaire qu'à des intervalles éloignés, tous les ans ou tous les six mois. On considère en bloc les opérations que constate l'inventaire ; les pertes sont compensées jusqu'à due concurrence avec les profits ; l'excédant, s'il en existe, constitue le bénéfice qui peut être réparti entre les ayant-droit.

Forcément, lors de la confection des états annuels ou semestriels, il existe des entreprises en cours, des créances dont le recouvrement est incertain. Les valeurs douteuses doivent figurer dans l'inventaire ; mais elles ne peuvent être prises en considération dans le calcul des bénéfices. On ne doit y faire entrer que les deniers encaissés ou les valeurs dont le recouvrement est sûr et immédiat. Il faut, selon l'expression de la loi de 1856 (art. 13, 3°), que le bénéfice pour former la matière d'un dividende soit réellement acquis. En soutenant le pourvoi formé dans l'intérêt de la loi contre l'arrêt de Douai qui avait acquitté Mirès, M. Dupin disait : « Il ne faut pas considérer le droit abstrait à un bénéfice, tel qu'il « peut résulter d'une stipulation : il faut encore que ce bénéfice ait été « réalisé. On ne partage pas des espérances même bien fondées : on ne « partage pas une clause, mais des écus. Un dividende avant de sortir de « la caisse d'une société doit d'abord y être entré (1). »

Dans l'affaire de la Société immobilière (Pereire et autres), la cour de Paris a justement déclaré qu'un gérant ne devait faire figurer dans les profits, ni la plus-value qu'une expertise attribuerait à des immeubles sociaux, ni des créances à long terme comme celles résultant de la vente de terrains payables par un service d'annuités de la durée de dix, vingt, ou trente ans (2).

Les bénéfices, aussitôt qu'ils ont été constatés et répartis en dividende, conformément aux statuts, appartiennent aux actionnaires. Si le gérant ne procède pas à la distribution, ils peuvent l'actionner, et si avant qu'ils n'aient intenté leur action la société tombe en faillite, ils peuvent figurer dans la masse comme créanciers. Il en est ainsi alors même qu'ils auraient volontairement laissé leurs dividendes à la disposition de la

(1) Cass. 23 juin 1862. D. P. 62. 1. 305.
(2) Paris, 16 avril 1870, D. P. 70. 2 121 et sur pourvoi Rej. 7 mai 1872 D. P. 72. 1.233.

société, se bornant à en faire créditer leur compte courant. Ce n'est pas là une mise mais un véritable prêt.

On a contesté cette solution comme permettant au commanditaire de retirer une partie de sa mise au préjudice des créanciers sociaux. Mais la mise n'est pas plus retirée que si l'associé avait perçu annuellement ses bénéfices. Le résultat est exactement le même dans les deux cas. L'associé ne prend jamais qu'un surcroît de valeur : si au moment de la liquidation ce surcroît reste seul dans l'actif social, si la valeur de la mise a disparu, c'est que les créanciers en ont déjà fait leur profit : le commanditaire ne leur doit plus rien, et comme les dividendes lui ont été légitimement acquis, il a droit de les réclamer. Le fait de laisser son débiteur jouir de la somme due après qu'elle est devenue exigible n'est pas assurément une cause de déchéance (1).

2° Recours des créanciers à raison de distributions de dividendes fictifs.

Quand les bénéfices ont été exagérés ou totalement supposés, quand des dividendes fictifs ont été distribués, les droits des créanciers sociaux sont profondément atteints ; leur gage est entamé, et il est cette fois vrai de dire que les actionnaires ont retiré par une voie détournée une partie de leur mise. De là pour les créanciers un droit incontesté d'agir. De même qu'ils peuvent exiger les versements destinés à compléter les apports, de même ils peuvent exiger des restitutions qui doivent reconstituer le capital dans son intégrité primitive.

Le Code ne réglait rien à cet égard. On restait donc sous l'empire du droit commun ; les créanciers réclamaient la reconstitution des mises ; les actionnaires ne pouvaient tirer aucune exception de leur bonne foi ; qu'ils eussent ou non été trompés par le gérant, ils avaient reçu des valeurs sur lesquelles ils n'avaient aucun droit ; ils devaient s'en dessaisir.

(1) Molinier, n° 555. Demang. sur Bravard, I, p. 359. Contrà Béd.ride’ n° 233-235. On ne peut invoquer contre l'opinion admise ci-dessus l'autorité d'un arrêt de rejet tout récent du 5 août 1873 qui a refusé au commanditaire le droit de réclamer à l'associé en nom des dividendes qu'il lui avait permis d'employer aux affaires sociales ; car la chambre des requêtes s'est bornée à déclarer à l'abri de la censure de la Cour de cassation, l'arrêt qui décide en fait que ces dividendes doivent être considérés par une interprétation des clauses de l'acte social et de la volonté des parties comme ayant augmenté la commandite et ayant péri avec elle. (Rejet d'un pourvoi formé contre un arrêt de Douai du 27 janv. 1873. Req. 5 août 1873. *Droit* du 8 août.)

Ces conséquences étaient à coup sûr rigoureuses. L'actionnaire ordinairement peu versé dans les affaires et dans la comptabilité pouvait en toute sécurité sur la foi d'un inventaire mensonger recevoir des dividendes pendant plusieurs années, les consommer *lautius vivendo*, puis tout à coup se trouver en présence d'une réclamation qui lui imposait des sacrifices d'autant plus ruineux qu'ils étaient plus imprévus. Mais devait-on hésiter entre des associés qui avaient touché des bénéfices illicites et les créanciers d'une société en faillite réclamant ce qui leur était dû?

Aussi le législateur de 1856 laissa-t-il subsister l'application du droit commun. Il voulut seulement assurer le recours des actionnaires contre les vrais coupables. En conséquence, il organisa sévèrement la responsabilité du conseil, chargé de surveiller le gérant. De plus ces distributions de dividendes fictifs qui causaient de si graves perturbations et dans la société et dans la fortune particulière des associés, lui parurent mériter autre chose qu'une sanction de droit civil. Dans l'alinéa 3 de l'art. 13, il frappa des peines de l'escroquerie le gérant qui y avait procédé en l'absence d'inventaire ou au moyen d'inventaires frauduleux.

Ici encore la réaction qui aboutit à la loi de 1867 devait faire sentir son influence. Déjà on avait pu constater dans la jurisprudence de regrettables faiblesses. En 1862, un arrêt d'Aix avait exempté du rapport des actionnaires qui prétendaient avoir ignoré l'irrégularité des dividendes distribués. La commission du Corps législatif s'inspira de cette doctrine. Développant une idée qu'avait indiquée la cour, elle prétendit justifier l'immunité qu'elle accordait aux actionnaires en invoquant par analogie la règle sur l'acquisition des fruits par le possesseur de bonne foi. « Sans doute, ajoutait le rapporteur, il n'y a pas en droit identité « absolue entre les fruits perçus *bonâ fide*, qui laissent intact le capital « et des dividendes ou des intérêts fictifs qui sont une partie du capital ; « cependant il y a au fond parité de situation; car de même que le pos- « sesseur de bonne foi, l'actionnaire les a considérés comme des fruits « industriels de son capital, il les a employés à ses dépenses journa- « lières. »

On peut dire que le système du rapporteur n'a pas besoin d'autre réfutation. Si la loi autorise le possesseur à conserver les fruits, c'est qu'il ne cause au propriétaire qu'un préjudice restreint; c'est aussi que le propriétaire est lui-même responsable du préjudice qu'il souffre. Pourquoi s'est-il laissé par négligence dépouiller des produits de sa chose ? Il n'a pas à se plaindre de la loi qui tient cet abandon pour définitif : c'est à lui-même qu'il doit s'en prendre d'abord. Il a commis une faute : rien de plus juste que de n'en pas rejeter toutes les conséquences sur le possesseur qui a joui sans fraude. Nous ne nierons pas que dans le cas où des dividendes fictifs ont été touchés dans l'ignorance de leur véritable nature, l'actionnaire ne soit digne de quelqu'intérêt. Il est dur qu'une erreur devienne une cause de ruine. Mais que l'on suppose une personne persuadée qu'une forêt dont elle a la possession lui appartient : elle y abat un canton de futaie sans égard à l'aménagement régulier. Quand le propriétaire revendiquera, suffira-t-il au possesseur d'invoquer sa bonne foi et de montrer au juge la ruine qui le menace pour échapper à la demande en dommages-intérêts qui sera intentée contre lui? Non: il a détruit une partie du fonds, il doit réparation au propriétaire. C'est l'image exacte de l'actionnaire qui concourt en recevant les dividendes fictifs à la destruction du capital.

Étrange emploi de l'analogie que de s'appuyer sur des principes posés pour un cas précisément contraire à celui qu'il s'agit de régler ! Le droit commun admet une solution en matière de perception de fruits et la condamne quand il s'agit du fonds lui-même : on invoque le droit commun pour étendre sa solution aux prélèvements opérés sur l'actif social. Le droit commun décide expressément que la bonne foi ne suffit pas pour dispenser un possesseur de restituer ce qui appartient à autrui : c'est au nom du droit commun que l'on autorise l'actionnaire en vertu de sa seule bonne foi à s'approprier le gage des créanciers.

Le Conseil d'État résista d'abord avec énergie ; mais la commission maintint son amendement et le défendit devant la Chambre. Les commissaires du gouvernement se voyant sur le point d'échouer finirent par s'y rallier et aujourd'hui, d'après l'art. 10 : « Aucune répétition de dividen« des ne peut être exercée contre les actionnaires, si ce n'est dans le cas « où la distribution en aura été faite en l'absence de tout inventaire ou « en dehors des résultats constatés par l'inventaire. »

Ainsi, dès qu'un inventaire a été dressé et que les dividendes sont distribués conformément à ses constatations, la bonne foi de l'actionnaire est présumée. L'inventaire peut constater des bénéfices alors que la société est à la veille de la faillite; il n'importe pas ; les dividendes sont légitimement perçus. Toutefois, le rapporteur a fait une réserve pour le cas où on établirait une collusion entre l'actionnaire, le gérant et le conseil de surveillance. On pourrait douter que cette preuve fût admissible, tant l'article s'exprime en termes absolus : mais c'est ici le cas ou jamais d'appliquer la maxime *fraus omnia corrumpit* : l'actionnaire s'est rendu au moins moralement complice d'un délit d'escroquerie, il serait trop déplorable qu'il pût en conserver le fruit.

Dans les deux cas au contraire où l'article conserve l'action en répétition, l'actionnaire ne serait pas reçu à prouver qu'il a agi de bonne foi. L'indulgence de la loi a ses limites ; elle ne peut protéger une crédulité trop grossière pour n'être pas fautive et trop avantageuse pour n'être pas suspecte de dol. N'avoir pas jeté les yeux sur l'inventaire ou ne s'être pas même assuré s'il existait, est une lourde négligence dont l'associé doit réparation, aujourd'hui surtout qu'il a toute facilité pour vérifier l'état des affaires (art. 12. Loi de 1867).

Du reste, il ne faut pas se faire d'illusion : ces hypothèses de négligence ou de fraude sont à peu près irréalisables. Jamais une assemblée, pour peu qu'elle soit nombreuse, ne sera sollicitée par les gérants de prendre sciemment part à une distribution irrégulière. Jamais un conseil de surveillance exposé aux plus graves responsabilités s'il laisse par fraude ou par imprudence opérer des délibations sur le capital, ne permettra une répartition de dividendes en l'absence d'inventaire ou malgré les constatations d'un inventaire. L'art. 10 aboutit ou peu s'en faut à supprimer toute espèce de recours contre les actionnaires pour perception de dividendes fictifs.

Du moins, qu'on approuve ou qu'on blâme les solutions de la loi nouvelle, il est impossible d'y voir une loi interprétative de la législation précédente et à ce titre de l'appliquer à des dividendes reçus avant sa promulgation. Un arrêt d'Aix ne l'a décidé ainsi que par une erreur certaine que la cour de Cassation n'eût pas manqué de relever, car quelques mois après elle maintenait un arrêt de la même cour qui obligeait un actionnaire au rapport de dividendes perçus de bonne foi antérieurement à 1867 (1).

La loi n'a pas cru devoir laisser sans protection même les actionnaires de mauvaise foi. Elle borne à cinq ans l'action qui peut être exercée contre eux. Si la responsabilité avait été maintenue en cas de bonne foi,

---

(1) Aix, 3 août 1869. D. P. 71, 2, 76. — Req., 15 novembre 1869, D. P. 69, 1, 311.

cette limite ne pourrait être qu'approuvée; ce serait atténuer dans une juste mesure les conséquences d'une erreur qui n'est pas toujours inexcusable ; ce serait aussi éviter de pousser trop loin dans le passé des recherches et des vérifications difficiles. Mais quelle indulgence méritent des actionnaires qui ont sciemment détourné le gage des créanciers ? Était-il donc nécessaire de calmer si promptement leurs inquiétudes ; et la loi devait-elle les aider à mettre leur butin en sûreté? Devant une fraude aussi flagrante, il n'y a pas à alléguer la difficulté de recherches tardives. Dans un des deux cas prévus par la loi, il ne peut pas même en être question, puisque par hypothèse l'inventaire constate l'absence de bénéfices.

Encore faudrait-il que le point de départ de ce délai si bref fût fixé à une époque où les créanciers sont en mesure d'agir. Or il leur sera très-difficile de faire preuve du préjudice qu'ils éprouvent tant que la société sera *in bonis*. Ils devront donc ou faire déclarer la faillite, extrémité souvent périlleuse, ou rester dans l'inaction, au risque de laisser prescrire leur recours. Le rapporteur, pour justifier le délai de cinq ans alléguait l'analogie de l'action dirigée contre les associés après la dissolution : il est à regretter qu'ici encore il se soit contenté d'une analogie imparfaite et n'ait pas du moins assigné à l'action en répétition le même point de départ, c'est-à-dire le jour de la liquidation.

Quoiqu'il en soit, du moment où la loi abrégeait le délai de la prescription, elle avait une question transitoire à régler au sujet des dividendes perçus indûment sous l'ancienne législation. D'après le dernier alinéa de l'art. 10 : « Les prescriptions commencées à l'époque de la « promulgation de la présente loi et pour lesquelles il faudrait encore suivant les lois anciennes plus de cinq ans à partir de la même époque seront accomplies par ce laps de temps. » Le sens grammatical de cette disposition n'est point parfaitement clair ; mais l'esprit de la loi ne laisse subsister aucun doute ; elle entend que ces prescriptions soient accomplies par cinq ans révolus à partir de sa promulgation. Ainsi, depuis le 29 juillet 1872, aucune action pour répétition de dividendes touchés avant la législation actuelle ne peut plus être intentée, sauf les effets des interruptions ou des suspensions. L'art. 2281 C. civ. contient une disposition semblable à l'égard des prescriptions pour lesquelles l'ancien droit exigeait plus de trente années. Ces abréviations de délai n'ont rien de contraire à la non-rétroactivité ; puisque le temps requis pour prescrire ne peut former au profit du créancier matière à droit acquis.

Il est important de déterminer exactement la nature de l'action en répétition de dividendes fictifs.

D'après une première opinion, ce serait purement et simplement la répétition de l'indû. Dans la mesure fixée par les statuts la société est débitrice envers les actionnaires des bénéfices réellement acquis. Quand elle leur remet des dividendes en l'absence des bénéfices, elle leur paie ce qu'elle ne doit pas.

Les créanciers ont bien un droit propre pour exiger le versement des mises : mais les mises ont été effectuées ; leur droit est épuisé ; ils agissent du chef de la société. Veut-on même qu'ils aient encore une action directe, elle sera modelée sur celle de la société, et bien qu'ils n'aient rien payé eux-mêmes et qu'ils ne se trouvent pas exactement dans le cas prévu par les art. 1376 et suiv., ils ne pourront employer que la *condictio indebiti*.

De là les conséquences suivantes : le recours étant fondé sur les principes du droit civil n'a rien de commercial ; le tribunal civil sera seul compétent ; les intérêts ne pourront être réclamés qu'au taux de 5 0/0 (1).

Par application des règles particulières de la *condictio indebiti*, l'action ne peut être exercée quand la société a payé sachant qu'elle ne devait pas. Si cependant on reconnaît aux créanciers un droit propre, cette exception ne leur est pas opposable, la fiction de libéralité étant incompréhensible à leur égard.

Enfin les intérêts sont dus à partir du paiement si l'actionnaire l'a reçu de mauvaise foi ; à partir seulement du jour de la demande s'il l'a reçu de bonne foi.

On aperçoit facilement toute la gravité de ces déductions, surtout de l'application de la règle : *si sciens se non debere solvit, cessat repetitio.* Ceux qui n'accordent aux créanciers que le droit d'agir du chef de la société aboutissent en fait à rendre toute répétition impossible, car il sera bien rare que le gérant ait ignoré l'état des choses. Ceux qui leur laissent une action directe, s'ils suivent l'opinion admise en jurisprudence que les créanciers ne peuvent poursuivre les commanditaires tant que dure la

(1) Civ. rej. 8 mai 1867. D. P. 67. 1.193.
(2) V. en ce sens les motifs présentés à l'appui d'un pourvoi contre un arrêt de Rouen, rejeté par arrêt du 3 mars 1863. D. P. 63. 1. 123.

§

société, arrivent à reculer la répétition jusqu'au jour de la liquidation.

Cette manière d'envisager l'action en restitution de dividendes fictifs est erronée parce qu'elle est incomplète. Evidemment l'action offre, si l'on se place au point de vue de la société, tous les caractères de la *condictio indebiti*. Mais elle n'a pas pour fondement unique le principe que nul ne peut conserver au détriment d'autrui un enrichissement sans cause. Elle renferme un élément de plus. Il y a entre la société et les actionnaires des rapports contractuels tout autres que ceux qui existent d'ordinaire entre un *solvens* et un *accipiens* Les associés se sont engagés à lui constituer son capital et quand elle réclame ce qu'elle leur a remis à tort, elle ne leur demande pas seulement l'exécution de l'obligation négative que contracte quiconque s'enrichit sans cause, mais encore l'accomplissement de l'obligation positive qu'ils ont contractée en s'associant. Elle n'invoque pas seulement le paiement de l'indû : elle invoque aussi le pacte social.

Il en est de même pour les créanciers. Du moment où ils ont traité avec la société, ils ont acquis un droit indépendant du sien à l'exécution de toutes les clauses du pacte concernant les obligations des commanditaires et la constitution du capital. C'est ce droit qu'ils exercent : c'est l'acte constitutif qu'ils invoquent.

Dès lors, si l'on admet, comme nous l'avons fait suivant l'opinion prédominante, que l'obligation de verser sa mise contractée par un commanditaire envers la société est une obligation commerciale, il est impossible de dénier ce caractère à l'obligation de restituer les dividendes fictifs qui en dérive directement ou plutôt n'en est qu'une transformation comme l'obligation de garantie contre l'éviction n'est qu'une transformation de celle de livrer la chose vendue. D'où les conclusions suivantes : la juridiction consulaire est compétente ; les intérêts peuvent être réclamés au taux ordinaire du commerce (1).

En même temps disparait l'interdiction de répéter lorsque le paiement a été fait en connaissance de cause ; c'est une règle toute spéciale à la *condictio indebiti* ; son existence est controversée ; ceux même qui l'admettent ne peuvent méconnaitre qu'elle est sujette à critique ; on ne saurait donc l'étendre à une action qui ne présente pas exactement les caractères de la *condictio*. Il y a plus : le recours a pour but de reconstituer

<hr>

(1) Req. 3 mars 1853, D. P. 63. 1. 125 — Bourges 25 décembre 1870. D, P. 72. 2. 212. Bourges 21 août 1872. D. P. 73. 2. 31.

e capital de la société. Or il est d'ordre public que le capital soit constitué comme le promet le pacte social. La société ne peut faire expressément aux actionnaires un remise gratuite de tout ou partie de leurs apports : *a fortiori* ne peut-on écarter sa réclamation en lui opposant une présomption de remise tacite.

En poussant jusqu'au bout l'idée que l'action en restitution n'est pas autre que celle tendant à obtenir le versement, on serait tenté de décider que les actionnaires doivent les intérêts des sommes par eux touchées depuis le jour où ils les ont reçues (art. 1846, 1er alinéa) sans égard à leur bonne foi. Mais la conséquence est inadmissible. On sait quelles précautions prend la loi pour éviter que les intérêts ne courent à l'insu du débiteur, elle fait une exception à l'égard de l'associé, mais évidemment elle n'entend pas lui tendre de piége. Dans l'hypothèse de l'art. 1846, l'associé ne peut ignorer qu'il est débiteur. Or tel n'est point le cas lorsque de bonne foi il a reçu des dividendes fictifs. C'est un des côtés par lesquels l'action exercée contre lui touche à la répétition de l'indû ; on doit donc en appliquer au cours des intérêts les règles si équitables (1).

Il est clair que le commanditaire ne saurait être recherché pour les agissements de ses cessionnaires. Les créanciers ne pourraient recourir contre lui à raison du retrait de la commandite indûment opéré par le titulaire actuel de ses actions. Ces principes sont de toute évidence et de toute justice ; mais il importe de les rappeler pour ne pas s'abuser sur les garanties qu'ont les tiers contre les remises illicites. En fait elles sont des plus incertaines lorsque le titre a été converti en titre au porteur et cédé par le souscripteur originaire ; il sera très-difficile de découvrir les porteurs auxquels le remboursement irrégulier a été fait, ou les dividendes fictifs distribués ; les créanciers seront réduits à exécuter les actions à la bourse ou à exercer les divers recours qui leur sont ouverts contre les administrateurs de la société.

§ 4. — Intérêts distribués aux actionnaires.

Beaucoup de sociétés ont l'habitude de distinguer dans les sommes qu'elles servent annuellement, à leurs actionnaires une fraction égale au revenu que produiraient les mises placées au taux ordinaire et la désignent sous le nom d'intérêt. Les actionnaires ont ainsi à toucher deux sortes de coupons, les uns d'intérêts, les autres de dividendes.

(1) Cf. L'arrêt de rejet du 3 mars 1863 déjà cité.
(2) Cf. Rouen 1er mai 1861 D. P. 72. 2. 68.

En pratique, la distinction présente une véritable utilité. C'est un moyen de répartition commode pour la société ; les coupons d'intérêts sont payés à des intervalles plus rapprochés que les coupons de dividendes, ordinairement de six mois en six mois ; la société n'a pas besoin d'attendre son bilan. De plus, il devient ainsi facile d'assurer à ceux dont les fonds sont exposés, une part plus forte dans les bénéfices qu'à ceux qui n'apportent que leur industrie ou dont les actions sont amorties. Ajoutons que la stipulation d'intérêt satisfait un préjugé général ; elle donne à l'action l'apparence d'un placement sur obligation ; elle dissimule son caractère aléatoire et contribue à inspirer aux porteurs une sécurité qui fortifie le crédit social.

Mais en allant au fond des choses, il faut reconnaître que servir un coupon d'intérêt n'est pas autre chose que faire une répartition de bénéfices. L'associé n'a pas fait un prêt, il ne peut donc venir comme créancier en concours avec les créanciers sociaux et réclamer un intérêt pour les valeurs qu'il a versées dans le fonds social, pas plus que l'associé qui apporte un immeuble ne peut se présenter comme bailleur et réclamer des loyers : il a seulement droit à des bénéfices.

De là résulte invinciblement que les principes précédemment posés sont applicables et que si la société n'a pas réalisé de profits, le paiement des intérêts doit être refusé.

Telle n'est pas cependant la solution qui prévaut en pratique. La jurisprudence tend de plus en plus à admettre que les statuts assurent valablement aux actionnaires des intérêts prélevés au besoin sur le capital. Un arrêt de rejet de la chambre civile (1) a même été jusqu'à décider que cette clause n'avait pas besoin d'être publiée pour être opposable aux tiers. L'erreur était certaine, l'art. 39 c. de comm. (art. 57, loi de 1867), exigeant la publication du montant de l'apport. A la supposer valable, l'obligation de servir des intérêts grève l'actif, diminue le montant des mises et doit par conséquent être indiquée dans l'extrait. Aussi la cour paraît-elle abandonner en ce point sa jurisprudence et imposer la publicité (2). Mais cette exigence de forme ne touche pas au fond de la question et laisse intacte la validité de la clause.

C'est au moment de la création des grandes sociétés industrielles que

(1) Civ. rej. 8 mai 1867, D. P. 67, 1, 193. — Arrêt rendu d'ailleurs contrairement aux conclusions de M. l'avocat général Blanche.
(2) Civ. rej. 15 déc. 1869 rapproché de l'arrêt attaqué, D. P. 70, 1, 179.

s'introduisit l'usage de stipuler des intérêts à prendre sur le capital social. La stipulation était déjà fréquente en 1838 : l'art. 23 du projet de loi substitué par la chambre au projet du gouvernement la prohibait formellement. « Dans les sociétés en actions, y était-il dit, aucune répar- « tition ne pourra être faite aux actionnaires, sous quelque dénomination « que ce soit, que sur les bénéfices nets constatés par les inventaires. » Mais cette tentative échoua avec le reste du projet.

Il faut le reconnaître, la clause est absolument nécessaire, au moins pendant une assez longue période, aux sociétés les plus importantes peut-être, aux compagnies de chemins de fer. Les compagnies à leur dé- but n'ont que des dépenses à faire sans profit à espérer : il faut avant tout construire la ligne ; le public refuserait ses capitaux s'il fallait les voir si longtemps improductifs. Force était bien de faire fléchir la rigueur des principes. Le Conseil d'Etat dut s'y prêter et permit le paiement des intérêts avant la mise en exploitation. La même autori- sation fut accordée à la compagnie de l'Isthme de Suez, qui n'a guère payé moins de 100 millions de francs de dividendes fictifs sous le nom d'intérêts avant de livrer son canal à la navigation.

Tout en cédant devant la nécessité, le Conseil d'Etat prenait les pré- cautions les plus sévères ; il rejetait la clause, chaque fois qu'il le pouvait sans dommage pour la société (1) ; il interdisait aux compagnies de payer aucun intérêt aussitôt que la ligne était ouverte. En outre les intérêts ne pouvaient jamais grever que la partie du capital dépassant le minimum au-dessous duquel dans les sociétés anonymes l'actif social ne peut des- cendre sans que la société soit mise en liquidation ; or si la société a été convenablement organisée, cette partie est rarement insuffisante pour faire face au passif.

Mais la pratique s'empara de ces précédents ; l'issue était ouverte, la clause ne tarda pas à se généraliser. Aujourd'hui elle est admise sans aucune restriction ; la liberté des sociétés anonymes a supprimé les résis- tances que lui opposait le Conseil d'Etat (2).

---

(1) Comp. de Courcy, *Examen de la loi de 1867*, p. 161.

(2) Voir cep. un arrêt qui la condamne formellement dans un cas où le comman- ditaire était d'une mauvaise foi manifeste et connaissait l'insolvabilité du gérant, le versement incomplet du fonds social, et les fictions des inventaires, Req 6 mai 1868. D. P. 69. 1. 232. — La Cour de Paris a décidé que l'actionnaire ne pouvait opposer la stipulation aux créanciers sociaux pour prendre dans la faillite des inté- rêts antérieurement échus dont il avait laissé la jouissance à la Société (14 août 1863, D. P. 68. 5. 376)

Dans la doctrine, elle ne manque pas de partisans. Quelques-uns ont voulu la justifier par l'idée que toute somme d'argent placée doit produire intérêt: erreur économique qu'il n'est pas besoin de réfuter. D'autres ont cru qu'il suffisait de présenter le paiement des intérêts comme une charge du capital rentrant dans les frais généraux. Mais il reste à savoir si cette charge est légitimement imposée. Les frais généraux comprennent les dépenses d'administration, le salaire des employés, etc., toutes dépenses dont la société reçoit l'équivalent sous une forme quelconque. Que représente au contraire le service des intérêts ?

L'argumentation la plus solide est certainement celle de M. Troplong (I, n° 191), l'auteur avoue franchement la nature de ces prétendus intérêts et il y reconnait des prélèvements opérés sur le capital. « Mais, ajoute-t-il, « comment ne voit-on pas que dès l'instant que les statuts ont permis des « répartitions d'intérêts, c'est comme s'il était convenu, clairement et « invinciblement convenu que le capital nominal ne serait pas le capital « effectif et que la mise consisterait non dans la somme versée, mais dans « ce qui en resterait après les intérêts payés ? Que parle-t-on de la sû- « reté des créanciers qui ont traité avec l'association ? Est-ce qu'ils n'ont « pas lu l'acte de société ? »

Ainsi présentée sous son véritable caractère, la clause échappe à la plupart des critiques qui lui sont ordinairement adressées. On a cru réfuter M. Troplong en objectant que de son propre aveu le capital diminuant à chaque prélèvement, les intérêts devraient diminuer dans la même proportion (1). Mais comme M. Troplong part de l'idée que ces prétendus intérêts n'en sont pas, que leur nom est une pure fiction, création arbitraire de la volonté des parties maitresses de régler leurs obligations comme elles l'entendent, l'objection ne se soutient pas.

Néanmoins, même en se plaçant à l'époque où écrivait M. Troplong, il y aurait beaucoup à dire sur une convention qui « décore les délibations « du capital d'un nom trompeur et qui détourne les capitaux de leur « vraie destination qui est de rester intacte. » Etait-il possible d'admettre que la volonté des parties rendit valables de pareilles dissimulations, qu'un associé reprit légitimement, en l'appelant intérêt, le capital qu'il avait versé ? Quoiqu'on en dise, ce pouvait être là pour les tiers et pour

(1) Demang. sur Brav., I, p. 362.

les actionnaires eux-mêmes une cause d'illusions dangereuses et incompatibles avec les règles d'une bonne administration.

On aurait pu croire que la loi de 1867 trancherait en termes exprès une controverse agitée depuis si longtemps : elle est absolument muette. Le rapporteur a il est vrai déclaré qu'en principe ce que la loi dit des dividendes s'applique aux intérêts annuels, mais il ajoute : « aux intérêts perçus comme résultats sinon de bénéfices proprement dits, au moins à titre d'excédant de l'actif sur le passif (n° 34 du rapport). » Dans son commentaire plus explicite encore, il réserve en termes exprès la clause permettant de prendre les intérêts sur le capital dont, à titre d'opinion personnelle, il admet la validité (n° 91-92).

Pourtant malgré son silence sur la question, la législation actuelle nous paraît fournir un argument décisif contre le système de M. Troplong. Elle exige que dès le début le capital soit définitivement souscrit ; elle repousse toute variation qui jetterait l'incertitude sur l'état de la société. Il suffit de reconnaître qu'il s'agit d'une clause stipulant le retrait partiel des mises pour qu'on doive la prohiber (1). Les créanciers peuvent donc réclamer les intérêts indûment payés comme toute autre espèce de dividendes fictifs, conformément à l'art. 10 de la loi de 1867.

Au reste, si l'interprète n'ayant pas qualité pour refaire la loi doit accepter les solutions qui en découlent, il ne doit pas méconnaître combien les inconvénients en sont graves. Il serait à désirer que le législateur intervint pour concilier les usages du commerce avec les principes et qu'imitant les anciennes traditions du Conseil d'Etat, il admit les dérogations que commandent les nécessités financières ; que par exemple il admit le service d'intérêts pendant que la société prépare son matériel et organise son exploitation.

IV. Conseils de surveillance. Leur responsabilité.

§ 1. Origine des conseils de surveillance.

La responsabilité du gérant tenu *in infinitum*, appuyée de celle des commanditaires tenus jusqu'à concurrence de leurs mises, suffit à inspirer

(1) En ce sens Demang. sur Brav. t. p. 352. Beudant, dissertation sur un arrêt de Rej. de la cour de Cassation. 8 mai 1867. D. P. 67. t. 193 Delangle n° 370. — Comp. Bédarride, Loi de 1867, art. 10.

confiance au public dans les commandites simples ; rarement les affaires
de ces sociétés sont assez étendues pour que le crédit du commerçant
qui les dirige, s'il est bien établi, ne paraisse pas une garantie solide ;
les commanditaires n'ont aucun moyen d'échapper à leurs obligations ;
il est facile pour les tiers d'apprécier les ressources sociales.

Il n'en est pas de même des commandites par actions. Leurs entreprises sont en général plus considérables et comme les risques deviennent
plus grands, les garanties qu'offre l'obligation du gérant diminuent. On
demande aux commanditaires des sommes plus importantes, et en même
temps la division du capital en actions leur permet trop souvent d'éluder
les conséquences de leurs souscriptions. Aussi ces commandites ont-elles
senti la nécessité de se renforcer par l'adjonction d'un nouvel élément
qui promit une gestion prudente et qui, au cas où des fautes auraient été
commises, pût dans une certaine mesure répondre du dommage. Elles
instituèrent des conseils de surveillance chargés de contrôler les actes
du gérant.

Mais ce qui paraissait devoir être une cause de sécurité ne fut à l'origine qu'une cause de déception. Les sociétés s'adressaient à des personnages jouissant d'une notoriété plus ou moins bien acquise dans le
monde financier ou politique. Moyennant des avantages pécuniaires elles
obtenaient leur adhésion, les formaient en conseil et paraient de leurs
noms, de leurs titres, de leurs décorations, les prospectus qu'elles ré-
pandaient dans le public. Le conseil n'avait aucune influence sur la gestion ; le plus souvent il ne se réunissait que pour la forme, et se bornait
à toucher ses jetons de présence. Ses membres ne connaissaient la société
que par les profits qu'elle ajoutait à leurs revenus. Eussent-ils voulu
exercer une surveillance effective, ils en eussent été détournés par la
crainte de s'immiscer et d'encourir la même responsabilité personnelle
que le gérant.

N'empêchant ni une imprudence ni une fraude, ils ne réparaient rien
quand arrivait une catastrophe. Vainement les victimes, actionnaires ou
créanciers, essayaient de les atteindre. Ils n'avaient pris aucun engagement, ils n'avaient accepté aucun mandat défini qui permit de les déclarer en faute. Ils restaient sains et saufs au-dessus de la société en ruine
sans avoir servi qu'à grever son passif de leurs riches appointements.

Malgré ces déplorables résultats, le législateur de 1856 comprit que
l'institution des conseils de surveillance pouvait devenir une sauvegarde

pour le public et une force pour la société ; il suffisait que la loi et les tribunaux usant de fermeté les obligeassent à tenir ce qu'ils avaient fait espérer.

Il prit à ce sujet trois dispositions ; d'abord il décida que toute commandite par action devait être pourvue d'un conseil ; en second lieu, il précisa les attributions de ses membres ; il tenta enfin d'organiser sa responsabilité dans les cas les plus graves.

Encore incomplètes en bien des points et obscures en d'autres, ces dispositions furent améliorées par la loi de 1867, qui profita des solutions de la jurisprudence.

On étudiera successivement : la composition du conseil, ses attributions, les faits qui le constituant en faute l'obligent à réparation, la mesure de sa responsabilité.

§ 2. Composition du conseil.

Le conseil doit être composé de trois membres au moins : la loi de 1856 en exigeait cinq ; le chiffre actuel qui est encore suffisant a l'avantage de faciliter sa formation.

L'art. 5 exige impérieusement qu'il soit constitué, pour que la société puisse commencer ses opérations. Mais pour détruire l'usage abusif autrefois très-répandu de laisser au gérant le choix du conseil par lequel il devait être surveillé, elle lui interdit soit de s'en réserver la nomination directe, soit d'en désigner les membres dans les statuts. Le conseil doit être nommé par l'Assemblée générale aussitôt que la société est constituée. Quand il y a des apports en nature, la nomination est faite généralement par l'assemblée chargée de les vérifier, mais, à moins de clauses spéciales, elle a lieu à la majorité ordinaire et non à la majorité particulière de l'art. 4.

Si le gérant néglige de se faire adjoindre un conseil, la société est nulle, comme si le capital n'avait pas été souscrit ou le quart versé. La nullité n'est pas opposable aux tiers par les associés ; elle ne peut être invoquée que par les tiers contre les associés, par les tiers entre eux, ou enfin par les associés les uns contre les autres. En un mot, elle suit les règles déjà exposées à propos de la nullité faute de publicité (art. 7).

Lorsque le conseil se trouve réduit par démission, mort ou exclusion, au-dessous du chiffre légal, on doit procéder aussitôt que possible au remplacement des membres manquants ; mais il est clair que la société n'est pas tenue de se comporter comme si elle n'avait pas encore eu de conseil nommé, et d'arrêter ses opérations commencées ; ce serait, sous prétexte de la protéger, la mener droit à la faillite.

Les membres du conseil doivent être pris parmi les actionnaires. La loi a voulu, en leur donnant un intérêt propre à la bonne administration, tenir leur vigilance en éveil, et les rendre moins accessibles à l'influence ou aux suggestions du gérant. Une seule action suffit : on n'en pouvait exiger plus, sous peine de rendre impossible l'élection de certains hommes spéciaux dont les lumières peuvent être utiles. Mais il faut convenir que réduite à ces termes, la précaution de la loi devient illusoire. Un intérêt de 500, quelquefois même de 100 francs est un bien faible stimulant, et la somme est trop minime pour embarrasser un gérant qui voudrait mettre des gens à lui en état de se présenter au vote de l'assemblée.

Afin d'assurer les droits des actionnaires, la loi a pris soin d'imposer une durée limitée au mandat qu'ils confèrent. Les statuts doivent déclarer le conseil soumis à la réélection. A la différence de ce qui avait lieu sous la loi de 1856, qui exigeait au moins une réélection tous les cinq ans, ils en règlent librement l'époque et les conditions. Toutefois, le premier conseil choisi à un moment où les actionnaires ne se connaissant pas ont dû improviser l'élection, n'est nommé que pour une année (art. 5, *in fine*).

On s'est demandé, en présence de l'art. 5, si une commandite se formerait valablement avec un nombre d'actionnaires inférieur à trois. Sous la loi de 1856, où la question se présentait dans les mêmes termes, sauf la différence de chiffre, la cour d'Aix a rejeté une demande en nullité formée contre une société composée d'un gérant et d'un actionnaire. Nous adoptons sans hésiter cette solution. On ne peut prétendre que dans l'hypothèse la réduction du chiffre des membres du Conseil au minimum légal offre un danger. Loin de là ; la loi n'a statué que sur le *plerumque fit*. Si elle adopte le régime représentatif et pour l'organiser exige un conseil de trois membres, c'est qu'elle ne pouvait admettre en principe la surveillance de tous les actionnaires ; mais l'exercice direct du contrôle présente encore plus de garantie Aucune disposition d'ailleurs ne prohibe les commandites à moins de trois actionnaires. On ne peut imposer à la liberté des conventions une telle restriction, alors qu'elle ne se justifie pas en raison et qu'elle ne s'appuie pas sur un texte précis.

§ 3. Fonctions du conseil de surveillance.

Le conseil de surveillance est exclusivement, comme son nom l'indique, un conseil de contrôle. Il n'a pas à prendre part à la gestion. Le gérant conserve la direction libre des affaires sociales, conformément aux principes de la commandite.

L'art. 6 impose au premier conseil nommé une mission spéciale : « Le « premier conseil doit immédiatement après sa nomination vérifier si « toutes les dispositions contenues dans les articles qui précèdent sont ob- « servées. » Ainsi il doit vérifier si le capital est souscrit, si le premier quart est versé ; si les actions sont nominatives, ou si leur conversion a eu lieu régulièrement ; enfin si les apports qui ne consistent pas en numéraires sont estimés dans les formes voulues.

Quand la société est entrée en fonctions, les membres du conseil doivent en surveiller la marche. D'après l'art. 10, ils vérifient les livres, la caisse, le portefeuille et les valeurs. Il font chaque année à l'assemblée générale un rapport dans lequel ils doivent signaler les irrégularités et les inexactitudes qu'ils ont reconnues dans les inventaires et constater s'il y a lieu les motifs qui s'opposent aux distributions de dividendes proposées par le gérant. On avait eu la pensée de les associer à la confection de l'inventaire ; mais on a craint de les faire sortir de leur rôle et de leur donner une influence trop directe sur la gestion. Ils doivent purement et simplement vérifier les résultats. Ils ont à cet effet la faculté de s'entourer de tous les renseignements, la comptabilité doit être à leur disposition, les magasins doivent leur être ouverts, ils peuvent compter les espèces renfermées dans la caisse, etc.

Mais tout leur pouvoir se borne à examiner et à avertir. Quand ils ont exposé à l'assemblée les raisons qui leur font repousser les propositions du gérant, ils ont accompli leur devoir et épuisé leurs moyens d'action. Aucun veto ne leur appartient. L'assemblée prononce souverainement à ses risques et périls.

Ce n'est pas seulement lors de la confection de l'inventaire que le conseil peut et doit exercer son contrôle. Une surveillance n'a toute son efficacité que si elle est permanente. C'est le seul moyen de déjouer les arrangements trompeurs des écritures ou des magasins, bref toutes les fraudes inévitables quand les inspections ont lieu à jour fixe. Aussi l'art.

10 s'exprime de la manière la plus générale. L'art. 11 consacre encore plus explicitement ce droit d'intervenir chaque fois que les intérêts de la société l'exigent. Il autorise le conseil lorsqu'il le croit nécessaire à convoquer l'assemblée, afin de prendre son avis sur la dissolution de la société, et si l'avis est affirmatif, à former la demande en justice.

Il semblait résulter de l'art. 9 de la loi de 1856 que le conseil pouvait lui seul provoquer la dissolution. C'était un droit exorbitant, plein de périls pour la société. Des instances de cette nature ne doivent être introduites que si la situation est désespérée. Aussi la jurisprudence avait-elle repoussé ce système malgré l'appui qu'il trouvait dans le texte : elle obligeait le conseil à demander l'avis de l'assemblée et à s'y conformer. La loi actuelle a consacré la solution des tribunaux. Il ne s'ensuit pas d'ailleurs que l'assemblée puisse mettre un veto absolu sur les demandes en dissolution. Elle est appelée à délibérer uniquement sur celle que le conseil se propose de suivre collectivement et en sa qualité. Mais aucun texte ne restreint la faculté accordée par l'art. 1871 C. civ. à tout associé de poursuivre la dissolution s'il en a des causes légitimes. Les membres du conseil comme les autres peuvent exercer ce droit ; seulement ils agissent comme simples associés et sans apporter à l'appui de leur action le grave préjugé qui résulte d'une décision prise officiellement par le conseil.

§ 4. Fautes du conseil. Caractère et mesure de sa responsabilité.

La loi de 1856 s'était abstenue de poser un principe général : elle avait procédé par solutions particulières.

Dans le cas où la société était annulée pour inobservation des conditions nécessaires à sa constitution, elle disposait « que les membres du « conseil de surveillance pouvaient être déclarés responsables solidaire- « ment et par corps avec les gérants de toutes les opérations faites pos- « térieurement à leur nomination » (art. 7).

Outre cette hypothèse, elle en prévoyait deux autres : 1° celle où un membre du conseil avait sciemment laissé commettre dans les inventai- res des inexactitudes graves ; 2' celle où il avait en connaissance de cause consenti à la distribution de dividendes non justifiés par des inventaires sincères et réguliers. Dans les deux cas elle le déclarait responsable avec le gérant solidairement et par corps du préjudice subi par les actionnaires ou par les tiers.

Malgré ces dispositions restreintes, les tribunaux n'avaient pas hésité à poser en règle que les membres des conseils de surveillance répondaient comme mandataires de tous les dommages causés par leur faute dans l'accomplissement de leur mission.

Il existait donc deux sortes de responsabilité : l'une extraordinaire emportant la solidarité et la contrainte par corps, applicable aux faits visés par les art. 7 et 10, et portée par l'art. 7 à un degré exceptionnel de rigueur ; l'autre de droit commun prononcée quand les conditions exigées par ces textes ne se trouvaient pas réunies (1).

Enfin une opinion évidemment excessive s'était fait jour qui prétendait soumettre le conseil de surveillance à la responsabilité des actes de gestion. C'était méconnaître complétement son rôle. Comment le rendre responsable d'actes sur lesquels il n'avait aucune décision à prendre, sur lesquels il n'était même pas chargé de donner des avertissements ?

Tel était l'état des choses en 1867. La loi nouvelle posa nettement les principes et trancha les controverses les plus graves.

L'art. 9, dans son premier alinéa, condamne le système qui voulait que le conseil pût être recherché à raison des actes de la gestion. Dans sa seconde partie, il sanctionne la théorie de la jurisprudence et décide que chaque membre du conseil de surveillance est responsable de ses fautes personnelles dans l'exécution de son mandat, conformément au droit commun. Enfin la loi ne reconnait plus de responsabilité extraordinaire ; le droit commun suffit à tout ; on doit purement et simplement se reporter aux règles du Code civil ; les membres du conseil de surveillance ont reçu un mandat de la société, leurs obligations en cas de faute sont fixées envers elle par les art. 1992-1994.

Il en est de même à l'égard des tiers. Sans doute ceux-ci n'ont pas concouru à la nomination du conseil, mais le conseil a reçu le mandat légal de veiller à leurs intérêts. De même que les commanditaires sont tenus envers eux du versement de leurs apports, bien qu'ils ne le leur aient pas promis directement, de même le conseil de surveillance est responsable à leur égard de l'accomplissement de son mandat, bien qu'il

(1) Metz, 14 août 1867. D. P. 67. 2. 179. Colmar, 3 juin 1869. D. P. 69. 2. 171. Req. au 23 fév. 1870. D. P. 71. 1. 22. Lyon, 24 juin 1871. D. P. 71. 2. 185.

ne le tienne pas d'eux. Dans l'une et l'autre hypothèses, il existe au pro-fit de ceux qui traitent avec la société sur la foi des engagements pris par les divers associés un droit propre à en obtenir l'exécution.

La loi ne s'occupe en détail que d'un seul cas : celui où la société est annulée pour constitution irrégulière. Sur ce point les dispositions de la loi de 1856 étaient ambiguës. Les membres du conseil pouvaient être déclarés responsables solidairement et par corps avec les gérants de toutes les opérations faites postérieurement à leur nomination, ce qui aboutissait à les obliger *in infinitum* comme des associés en nom. Mais en même temps l'article en employant l'expression « peuvent être dé-clarés, etc., » laissait aux tribunaux un pouvoir discrétionnaire pour prononcer sur la responsabilité. Ce pouvoir allait-il jusqu'à substituer, lorsque la faute était reconnue, à la responsabilité de tout le passif ré-sultant des opérations postérieures à la nomination du conseil, celle seu-lement des opérations qui avaient échoué par suite de la constitution imparfaite ou de l'annulation ? En d'autres termes les juges pouvaient-ils effacer la responsabilité extraordinaire pour n'appliquer que celle déri-vant des principes généraux du mandat ? Les arrêts l'admettaient : de là une grande incertitude sur les droits des personnes lésées.

D'autre part la loi n'indiquait pas quel conseil était tenu. On en avait conclu que c'était non-seulement le premier, certainement coupable pour n'avoir pas empêché la constitution irrégulière, mais encore tous ceux qui lui avaient succédé, auxquels on pouvait reprocher de n'avoir pas relevé l'irrégularité lorsqu'ils étaient entrés en fonctions.

La loi de 1867 a complétement modifié la législation antérieure. Son art. 8 est ainsi conçu : « Lorsque la société est annulée aux termes de « l'art. précédent, les membres du conseil de surveillance peuvent être « déclarés responsables avec le gérant du dommage résultant pour la « société ou pour les tiers de l'annulation de la société. »

Ce texte fait disparaître la première difficulté, en supprimant la res-ponsabilité spéciale. Les tribunaux n'ont plus à appliquer que la respon-sabilité de droit commun, dans l'appréciation de laquelle ils gardent toute latitude.

Sur le second point, il adoucit l'interprétation généralement donnée. Le premier conseil est seul en cause. Rien de plus juste : c'est trop exiger des membres élus ultérieurement, que de les contraindre à examiner dans tous ses détails la formation d'une société qu'ils voient en pleine activité.

Il semble à première vue que l'annulation ne peut causer de domma·
ges aux créanciers sociaux, puisque les associés ne peuvent leur opposer
la nullité. Mais il n'en est rien. On sait en effet, que les créanciers des
associés ont en cette matière un droit propre, indépendant de celui de
leur débiteur et qu'ils peuvent faire déclarer la nullité même au regard
des créanciers sociaux. De là, pour ces derniers un grave préjudice,
puisqu'ils perdent leur droit de gage exclusif sur le fonds.

En outre, il ne faut pas s'abuser sur le sens de l'expression consacrée :
la nullité ne peut être opposée aux tiers par les associés. Elle signifie
qu'à leur égard, les engagements sociaux sont maintenus. Mais il ne s'ensuit pas qu'ils puissent contraindre la société irrégulièrement constituée
à continuer ses affaires. Il faut bien que la liquidation ait lieu. Si dans
cette liquidation ils se présentent avec tous leurs droits de créanciers
sociaux, ils n'en subiront pas moins les conséquences d'une liquidation
forcée : la dépréciation des marchandises en magasin, la ruine du crédit
qui souvent oblige à terminer dans de mauvaises conditions des opérations heureusement commencées et qui peut rendre impossible des paiements que dans un état normal la société aurait facilement effectués. Souvent enfin, la société aura contracté des obligations de faire.
Forcée de se dissoudre elle ne pourra pas toujours les acquitter. De là,
des dettes de dommages-intérêts qui grossissent le passif. On comprend
de quel intérêt est pour les créanciers leur recours contre les membres du
conseil. On comprend aussi combien ils seront souvent amenés à provoquer une annulation, qui non-seulement hâtera le réglement de leurs droits,
mais encore qui est la condition nécessaire de leur action, puisqu'il est
impossible, avant l'annulation prononcée, de déterminer le dommage qui
en résulte (1).

Evidemment il faut que le dommage dont la réparation est demandée
soit dûment justifié. Les créanciers ne seraient pas admis à réclamer
une indemnité pour les bénéfices qu'ils prétendraient manqués par suite

(1) Req. 9 juillet 1851, D. P. 61, 1, 411, — Bédarr., n° 179. — Il est vrai qu'en
demandant la nullité, les créanciers sociaux perdent leur droit de gage : mais cette
considération est moins grave qu'elle ne le paraît. De deux choses l'une, ou les
associés n'auront pas de créanciers personnels, du moins en assez grand nombre
pour que le privilége soit utile et alors la nullité sera sans inconvénient : ou bien
ils auront des créanciers intéressés à ne pas être primés par les créanciers sociaux
et qui en ce cas ne manqueront pas de faire tomber le privilége en demandant eux-
mêmes la nullité.

de la dissolution ; ce sont là des espérances dont la réalisation était trop incertaine pour que leur perte puisse fonder une action en dommages-intérêts.

Si la nullité résulte de l'inobservation des formalités prescrites relativement aux apports, sujets à la vérification, l'art. 8, dernier alinéa ajoute à la responsabilité du conseil de surveillance celle des associés qui ont fait les apports non vérifiés et la soumet aux mêmes règles.

Dans le cas où une société est irrégulièrement constituée, il se peut que le dommage causé aux tiers ne vienne pas de l'annulation, mais se rattache directement au vice de la constitution. Ce sera par exemple une société dont le capital n'aura pas été entièrement souscrit, dont personne ne demandera la nullité, mais qui disposant de ressources trop faibles, tombera en faillite. L'hypothèse ne rentre pas dans les termes de l'art. 8, qui prévoit exclusivement le cas d'annulation ; mais le droit de recourir contre les membres du conseil de surveillance n'est pas douteux ; du moment qu'ils ont commis une faute, l'art. 9 les en rend responsables.

On a vu que sous la loi de 1856 la responsabilité pour annulation de la société présentait des caractères exorbitants du droit commun, que notamment elle entrainait la solidarité avec le gérant. Il n'en est plus ainsi aujourd'hui : l'art. 8 ne faisant qu'une application pure et simple de la responsabilité générale établie par l'art. 9, n'a pu édicter une même obligation pour des personnes revêtues de mandats différents.

La loi ne détermine plus les faits qui pendant la durée de la société peuvent mettre en jeu la responsabilité du conseil. Elle évite par là les difficultés auxquelles avait donné lieu l'art. 10 de la loi de 1856, en entrant dans des applications de détail qui sont bien plutôt l'œuvre du juge que du législateur.

On devra, sauf les circonstances particulières de la cause, regarder comme faute engageant la responsabilité des membres du conseil de surveillance, le fait d'avoir sans prévenir l'assemblée laissé le gérant entamer le capital social par des rachats d'actions, des remises de versements, des distributions de dividendes fictifs ou encore par le prélèvement d'un salaire qui ne devait lui être payé que sur les bénéfices nets ; le fait de n'avoir pas éclairé l'assemblée sur la situation de la société, celui d'avoir laissé porter à l'actif des créances irrécouvrables, d'avoir laissé exagérer la valeur des marchandises en magasin ; en un mot d'avoir laissé commettre des inexactitudes graves dans l'inventaire (1) ; la négligence des devoirs qui leur sont imposés par l'art. 9 ; le fait de n'avoir pas prévoqué la dissolution quand elle était nécessaire.

S'il y a eu dans le conseil des avis différents, la minorité qui s'est opposée à la faute que la majorité a commise est évidemment soustraite à toute poursuite. Pour s'assurer l'indemnité, elle devra faire constater sa résistance sur les procès-verbaux. Les absents seront de même affranchis de la responsabilité, mais à la condition que leur absence ne constituera pas elle-même une faute, sinon ils seront frappés comme les autres. Leur négligence ne peut leur profiter ; ou bien en s'abstenant de paraître aux délibérations du conseil ils en ont accepté les résultats, ou bien s'ils prétendent qu'ils se réservaient de combattre l'opinion qui a prévalu, ils s'avouent coupables de ne pas l'avoir fait : un membre du conseil ne peut se faire remplacer par un tiers. Investi d'une mission de confiance personnelle, il doit s'en acquitter lui-même ; s'il a envoyé un substitué, il répond de toutes les suites (1994).

Les Cours d'appel apprécient souverainement l'étendue de la responsabilité. D'après les règles du mandat elles doivent se montrer plus ou moins sévères, selon que les membres du conseil ont des fonctions gratuites ou non. La rétribution d'ailleurs est de règle : elle est reçue en général sous forme de jetons de présence.

Une autre circonstance influe sur l'obligation du conseil : la conduite des tiers. Si ceux-ci ont été imprudents, ils doivent s'imputer en partie le dommage qu'ils souffrent ; leur faute atténue d'autant la responsabilité qu'ils invoquent (2).

Enfin entre les membres du conseil il peut y avoir des distinctions à établir. Quand par exemple les fautes se sont continuées pendant une longue période, ceux qui ont été en fonctions moins longtemps que les autres doivent être tenus d'une part moins forte (3).

Aujourd'hui la responsabilité n'étant pas autre que celle qui incombe à des comandataires, la solidarité n'existe jamais entre le gérant et le conseil. Quant aux membres du conseil entre eux, ils ne seront en prin-

(1) Le conseil ne pourrait s'abriter derrière une cause portant que les créances seraient comptées pour leur valeur nominale tant qu'on pouvait en espérer le recouvrement. Une telle clause serait nulle comme contraire à l'ordre public. Angers, 11 janvier 1867, D. P. 67, 2,19.

(2) Angers, arrêt cité, Civ. rej. 1868, D. P. 68. 1, 177.

(3) Angers, arrêt cité. Metz 11 août 1867, D. P. 67, 2. 170.

cipe que débiteurs conjoints. Mais une exception doit être admise. On sait qu'un délit de droit civil commis collectivement oblige chacun des codélinquants au tout. Le cas échéant, on fera application de cette règle : peu importe que la loi de 1867 garde le silence à cet égard puisqu'il agit d'un principe de droit commun. On doit seulement se rappeler que la solidarité admise en ce cas, n'est, au moins d'après une opinion très-générale, qu'une solidarité imparfaite ne produisant pas les effets des art. 1205, 1206, 1207.

Avant 1867, la jurisprudence, sous l'influence de la Cour de cassation considérait le conseil qui laissait sciemment le gérant distribuer des dividendes fictifs, comme civilement responsable de ce délit et lui infligeait l'humiliation de comparaître en police correctionnelle à l'audience où l'auteur était frappé de peines répressives. Outre sa grande rigueur, ce système paraît difficile à justifier. La responsabilité civile est une exception qui ne peut être étendue au delà des cas prévus par la loi (art. 1383, 1384) ou du moins des cas tout à fait semblables. La première condition est une autorité sur le délinquant ; or le conseil est sans autorité d'aucune sorte sur le gérant. C'est donc avec raison que dans l'art. 15 *in fine* la loi déclare que ses membres ne sont pas civilement responsables des délits commis par le gérant. La solution ancienne avait l'avantage d'aggraver moralement la responsabilité ; mais la nouvelle est assurément plus juridique.

CHAPITRE V.

SOCIÉTÉ ANONYME.

I. Historique.

C'est dans la société anonyme que l'idée de la personnalité et de la responsabilité limitée qui ont entre elles d'étroits rapports, ont atteint leur dernier terme. Il n'existe plus d'associés responsables sur leurs biens particuliers. Les mises seules sont engagées. Aussi la société ne se présente-t-elle plus au public sous le couvert d'une raison sociale renfermant les noms de quelques-uns des associés et indiquant la connexion étroite qui subsiste entre eux et la personne fictive : elle n'est connue que par un titre qu'elle choisit arbitrairement et qu'elle tire d'habitude de l'objet de ses affaires. Elle est constituée en personne absolument distincte de celle des associés, ayant un patrimoine propre et qui en contractant n'engage que ce patrimoine.

L'ancien droit connaissait de puissantes sociétés constituées sous cette forme. Leur création nécessitait l'intervention du pouvoir royal. Presque toutes exerçaient de grands monopoles, comme la compagnie des Indes Orientales qui pouvait seule faire le commerce dans l'Indoustan et dans toutes les mers d'Orient et du Sud, depuis le cap de Bonne-Espérance jusqu'au détroit de Magellan.

C'était à elles qu'était réservée exclusivement la faculté d'émettre des actions : aussi les appelait-on sociétés par actions, tandis que le nom de société anonyme avait un sens tout différent. L'édit qui les autorisait réglait toute leur organisation et leurs rapports avec les tiers : il constituait un véritable code particulier ; de là le silence que gardent à leur égard la plupart des jurisconsultes, malgré leur importance financière, commerciale et industrielle.

Quand la loi du 2 mars 1791 eut proclamé en France la liberté de l'industrie, de nombreuses sociétés par actions se formèrent. Les perspectives qu'ouvraient à l'agiotage les troubles politiques, jointes à la dépréciation des assignats et à la rareté du numéraire, valurent une grande faveur aux titres qu'elles émettaient. Leur papier couvrait le marché et menaçait d'achever l'avilissement du papier de l'Etat. Il fallait à tout prix sauver les finances de la République. Cambon, un des administrateurs les plus habiles et les plus patriotes de la Convention, n'hésita pas. En même temps qu'il uniformisait la dette, et créait le grand livre, il fit porter un décret abolissant toutes les sociétés par actions. Vainement la compagnie des Indes essaya d'échapper et corrompit trois députés qui falsifièrent le décret ; elle subit le sort commun (1). La crise à laquelle la France était en proie, justifiait ces mesures de salut public : mais la prohibition ne pouvait subsister dans des temps plus calmes. Sous le directoire, une loi du 30 brumaire an IV la leva. Le Code de 1807 mit la société par actions sous le nom de société anonyme au nombre des trois formes de société qu'il reconnut. On a vu qu'il autorisa également la division du capital en actions pour les commandites.

Depuis la loi de brumaire, les sociétés par actions jouissaient d'une liberté complète. Non-seulement l'Etat ne les soumettait à aucune surveillance, mais encore la loi n'avait pris aucune précaution contre la fraude. Le Code, pour réprimer les abus auxquels cet état de choses avait donné lieu, rétablit l'autorisation. Sous ce régime, grâce à la fermeté et à l'intelligence avec lesquelles le Conseil d'Etat remplissait sa mission, les sociétés anonymes prospérèrent et menèrent à bien les plus vastes entreprises, entre autres la création du premier et du second réseau des chemins de fer.

Néanmoins, on reprochait avec raison une contradiction à nos lois. A côté de la société anonyme, elles admettaient la commandite par actions qui n'en diffère que par la garantie souvent insignifiante que présente l'obligation du gérant et ne la soumettaient pas à l'autorisation préalable. Par là, le système préventif, peut-être efficace s'il eût été appliqué dans toute sa rigueur, était frappé d'impuissance. Les restrictions qu'il mettait à la liberté des conventions ne contenaient pas les spéculateurs et ne faisaient que ralentir le progrès de l'esprit d'association. Sans doute la sanction du gouvernement avait un certain prix pour les sociétés qui en étaient revêtues, mais cela même était un danger. Le gouvernement.

(1) Thiers. *Histoire de la révolution.* Livres XVI et XVIII.

approchait de trop près la mêlée des intérêts privés ; on pouvait craindre qu'à la longue il n'y prît parti, et si mal fondés que fussent de pareils soupçons, il était exposé à en souffrir.

En 1863, il fit de lui-même un premier essai du régime de liberté. Une loi promulguée le 29 mai de cette année permit de constituer sans autorisation des sociétés dites à *Responsabilité limitée* qui n'étaient autres que des sociétés anonymes dont le capital ne pouvait dépasser vingt millions. Ce système mixte était un emprunt à la législation anglaise.

Il était clair que cette demi-liberté ne pouvait subsister et qu'on en arriverait à un système uniforme. Quatre ans après, la loi de 1867 déclara que toutes les sociétés anonymes, quel que fût leur capital, pouvaient se former sans l'autorisation du gouvernement (art. 21).

En même temps que la loi affranchit les sociétés de l'ingérence du Conseil d'Etat, elle les soumet à un ensemble de règles destinées à prévenir leurs écarts. Pour tout ce qui concerne la constitution, la négociation des actions, leur conversion en titres au porteur, la vérification des apports qui ne consistent point en numéraire, la distribution de dividendes fictifs, les règles sont les mêmes que celles qui ont été exposées au sujet de la commandite. On doit seulement noter qu'afin d'éviter l'emploi de la forme anonyme là où les autres peuvent suffire, la loi exige que le nombre des associés soit de sept au moins et autorise toute partie intéressée à demander la dissolution si pendant l'existence de la société il est réduit au-dessous de ce chiffre durant une année révolue (art. 23 et 38).

Les seuls points sur lesquels il nous reste à insister sont : l'organisation de la gestion, la constitution du fonds de réserve, enfin une clause particulière de dissolution prévue par l'art. 37, la perte des trois quarts du capital social.

II. Administration des sociétés anonymes.

L'administration des sociétés anonymes diffère forcément de celle des sociétés en commandite. Il n'existe pas de gérant responsable, pas d'associé qui en même temps qu'il encourt la plus lourde responsabilité soit désigné par la loi pour diriger les affaires ; il faut que la société constitue elle-même son gouvernement par le vote de l'assemblée générale. Elle est, dit l'art. 22 de la loi nouvelle, administrée par des mandataires à temps révocable, salariés ou gratuits.

Sous l'empire du Code elle avait toute liberté pour choisir ses mandataires ; elle pouvait les prendre dans son sein ou parmi les étrangers. Aujourd'hui ils doivent être pris parmi les associés : exigence difficile à justifier, qui a été introduite dans la loi sur l'insistance du Conseil d'Etat. Le Conseil d'Etat croyait utile de n'admettre dans la société que des personnes intéressées au succès de l'entreprise. Mais une seule action qui suffit d'après le texte de la loi est-elle un intérêt bien sérieux ? Les administrateurs d'une société anonyme sont toujours salariés : leurs émoluments ne constituent-ils pas un intérêt d'une bien autre importance ?

Dans le deuxième alinéa de l'art. 22, la commission a voulu tempérer la restriction mise par le premier au libre choix de l'assemblée. Après avoir reconnu que les membres du conseil peuvent choisir parmi eux un directeur, le texte ajoute qu'ils peuvent se substituer un mandataire étranger à la société et dont ils sont responsables envers elle. L'intention des rédacteurs était, ils l'ont répété plusieurs fois, d'éviter qu'un homme pourvu de connaissances spéciales dont le concours eût été utile au Conseil n'en fût écarté faute de posséder une action. L'hypothèse était peu vraisemblable, il est trop facile au Conseil de lever la difficulté et de fournir au collaborateur dont il a besoin le moyen d'entrer dans la société. A supposer même que le nombre d'actions exigé par les statuts fût trop considérable, il n'était pas besoin d'une disposition spéciale pour que la société obtint le concours dont elle avait besoin. La commission songeait à ces directeurs d'usine ou d'exploitation qu'on trouve dans toutes les compagnies importantes et qui sont chargés de la partie purement industrielle et technique. Or ces directeurs sont de simples agents salariés dont les fonctions sont essentiellement distinctes de celles du conseil d'administration et qui n'en font pas partie.

Si la faculté de substitution est inutile pour le cas que prévoyait le législateur, elle peut devenir abusive. « Conçoit-on par exemple, demande « M. de Courcy, les membres du Conseil se faisant représenter par « leurs secrétaires pendant la saison de la chasse ou des bains de mer ? »

(1) De Courcy. Examen de la loi du 24 juillet 1867.

La loi ne pouvait interdire aux statuts d'admettre le remplacement; mais il était au moins inutile de consacrer pour ainsi dire une clause qui peut conduire à de si singuliers résultats et qu'en général les sociétés repousseront.

Était-il bien nécessaire enfin, une fois la substitution admise, de déroger au droit commun ? D'après l'art. 1994, le mandataire ne répond pas de celui qu'il s'est substitué, hors le cas d'insolvabilité ou d'incapacité notoire ; d'après l'art. 22, il en répond dans toutes les hypothèses . de telles dispositions ne font que compliquer la loi.

Le mandat des administrateurs est d'après le texte essentiellement révocable : il faut entendre évidemment révocable *ad nutum*. C'est le droit commun en matière de mandat, et les mesures promptes sont souvent nécessaires dans le commerce. Il peut arriver que le salut de la société dépende de la destitution immédiate d'un administrateur imprudent ou infidèle. Si on admettait, comme le veut M. Mathieu, que la révocation ne doit pas avoir lieu sans de justes motifs, on contraindrait la société à des procès, pendant lesquels sa ruine pourrait se consommer.

Pour mieux assurer les droits de l'assemblée générale, le mandat est limité à six ans au maximum : au bout de ce temps, on doit procéder à une réélection. Exceptionnellement, les fondateurs de la société peuvent s'attribuer dans les statuts le droit d'administrer la société sans que leur nomination soit soumise à l'assemblée. En pareille hypothèse, une dérogation doit être admise à la règle posée plus haut. Le mandat cesse d'être révocable *ad nutvm*. Les fondateurs ont manifesté la volonté de conserver l'administration pendant le temps fixé, et les actionnaires en souscrivant ont ratifié cette prétention. Aussi la loi a-t-elle limité leurs pouvoirs à trois années seulement.

En cas de changement des administrateurs, il est clair que les tiers sont protégés par les principes du droit commun, et que s'ils ignorent la cessation du mandat, ils contractent valablement avec l'administrateur destitué ou non réélu.

L'art. 26 développe et corrobore la règle que tout administrateur doit être associé. « Les administrateurs, dit-il, doivent être propriétaires « d'un nombre d'actions déterminé par les statuts : les actions sont « affectées en totalité à la garantie de tous les actes de la gestion, « même de ceux exclusivement personnels à l'un des administrateurs,

« Elles sont nominatives, inaliénables, frappées d'un timbre indiquant
« l'inaliénabilité, et déposées dans la caisse sociale. »

La loi veut que l'administrateur qui échappe aux conséquences des
engagements sociaux soit du moins soumis à un recours certain chaque
fois qu'il aura par ses fautes ou son dol engagé sa responsabilité personnelle. L'article est emprunté à la loi de 63 ; cette loi fixait le minimum
du fonds de garantie à un vingtième du capital social. Le capital pouvant
atteindre dans la législation actuelle un chiffre illimité, il fallait nécessairement atténuer cette exigence, qui pouvait devenir énorme. Le projet
du gouvernement disposait que si le vingtième dépassait 1 500 000 fr.,
le montant des actions affectées à la garantie de la gestion, pouvait être
réduit à cette somme par une disposition des statuts. La commission
a trouvé plus simple de ne pas déterminer la quotité des fonds de garantie : les statuts la règlent comme ils l'entendent. La liberté des conventions y gagne assurément ; mais l'article y perd en grande partie de son
efficacité ; les sociétés peuvent l'éluder en réduisant la garantie à une
somme insignifiante.

La loi de 1863 voulait que les administrateurs possédassent chacun
une fraction égale des actions de garantie, de manière qu'ils offrissent
tous des sûretés égales. La loi de 1867 a effacé cette prescription, et a
imaginé de la remplacer en décidant que l'ensemble des actions répon-
drait des fautes de chacun. Il est difficile d'imaginer rien de plus injuste
que cette espèce de solidarité bâtarde. L'administrateur soigneux est
puni des fautes de son collègue négligent. Une décision est prise contre
l'avis de certains membres du conseil : elle occasionne des pertes et
engage la responsabilité des administrateurs ; la minorité qui l'a repoussée perd ses actions aussi bien que la majorité qui l'a votée ! La loi ne comporte pas de distinction. Sans doute, des débiteurs solidaires subissent
parfois les conséquences de faits auxquels ils n'ont pas pris part ; mais
outre que leur responsabilité ne s'étend pas aux dommages-intérêts, la
solidarité est préexistante. Jusqu'à la loi de 1867, on n'avait pas idée
d'une solidarité naissant d'une faute et s'étendant à des personnes res-
tées étrangères à la faute. L'exposé des motifs allègue que les administrateurs seront tout au moins coupables d'avoir mal choisi leurs collè-
gues. Sans rechercher jusqu'à quel point une erreur de ce genre peut
être une faute, il suffit de remarquer que ce ne sont pas les administra-

teurs qui se choisissent eux-mêmes, mais qu'ils sont élus par les actionnaires au profit desquels est établie la responsabilité.

Pour dernière bizarrerie, l'art. 26 est absolument dépourvu de sanction. Sa violation ne peut causer la nullité de la société puisque la loi ne le déclare pas. A une interrogation de M. Bethmont, le commissaire du gouvernement a répondu qu'elle engagerait la responsabilité des membres du conseil ; véritable naïveté, puisqu'il s'agit de mesures destinées à rendre cette responsabilité efficace. De deux choses l'une : ou l'omission n'aura causé aucun dommage, et il ne peut être question de responsabilité ; ou elle aura nui aux intéressés, c'est-à-dire qu'elle aura rendu leur action en responsabilité inefficace et ce n'est pas en les invitant à réitérer cette action qu'on remédiera au mal.

A côté du conseil d'administration, la loi a placé des commissaires chargés de surveiller la gestion. Cette institution présente des analogies avec celle du conseil de surveillance dans les sociétés anonymes : mais elle est beaucoup moins importante. Les malversations et les imprudences sont moins à craindre de la part du Conseil d'administration composé de plusieurs membres, que du gérant souvent unique des sociétés en commandite. Aussi le rôle des commissaires est-il restreint : s'ils doivent tous les ans faire un rapport à l'assemblée générale sur les résultats de la gestion, sous peine de nullité de la délibération contenant approbation des comptes ; ils ne peuvent prendre communication des livres que dans le trimestre qui précède la réunion de l'assemblée (art. 32-34).

Pour compléter le contrôle et assurer la régularité des délibérations de l'assemblée, la loi prescrit diverses mesures sur lesquelles nous n'avons pas à nous étendre puisqu'elles n'intéressent guère que les actionnaires (art. 25, 27, 28, 29, 30, 31, 32, 34, 35).

III. Responsabilité des administrateurs.

La loi de 1867 (art. 44) soumet les administrateurs à la responsabilité qui de droit commun résulte de l'acceptation d'un mandat. Le texte indique qu'elle peut être individuelle ou solidaire. Il est clair que les tribunaux devront se décider suivant que la faute aura été individuelle ou collective. Rappelons que par une dérogation exorbitante au droit commun, la responsabilité est toujours solidaire en tant que le recours de la partie lésée s'exerce sur les actions déposées en garantie.

D'après le texte formel de l'art. la responsabilité du Conseil peut être engagée aussi bien envers les tiers qu'envers la société. Parmi les fautes qui porteront préjudice aux tiers, il faut citer outre celles qui amèneront une diminution du fonds social leur gage unique, tous les excès de pouvoirs du conseil. Les actes faits dans ces conditions, n'obligeront pas la société, mais ouvriront une action contre le mandataire coupable d'avoir outrepassé son mandat. Les tiers n'ont pas besoin d'invoquer ce recours contre le gérant d'une commandite, puisque le gérant, qu'il agisse ou non dans les limites de ses pouvoirs, s'oblige toujours personnellement *ex contractu*. Dans les sociétés anonymes, les administrateurs n'étant que des mandataires, il faut de toute nécessité invoquer la faute et leur appliquer l'art. 1997. Comme l'indique cet article, leur responsabilité cesse s'ils ont donné aux tiers une connaissance suffisante de leurs pouvoirs. Mais que faut-il entendre par là ? Doit-on dire que les tiers seront toujours réputés avertis par la publicité des statuts ? A notre sens la question ne peut se résoudre d'une manière absolue. C'est au juge à apprécier. Que les tiers aient passé avec un administrateur un acte que celui-ci, d'après les règles ordinaires des sociétés, n'a pas qualité pour accomplir, compromis ou transaction par exemple, on pourra les considérer comme suffisamment instruits par la notoriété du principe et par la publicité qui le rappelle. Qu'il s'agisse au contraire d'un acte rentrant dans les pouvoirs habituels des administrateurs, mais qu'une clause particulière du pacte social leur interdit, alors la publicité donnée aux statuts 10 ans, 20 ans peut être auparavant ne suffit plus ; l'administrateur est responsable.

Presque toujours les fonctions des administrateurs sont salariées, leur responsabilité en est donc aggravée aux termes de l'art. 1992.

L'art. 42 contient une disposition spéciale pour le cas où la société est annulée par suite d'un vice dans sa constitution (inobservation des art. 22, 23 et 1, 2, 3, 4), disposition qui s'applique également au cas où une délibération modifiant les statuts est invalidée pour défaut de publicité. Il est ainsi conçu :

« Lorsque la nullité de la société ou des actes et délibérations a été « prononcée aux termes de l'article précédent, les fondateurs auxquels « cette nullité est imputable, et les administrateurs en fonctions au mo-« ment où elle a été encourue sont responsables solidairement envers les « tiers, sans préjudice des droits des actionnaires. La même responsa-

« bilité solidaire *peut* être prononcée contre ceux des associés dont les
« apports ou avantages n'auraient pas été vérifiés aux termes de l'art. 24. »

Pour résoudre les graves difficultés qu'a soulevé ce texte nous examinerons : 1° Contre quelles personnes est prononcée la responsabilité ;
2° Quelle en est la nature et l'étendue.

1° *Contre quelles personnes est prononcée la responsabilité.* La loi
parle en premier lieu des fondateurs. Ce terme introduit dans la langue
du droit par la loi de 1856 (art. 7) se définit de lui-même. On doit considérer comme fondateurs ceux qui ont eu l'idée de l'entreprise, qui ont
dressé les statuts, réuni les premières assemblées d'actionnaires, fait
appel aux capitaux. Ne rentrent pas au contraire dans cette catégorie
les personnes qui ont seulement prêté leur concours à l'organisation. La
distinction pourra présenter des difficultés de fait qu'il appartient aux
tribunaux de trancher (1).

Nécessairement, la responsabilité encourue à raison des vices de la
constitution devait retomber sur les fondateurs, puisque ce sont eux qui
jouent le rôle actif dans la création de la société. Mais ils ne sont pas
les seuls coupables. C'est un devoir évident pour les membres du premier Conseil d'administration de s'assurer que les conditions nécessaires
à l'existence de la société dont ils vont prendre la direction ont été remplies ; s'ils y manquent, il est de toute justice de les rendre responsables.
On a cependant voulu contester le sens de cette disposition en soutenant
que ce que la loi dit des administrateurs ne se réfère qu'aux nullités des
actes et délibérations et aux cas où la nullité de la société se produirait
pendant sa durée, par exemple, par suite de l'entrée au conseil d'un
membre pris hors des associés (2).

La nullité résultant d'un vice de constitution existe, dit-on, avant la
nomination des administrateurs ; on n'est donc pas dans l'hypothèse
voulue par l'article pour les déclarer responsables. Cette opinion est
inadmissible : aucune nullité ne peut évidemment se produire avant que
la société ne soit constituée. Or la constitution n'a lieu précisément
qu'après l'acceptation par les premiers administrateurs des fonctions qui
leur sont confiées. Il est donc rigoureusement vrai de dire qu'ils sont

(1) Paris, 28 mai 1869 (Crédits généraux de St-Nazaire.) D. P. 69, 2, 113.
(2) Mathieu, n° 213.

en fonctions quand la nullité, à quelqu'époque que remonte sa cause, est encourue. De plus, le texte suppose que les administrateurs et les fondateurs peuvent se trouver responsables simultanément : il dit en effet : *et*, et non pas : *ou* les administrateurs. Or si la responsabilité simultanée n'avait pas lieu pour les vices originaires, elle ne se réaliserait jamais, car une fois la société organisée le rôle des fondateurs cesse entièrement (1).

Enfin, outre les administrateurs et les fondateurs, le 2ᵉ alinéa déclare responsables les associés dont les apports en nature ou les avantages particuliers n'auraient pas été vérifiés.

2° Quelle est la nature et l'étendue de la responsabilité ? L'article établit la responsabilité, mais il ne se prononce pas sur sa nature. Est-ce celle dérivant de l'inaccomplissement du mandat qui oblige purement et simplement à la réparation du préjudice causé ? Ou bien s'agit-il de la responsabilité de la totalité du passif social, de telle sorte que les fondateurs, les administrateurs et les associés qui n'auraient pas soumis à la vérification leurs apports en nature se trouveraient tenus comme les gérants d'une société en commandite ? Le texte ni les travaux préparatoires ne fournissent d'éclaircissements. En 1863, dans le projet du gouvernément, l'art. 12, devenu dans la loi l'art. 25, dont notre art. 42 n'est que la reproduction, disait expressément : « responsables solidairement de la totalité des dettes sociales. » Ces mots ont disparu, mais le rapport, pas plus que la discussion, n'explique leur retranchement.

La Cour de Paris (affaire des Crédits de St-Nazaire), contrairement à l'opinion de la plupart des auteurs, s'est prononcée en faveur de l'obligation à la totalité du passif. C'est bien à notre avis la doctrine qui doit être suivie.

Nous laisserons de côté le premier argument donné par la Cour. La Cour fait observer que dans le langage habituel de la loi, le mot *associé responsable* signifie associé tenu de toutes les dettes sociales ; la remarque est juste, seulement l'article ne dit point que les fondateurs deviennent *associés responsables*, il se borne à les déclarer responsables.

Mais les autres motifs de l'arrêt sont décisifs. Par l'art. 27, les administrateurs sont déclarés responsables conformément au droit commun;

____

(1) Arrêt de Paris sur la société de St-Nazaire précité. — Note de M. Griolet jointe à l'arrêt dans la Jurisprudence de Dalloz.

c'est-à-dire du dommage causé par leurs fautes quelles qu'elles soient. L'art. 12 serait une superfétation s'il ne faisait à propos d'une faute particulière que consacrer cette responsabilité. On trouve, il est vrai, un double emploi analogue dans les art. 8 et 10 ; mais la disposition spéciale de l'art. 8 s'explique par la nécessité de trancher les controverses qu'avait soulevées l'art. 7 de la loi de 1856, qu'il reproduit pour l'atténuer et l'éclaircir.

Un argument semblable se tire du texte même de notre article. La responsabilité qu'il établit n'est édictée qu'au profit des tiers : quant aux actionnaires, il se contente de réserver leurs droits. Evidemment, il fait une différence entre les droits de ces deux classes de personnes : or, comme les actionnaires sont armés du recours de droit commun, il faut que les tiers aient un recours extraordinaire qui ne peut être que le droit d'agir pour tout le passif.

On peut enfin apporter à l'appui une considération non moins grave que fournit l'historique. En 1863, les sociétés en commandite étaient encore régies par la loi de 1856. Cette loi, dans le cas de nullité qui nous occupe, appliquait au conseil de surveillance la responsabilité de toutes les opérations postérieures à sa nomination. On ne pouvait en 1863 se montrer moins sévère pour les membres du conseil d'administration des sociétés à responsabilité limitée, dont les attributions étaient plus importantes. A la vérité, l'art. 8 de la loi de 1867 a transformé la responsabilité édictée par la loi de 1856 art. 7 : mais l'art. 25 de la loi de 1863, est reproduit mot pour mot par notre art. 44. L'argument n'a donc rien perdu de sa force. Il est d'ailleurs très-naturel que la loi ait adouci le premier de ces textes et conservé toutes les rigueurs du second. C'est en effet un principe du droit commercial que l'associé qui contracte avec les tiers s'oblige personnellement. Seuls les administrateurs de sociétés anonymes ont le privilége de n'être tenus que jusqu'à concurrence de leur mise. Si par leur faute, la société anonyme est irrégulièrement constituée, ils sont justement privés du bénéfice que cette forme devait leur conférer et placés sous l'application des règles ordinaires.

L'arrêt de Paris, toutefois, admet un tempérament : il fait cesser la responsabilité pour toutes les opérations postérieures « à la démission du fondateur ou de l'administrateur. » — En ce qui concerne le fondateur, cette restriction ne paraît pas admissible. Qu'est-ce d'abord que la démission d'un fondateur ? La cour a sans doute voulu désigner par ce mot impropre le moment où son rôle prend fin. Mais son rôle prend fin lorsque la société est organisée. On arriverait ainsi à supprimer dans la plupart des cas sa responsabilité, puisque rarement les sociétés en voie de formation contractent avec des tiers. Il faut donc renoncer à fixer une limite à son obligation ; elle durera autant que la société. — Quant aux administrateurs, on pourrait alléguer que leur faute est moins grave, que n'ayant pas assumé la même charge que les fondateurs, ils devraient être moins sévèrement punis. Mais le texte ne fait aucune distinction. Ce n'est pas à raison de leur gestion qu'il les frappe ; c'est à raison d'une faute unique commise lors de la constitution ; il n'y a aucun motif pour que le terme de leur gestion soit celui de leur responsabilité ; comme celle des fondateurs elle se prolongera jusqu'au jour où la société prendra fin.

On trouvera peut-être ces solutions d'une extrême rigueur : mais on doit réfléchir que le vice d'où procède la responsabilité exerce son influence sur toutes les opérations de la société et peut compromettre les intérêts de tous les tiers qui ont traité avec elle depuis son premier jusqu'à son dernier jour (1).

Les tribunaux n'ont pas à l'égard des administrateurs et des fondateurs, le pouvoir d'appréciation que leur accordait l'art. 7 de la loi de 1856 en matière de commandite : ils doivent prononcer la responsabilité dès que les faits qui y donnent lieu sont établis. Au contraire, la loi remet à leur discrétion le soin d'appliquer cette responsabilité aux associés dont les apports n'ont pas été vérifiés.

Comme le dit expressément le texte, la responsabilité est encourue solidairement par tous ceux à qui l'irrégularité de la constitution est imputable. Les tiers peuvent donc agir pour le tout contre celui qu'il leur conviendra de choisir.

Quant au point de savoir au profit de quelles personnes la responsabilité est instituée, la réponse dépend des solutions précédemment données. Si l'on admet le système des auteurs, la responsabilité peut être invoquée par les créanciers et les associés, mais ceux-là seulement peuvent agir auxquels l'annulation aura causé un préjudice. Dans le système de la jurisprudence, que nous avons adopté, l'obligation spéciale établie par notre article n'existe qu'au profit des créanciers, mais elle existe au profit de tous, sans distinction.

(1) En ce sens Griolet, note sur l'arrêt de Paris, D. P. 69, 2, 115.

Les commissaires ne sont jamais responsables que dans les termes du droit commun. On a soutenu que leurs fonctions étant tout intérieures, ils ne pouvaient être responsables qu'envers les associés. En ce sens, on allègue l'art. 42, qui ne parle effectivement que de la responsabilité envers la société. Mais cet argument *a contrario* est sans valeur. Dans toutes les précautions que la loi a prises en matière de commandite ou de société anonyme, elle a eu en vue aussi bien les intérêts des tiers que ceux des associés; au cas particulier, elle n'avait pas de motif pour faire exception. Si la négligence des commissaires préjudicie aux créanciers, les créanciers pourront agir contre eux comme dans les commandites par actions ils peuvent agir contre le conseil de surveillance (1).

IV. Fonds de réserve.

Les administrateurs d'une société anonyme ont ordinairement moins de prudence que s'ils agissaient pour leur propre compte. La loi a pris elle-même des mesures à l'effet de pallier ce danger.

L'art. 36 exige la constitution d'un fonds de réserve formé à l'aide de prélèvements d'un vingtième au moins sur les bénéfices de chaque année. Pour ne pas immobiliser un capital trop considérable, le prélèvement cesse d'être une obligation quand le fonds de réserve a atteint le dixième du capital social.

Les tiers ont, grâce à ces prescriptions, un gage assuré qui leur garantit au moins une augmentation de dividende en cas de faillite.

L'inobservation de l'art. 36, alors même que les statuts n'auraient pas rappelé l'obligation qu'il impose, engagerait la responsabilité des administrateurs, et même, selon les circonstances, celle des commissaires. Il ne peut être question de la sanctionner par une nullité dont le texte ne parle pas et qui ne ferait qu'empirer les choses.

On ne saurait d'ailleurs admettre que les tribunaux puissent ordonner de réparer l'omission à l'aide de prélèvements plus forts sur les bénéfices futurs. Une telle décision outrepasserait les exigences de la loi et vio-

---

(1) Mathieu, n° 447. — En sens contraire Bédarride, *Commentaire de la loi de 1867*, n° 489.

lerait la volonté des parties en grevant l'avenir au delà do ce qu'elles devaient attendre (1).

Encore moins peut-on voir dans la portion de bénéfices distribuée en contravention à l'art. 36 un dividende fictif. Il n'y a dividende fictif que si le capital primitif est entamé.

V. Dissolution pour réduction du capital.

En suivant le même ordre d'idées qui lui a fait imposer le fonds de réserve, la loi veut que si le capital se trouve réduit des trois quarts, l'assemblée soit appelée à délibérer sur la question de savoir si elle veut ou non prononcer la dissolution (art. 37).

Il s'agit non pas seulement du capital réellement versé, mais des trois quarts du capital-souscrit pris dans son entier. La commission du Corps législatif avait proposé un amendement consacrant la première interprétation, mais sa proposition a été repoussée, et il a été déclaré que la seconde était bien celle qu'entendait donner le législateur. On a enlevé ainsi presque toute utilité au texte, puisque grâce à l'art. 3, moitié du capital peut devenir irréalisable en fait par suite de la conversion en titres au porteur sans qu'elle puisse être considérée comme perdue ; si bien qu'une société sans un sou vaillant pourra échapper à la nécessité de délibérer sur la dissolution.

Même hors cette hypothèse, l'article n'aura qu'une médiocre utilité. Du moment que la loi intervenait d'une manière aussi grave dans l'administration, elle devait le faire hardiment. Elle a hésité, atermoyé et au lieu d'imposer la dissolution, elle a permis à l'assemblée de la discuter. L'assemblée ne sera que trop prête à partager les illusions du conseil : le maintien de la société sera presque toujours voté et la ruine que la loi voulait arrêter consommée dans un avenir plus ou moins prochain.

Dans tous les cas, la résolution de l'assemblée est rendue publique. Cette disposition contenue dans le deuxième alinéa est assurément une protection efficace pour les tiers qui seraient encore tentés de traiter avec la société. Mais la société elle-même et ceux qui ont traité antérieurement avec elle s'en trouveront moins bien. Une telle publication

(1) Bédarride, n° 113. — En sens contraire Vavasseur, n° 351.

tuera son crédit du coup et lui enlèvera toute chance de relever ses affaires.

Au reste, le plus souvent les statuts contiendront des mesures mieux combinées et empêcheront l'application d'un texte qui rend si malheureusement la pensée très-sage qui l'a inspiré.

Dans le cas où les administrateurs ne réuniraient pas l'assemblée, tous les intéressés ont le droit de réclamer la dissolution devant les tribunaux (art. 37, 3e alinéa). Il est intéressant de noter ici une sorte d'anticipation de la demande en dissolution qui, d'après le droit commun peut être fondée sur la déconfiture.

CHAPITRE VI.

Il serait intéressant, en examinant le rôle réservé à la coopération dans l'accroissement et la répartition plus égale de la richesse, de montrer comment le droit a fait fléchir ses principes ordinaires pour se prêter aux nécessités économiques et permettre aux travailleurs de parvenir à la possession du capital; mais une telle étude dépasserait les bornes de ce travail. Nous nous contenterons, après avoir indiqué sommairement les idées générales qui ont guidé le législateur, de préciser les modifications qu'il a dû introduire dans les rapports de la société avec ses créanciers, objet spécial de nos recherches.

Pendant longtemps, les associations ouvrières restèrent soumises aux règles générales des sociétés. Mais elles s'en accommodaient avec la plus grande difficulté. Elles ne se forment que lentement à l'aide d'épargnes amassées jour par jour. Leur personnel est essentiellement mobile. Un départ, un simple changement de quartier suffisent à priver l'ouvrier des avantages que lui procurait une association. Trop souvent enfin celui qui vit de son travail se trouve sous le coup d'un besoin imprévu d'argent: il faut qu'il puisse rappeler à lui toutes ses épargnes pour faire face à un chômage, à une grève ou à une maladie. Céder sa part, il n'a guère à y songer; une association ouvrière n'attire pas les capitaux. Il faut donc qu'il puisse reprendre à la société ce qu'il a versé, en user avec elle comme avec une caisse d'épargne.

Or le droit commun créait des obstacles de toutes parts. Quelle que fût la forme adoptée, les augmentations du capital exigeaient des publications coûteuses. Les diminutions étaient impossibles dans les sociétés par actions : elles étaient entravées dans la commandite simple et dans la société en nom par la prohibition des engagements sous condition potestative et ne pouvaient régulièrement avoir lieu qu'avec l'assentiment de l'assemblée ou des gérants. Du reste, la commandite simple et la société en nom conviennent peu à une association nombreuse, les pouvoirs des gérants y sont trop absolus ; de plus l'obligation indéfinie et solidaire qui résulte de la société en nom la rendait à peu près inacceptable pour des associations dont le succès est toujours si incertain. La loi de 1856 en interdisant les coupures au-dessous de cent francs et en exigeant le versement du quart, n'allait à rien moins qu'à interdire la commandite par actions aux ouvriers. De l'anonymat, il n'en pouvait être question. Les sociétés à responsabilité limitée étaient réglées comme les commandites par actions.

Il fallait, sous peine de laisser périr la coopération, venir à son aide. Après n'avoir éprouvé pour les efforts des classes laborieuses que du dédain ou de la crainte, les classes supérieures finirent par mieux comprendre leur devoir et leur intérêt.

La loi de 1867 reconnut officiellement les sociétés coopératives, si maltraitées après 1848, et organisa un régime conforme à leurs besoins :

1° Elle autorise, quelle que soit la forme de la société, les variations du capital ;

2° Elle admet le retrait total ou partiel des mises effectuées et permet aux associés de quitter librement la société ;

3° Elle dispense de publicité toute modification, soit dans le capital, soit dans le personnel des associés ;

4° Elle permet les coupures de 50 francs ;

5° Elle se contente pour la constitution de la société du versement d'un dixième ;

6° Enfin elle accorde à la société un droit de contrôle sur ses membres. Les statuts peuvent réserver à l'assemblée générale le droit de prononcer l'exclusion (art. 52). L'assemblée ou même le conseil de surveillance peuvent également être autorisés à s'opposer au transfert des actions, qui dans tous les cas doit s'opérer par inscription sur les registres.

Parmi ces dispositions, l'innovation essentielle est la variabilité du capital. Cette dérogation aux règles prescrites à peine de nullité dans les sociétés ordinaires était indispensable à la formation des sociétés coopératives. Aussi est-ce sous le nom de sociétés à capital variable que la loi les désigne.

Il est facile de prévoir quelle perturbation, aggravée encore par les dispenses de publicité, peut en résulter dans les rapports de la société et des tiers. La société est en principe sans action contre ses membres pour les obliger à effectuer leur mise ; ils peuvent à chaque instant se dégager : il fallait prendre quelques précautions pour éviter les fraudes et raffermir le crédit.

De là deux restrictions apportées par les art. 51 et 52. D'abord l'associé qui cesse de faire partie de la société soit par l'effet de sa volonté, soit par suite de la décision de l'assemblée générale, reste tenu pendant cinq ans envers les associés et envers les tiers de toutes les obligations existant au moment de sa retraite. Evidemment cette action sera d'une étendue différente selon qu'il s'agira soit d'un associé en nom, soit d'un commanditaire ou d'un actionnaire. Dans le premier cas, elle sera donnée *in infinitum* ; dans le second elle sera limitée à la mise. En tous cas, d'après les règles ordinaires, le recours appartiendra directement aux tiers.

Mais en pratique, cette garantie n'est qu'une faible ressource. Bien souvent les intéressés ne sauront plus où chercher leur débiteur ; presque toujours l'associé démissionnaire ou exclu sera insolvable.

L'autre restriction est seule vraiment efficace. D'après l'art. 51, les statuts déterminent une somme au-dessous de laquelle le capital ne pourra être réduit par les reprises d'apport ou par les retraites d'associés (art. 51-52). Cette somme ne peut être inférieure au dixième du capital. Le texte complète enfin ces mesures en décidant que la constitution définitive n'a lieu qu'après le versement du dixième.

De cette manière, la loi assure à la société un élément stable sur lequel les tiers peuvent sans crainte de surprise mesurer le crédit qu'ils lui accordent. Pour peu d'ailleurs que la société prospère, son crédit s'augmentera dans une forte proportion, car les chances de retraite des associés diminueront.

Il fallait encore empêcher que la spéculation n'abusât de la forme à capital variable pour éluder les précautions prises au sujet de la commandite par actions et de la société anonyme. La situation eût été pire que sous le système du Code. Le projet du Conseil d'Etat, afin de couper court à tout abus, avait déterminé limitativement les objets auxquels pouvaient s'appliquer les sociétés de coopération. La commission repoussa ce moyen. Elle fit observer avec raison qu'on prohibait ainsi les combinaisons qui ne manqueraient pas d'être imaginées dans l'avenir et qu'on s'exposerait à blesser les susceptibilités des ouvriers en montrant d'une façon trop claire que la loi était faite exclusivement pour eux. Elle chercha donc et trouva une autre garantie que le gouvernement finit par accepter : l'interdiction de porter à l'origine le capital au-dessus de deux cent mille francs, chiffre qui d'une part ne peut nuire à la coopération, car jamais des sociétés d'ouvriers ne l'ont atteint à leur naissance, et qui de l'autre est évidemment trop faible pour la spéculation de bourse. Enfin, pour laisser toute latitude au développement de la société et faire de ses actions un placement toujours accessible aux épargnes de ses membres, la loi autorise l'assemblée générale à élever d'année en année le capital primitif, sous la seule condition que chaque augmentation n'excède pas deux cent mille francs. C'est la pratique de plusieurs sociétés qui a inspiré ce système ; mais on ne peut nier que la mise en œuvre ne soit des plus ingénieuses.

Au reste, ces restrictions, comme l'indique leur but et comme on l'a déclaré formellement dans la discussion, ne concernent que les sociétés par actions. Les sociétés coopératives qui adoptent la forme de la commandite simple ou de la société en nom sont libres de fixer aussi haut qu'il leur plaît le montant de leur capital.

Comme toutes sociétés, les sociétés à capital variable sont civiles ou commerciales, suivant la nature de leurs opérations. Pour prendre un exemple fréquent en pratique, celles qui ne vendent qu'à leurs adhérents n'ont certainement pas le caractère commercial ; car la spéculation, condition nécessaire de la commercialité, suppose des achats suivis de reventes faites à des tiers. Dans l'hypothèse proposée, la société ne fait pas plus un acte de commerce que le particulier qui consomme lui-même des objets qu'il achète. Au contraire, si elle ouvre ses magasins au public ou même à un nombre restreint de personnes qui lui sont étrangères, elle devient un véritable commerçant, les créanciers peuvent l'actionner devant la juridiction consulaire (1).

(1) Trib. de Nevers, 7 décembre 1868. D. 69. 3. 51. et Cour de Bourges. 19 janvier 1869. D. P. 69. 2. 133.

CHAPITRE VII.

ASSOCIATION EN PARTICIPATION.

Outre les sociétés que l'on vient d'étudier, le Code « reconnaît les associations commerciales en participation. » (Art. 47). Cette convention est journellement employée dans le commerce, surtout dans le commerce maritime. La variété des aspects sous lesquels elle se présente jointe à la trop grande briéveté du Code, a donné lieu à de graves difficultés sur la détermination de ses caractères.

Dans l'ancien droit où, sous le nom de société anonyme, elle n'était pas moins fréquente qu'aujourd'hui, Savary s'exprimait comme il suit : (Parfait négociant, t. I, p. 368). « Il reste maintenant à expliquer la « troisième sorte de société qu'on appelle anonyme, qui se fait aussi « parmi les marchands et négociants. Elle s'appelle ainsi parce qu'elle est « sans nom et qu'elle n'est connue de personne, comme n'important en « aucune façon au public. Tout ce qui se fait en la négociation ne re-« garde que les associés chacun en droit soi, de sorte que celui qui « achète est celui qui s'oblige et qui paye au vendeur, celui qui vend re-« çoit de l'acheteur : ils ne s'obligent point tous les deux ensemble envers « une tierce personne, il n'y a que celui qui agit qui est le seul obligé : « ils le sont seulement réciproquement l'un envers l'autre, en ce qui re-« garde la société. Il y en a qui sont verbales, d'autres par écrit, et la « plupart se font par lettres missives que les marchands s'écrivent res-« pectivement l'un à l'autre : et les conditions en sont bien souvent « brèves, n'y ayant qu'un seul et unique article, et elles finissent quel-« quefois le même jour qu'elles ont été faites. »

Savary donne ensuite divers exemples, ainsi : 1° Un marchand propose à un autre de s'associer avec lui pour l'achat de la cargaison d'un navire qui vient d'entrer dans tel port ; 2° une personne adjudicataire de l'octroi d'une ville obtient de divers capitalistes qu'ils lui fourniront les fonds nécessaires, à condition de prendre part aux profits et aux pertes, sans d'ailleurs figurer dans l'exploitation ; 3° un armateur cède une partie du corps et cargaison de son navire, en laissant l'affaire à son nom ; 4° des marchands dans une foire conviennent de mettre en commun tous les achats qu'ils feront séparément pour ensuite les partager entre eux ; 5° deux négociants s'entendent l'un pour aller acheter en son nom des marchandises sur le lieu de production et les adresser à son coassocié, l'autre pour les revendre également en son nom propre : tous deux doivent partager les bénéfices.

Un grand nombre d'auteurs argumentant des exemples donnés par Savary et en partie reproduits par Pothier, pensent que le trait distinctif de la participation est de ne pouvoir s'appliquer qu'à une seule ou à quelques opérations rapidement conclues. Ce serait toujours une association momentanée. Outre l'autorité de l'ancien droit, ils invoquent le texte de l'art. 47, conçu en ces termes : « Ces associations sont relatives à une ou plusieurs opérations de commerce. »

Mais il est certain que dans l'ancien droit la participation n'était pas renfermée dans ces limites étroites. Elle s'appliquait parfaitement à une série d'opérations aussi longue que le voulaient les associés.

Cela est si vrai que Jousse, sur le titre IV de l'Ordonnance de 1673, cite comme exceptionnelle l'hypothèse où ces sociétés n'avaient pour objet qu'une seule entreprise et indique la *société momentanée* comme un cas particulier de la société anonyme. On a vu aussi que d'après Pothier, la société anonyme ne se distinguait de la commandite, telle qu'elle existait de son temps, qu'en ce que les participants étaient tenus indéfiniment, au lieu que les commanditaires ne l'étaient que jusqu'à concurrence de leurs mises. Savary lui-même n'indique-t-il pas comme objet d'une participation, la ferme d'un octroi, qui ne diffère ni par la durée ni par la multiplicité des opérations de l'exploitation d'un négoce ? On a bien essayé de dire qu'au moins l'objet est un ; mais l'objet des actes d'une maison de commerce est-il souvent plus complexe ? Et si l'on admet, comme l'ont fait plusieurs arrêts, qu'une association destinée à une exploitation bien circonscrite, par exemple à celle d'un brevet, peut faire matière à participation, ne contredit-on pas le principe d'où l'on prétend partir : une exploitation de ce genre aboutissant à des actes nombreux, divers et prolongés pendant une longue période de temps ? Tout ce système tombe dans une inextricable confusion ; comme l'a dit un auteur, la prétendue unité d'opération qu'il exige s'élargissant peu à peu finit par se perdre en une pluralité indéfinie (1). Quant au texte du Code sur lequel il s'appuie, il est loin d'être concluant en sa faveur, surtout privé de l'autorité des précédents. Il ne restreint nullement le nombre, ni la durée des opérations. On n'a donc qu'à appliquer le principe de la liberté des conventions, et cela avec d'autant plus de confiance, que l'article lui-même, par son second alinéa, le rappelle dans les termes les plus explicites et les plus larges. C'est en ce sens qu'est aujourd'hui fixée la jurisprudence.

Il suffit de se reporter au nom que l'ancien droit donnait à la participation pour découvrir quel est véritablement le caractère par lequel elle se différencie des autres sociétés commerciales. « On l'appelle anonyme, « disait Savary, parce qu'elle est sans nom et qu'elle n'est connue de « personne, comme n'important en façon quelconque au public : tout ce « qui se fait dans la négociation ne regarde que les associés chacun en « droit soi. » Ainsi la participation est une association tout intérieure ; elle est absolument étrangère aux rapports des participants et des tiers : elle ne produit d'effets qu'entre ceux qui l'ont constituée. Telle était l'idée que s'en formait l'ancien droit. Le Code n'a pas rompu avec la tradition : il le montre en déclarant qu'il *reconnaît* les associations en participation ; consécration pure et simple de la pratique préexistante ; il le montre aussi par la règle qu'il pose en l'art. 50, et qui découle logiquement de la nature occulte de la participation : la participation n'est pas sujette aux formalités de publicités prescrites pour les autres sociétés.

Il est facile de voir que cette forme d'association n'est pas arbitrairement imaginée et qu'elle répond à des besoins impérieux du commerce. Les sociétés en nom ou en commandite augmentent à la fois les *forces réelles* des associés, c'est-à-dire celles qui se mesurent exactement à leurs capitaux et leur *crédit*, c'est-à-dire la force qu'ils doivent à la confiance inspirée au public par la connaissance de leurs relations. Mais ces résultats ne peuvent être atteints qu'à l'aide de formalités longues, compliquées et coûteuses. Fréquemment il arrive que l'accroissement de crédit n'est pas nécessaire, et qu'un accroissement de capital suffit. C'est à la participation qu'on s'adresse. Inconnue aux tiers, elle n'aug-

(1) Dalloz, n° 1680.

mente pas la confiance qu'ils accordent aux associés, mais elle augmente les ressources dont ceux-ci disposent, et grâce à la simplification de formes admise par l'art. 50 auquel il faut joindre l'art. 49, qui ouvre aux associés entre eux toutes les preuves admises en droit commercial, elle est prête pour toutes les occasions, pour toutes les affaires qui se présentent tout à coup et veulent être abordées avec promptitude. Ajoutons enfin qu'elle donne à ceux qui désirent s'intéresser dans une entreprise commerciale sans être connus, plus de sécurité que la commandite.

La clandestinité de la participation a une influence profonde sur les principes qui la régissent, et lui fait suivre en des points essentiels des règles exactement contraires à celles des autres sociétés de commerce.

1° Elle n'est pas une personne morale, la personnalité n'a d'effet que dans les relations de la société ou des associés avec les tiers ; quand la société n'existe pas pour les tiers, il n'en peut être question, *prius est esse quam esse tale* ;

2° La participation n'a ni raison sociale, ni siége, ni domicile spécial ; .

3° Les tiers n'ont action que contre l'associé qui a traité avec eux. Nécessairement cet associé a traité en son nom propre : les autres n'ont figuré ni directement, ni indirectement dans le contrat : ce contrat n'a pu leur imposer aucune obligation. Ainsi qu'on l'a vu en matière de sociétés civiles, le créancier invoquerait inutilement le gain qu'ils ont pu tirer de l'opération pour les actionner *de in rem verso*. Il peut seulement exercer contre eux l'action de l'associé son débiteur (art. 1166) (1).

Une exception doit être faite pour le cas où l'associé non gérant serait intervenu dans l'affaire ; ayant violé les règles de la participation, il en perdrait le bénéfice, il serait considéré comme ayant accepté la situation d'un associé en nom et comme tel tenu solidairement (2).

On a parfois exagéré les effets du caractère propre de la participation. Des auteurs ont refusé d'y voir une véritable société. On conçoit à la rigueur cette opinion de la part de ceux qui accordent la personnalité à la société civile, et qui sont ainsi enclins à n'admettre de société que là

(1) Aix, 16 mai 1868, D. P. 70. 2. 48.
(2) Metz, 29 novembre 1851, D. P. 53. 2. 135. Aix, 4 juin 1868, D. P. 69. 2. 42.,

où ils trouvent une personne. Mais on a démontré que loin d'être une condition essentielle du contrat de société, la personnalité n'existait pas dans le Code civil. Pour qu'une convention créé une société, il suffit qu'elle réponde aux termes de l'art. 1832, c'est-à-dire qu'elle aboutisse à mettre quelque chose en commun dans la vue de partager le bénéfice, ce qui est bien le cas de la participation ; les participants se proposent des gains à réaliser et mettent en commun au moins leur industrie.

Nous rejetterons également une opinion d'après laquelle les associés en participation ne pourraient être copropriétaires des choses faisant l'objet de leur convention, de telle sorte que le négociant qui achèterait un lot de marchandises en son nom, mais avec le dessein d'en faire part à un participant en serait seul propriétaire jusqu'au jour du partage. L'intérêt de la question est considérable pour ses créanciers dans le cas où il tomberait en faillite. S'il est unique propriétaire, le coparticipant n'est que créancier et se trouve réduit à un dividende ; dans le cas contraire, le coparticipant a une action en revendication et prime la masse. Il est impossible de voir pourquoi le participant acheteur ne pourrait transmettre immédiatement à son associé une part de la chose par lui acquise. La propriété se transfère par l'effet de la convention (art. 1138) : tout dépendra donc de l'intention des parties. Une question analogue qui se présente en matière de commission est généralement résolue en ce sens (1).

(1) Delamarre et Le Poitvin, T. III, n° 201.

CHAPITRE VIII.

DISSOLUTION. LIQUIDATION. FAILLITE.

I. Dissolution.

Dans les sociétés civiles les effets de la dissolution à l'égard des tiers sont des plus simples. Les obligations antérieurement contractées, étant dès l'origine divisées entre chacun des associés comme entre de simples débiteurs conjoints, ne subiront quant au mode de poursuite aucune modification. Dans le système qui accorde aux créanciers sociaux préférence sur l'actif, à raison de ce que les associés doivent laisser à la société la pleine et entière disposition de leurs mises, le privilège de fait disparaît : mais nous avons rejeté cette opinion et mis dès l'abord les créanciers sociaux sur le même rang que les créanciers personnels.

Pour l'avenir, si tout se passe régulièrement, aucun contrat ne sera plus conclu *nomine sociali*. Dans le cas contraire, de deux choses l'une : ou tous les associés figurent dans la convention ; et alors peu importe qu'ils ne soient plus en état de société, tous ayant contracté, tous sont tenus chacun pour sa part ; ou bien l'acte a été passé par les anciens gérants et on doit appliquer purement et simplement la règle connue du mandat ; le mandataire, bien que n'ayant plus ses pouvoirs, oblige les mandants envers le tiers de bonne foi ; la convention reste sans effet si le tiers sait que la procuration n'existe plus. Telle était sur ce point la solution du droit romain : « Quod si, integris omnibus manentibus alter decesserit, deinde tunc sequatur es, de qua societatem coierunt, tum eadem distinctione utemur qua in mandato ; ut si quidem ignota fuerit mors alterius valeat societas, si nota non valeat. » (65. 10 D. Pro socio).

En matière commerciale, la loi applique le principe de la publicité aussi bien à l'acte par lequel les associés mettent fin à la société qu'à celui par lequel ils la constituent. D'après l'art. 61 de la loi de 1867, toute convention de dissolution et toute renonciation faite par un associé doivent être régulièrement publiées. En l'absence de publication, la société continue d'exister pour les tiers intéressés à ce qu'il en soit ainsi. Que si la dissolution se produit au terme fixé par le pacte originaire, la publicité donnée lors de la constitution est suffisante.

Mais il existe une série de causes de dissolution complétement indépendantes de la volonté des associés. On les trouve énumérées dans l'art. 1865 C. civ. Ce sont la mort naturelle d'un des associés en nom, son interdiction, sa déconfiture. Est-il nécessaire de porter ces faits et la dissolution qui en est la suite à la connaissance des tiers ? La négative est généralement admise, et avec raison. L'art. 61 vise exclusivement la dissolution conventionnelle : il n'y est nullement question de faits de force majeure. Qu'a voulu la loi ? protéger les intéressés contre les fraudes que les associés pourraient pratiquer à l'aide de modifications subreptices apportées aux statuts. Dans l'hypothèse proposée, il ne peut s'élever un soupçon de fraude. Il est même difficile de craindre une erreur de la part des tiers : la mort, la déconfiture ou l'interdiction d'un négociant ne restent pas inconnues. Ni le texte, ni l'esprit de la loi ne permettent d'imposer la publicité.

Les tiers trouvent d'ailleurs une garantie sérieuse dans l'application du droit commun. Dès qu'ils auront de bonne foi contracté avec une société dissoute, elle sera à leur égard censée existante.

La dissolution pour la personne morale peut être comparée à la mort pour la personne physique. Les associés sont, pour ainsi dire, ses héritiers ; c'est naturellement entre eux que se répartissent ses biens *au prorata* de leurs parts : comme des héritiers ils en deviennent copropriétaires indivis. En poussant l'analogie jusqu'au bout, il faudrait dire que ces biens se confondent avec les leurs : du même coup disparaîtraient pour les créanciers sociaux leur droit exclusif sur l'actif et pour les commanditaires le droit de n'être tenu que jusqu'à concurrence de leur mise. On sent combien ces résultats seraient désastreux : quelle incertitude ils jetteraient dans les droits des parties et quelle atteinte ils porteraient à leurs volontés. Aussi n'ont-ils jamais été admis ni par les usages ni par les lois du commerce : pour tout ce qui concerne le règlement des droits de ses créanciers et de ses débiteurs, la personne morale est réputée survivre : les conventions sont à l'égard des uns et des autres rigoureusement exécutées dans leur teneur primitive.

II. Liquidation.

Une fois la dissolution opérée, le but que se proposent les associés est nécessairement de partager les valeurs qu'ils avaient mises en commun et les accroissements qu'elles ont pu recevoir. Mais le plus souvent le partage ne peut avoir lieu immédiatement. Il faut terminer les affaires commencées, acquitter le passif et procéder à la formation de la masse active : ces opérations constituent la *liquidation*.

La liquidation peut être faite par tous les associés de concert ; mais rarement il en sera ainsi. C'est la période la plus délicate des rapports des associés entre eux ; chacun n'ayant plus à agir que pour soi, la bonne harmonie se rompt, les mésintelligences s'aggravent ; il importe qu'un seul liquidateur s'occupe du réglement définitif des affaires.

Le liquidateur peut être pris soit parmi les associés, soit en dehors de la société. Souvent, surtout dans les sociétés de courte durée, il est désigné par les statuts. Lorsque cette sage précaution n'a pas été prise ni le mode de nomination prévu, les associés doivent le choisir d'un commun accord. S'il y a dissentiment, c'est aux tribunaux que l'usage général confère le droit d'effectuer la désignation. Plusieurs auteurs veulent la remettre à la majorité; mais on serait exposé à voir un liquidateur ainsi nommé manquer d'impartialité et sacrifier la minorité qui l'aurait combattu.

Les pouvoirs du liquidateur se déterminent comme ceux de tout mandataire par le but de son mandat. Il peut achever les affaires en cours, mais non en commencer de nouvelles. Autant que possible, les dettes de la société doivent être éteintes avec les ressources dont elle dispose ; un emprunt n'est plus une opération normale; le liquidateur ne peut, à notre sens, le contracter de sa propre autorité. Son droit d'aliénation est limité aux choses destinées à être vendues ou qui menacent de dépérir. Quant à celles que les associés se proposent de partager, il est sans droit pour en disposer. Une difficulté se présente cependant lorsque la vente est nécessaire pour faire face à une demande en paiement. Ne doit-on pas

permettre au liquidateur de réaliser la somme nécessaire ? La question
ne semble pas pouvoir se résoudre d'une manière absolue. S'il s'agit d'objets de peu de valeur, il serait trop rigoureux et trop embarrassant de
maintenir la prohibition ; les tribunaux apprécieront; mais ils devront
mettre une grande réserve et ne pas accorder au liquidateur une extension de pouvoirs qui léserait les droits de ses mandants. D'après la solution que nous avons admise au sujet du gérant, le liquidateur pourra
transiger et compromettre sur les choses dont il a la disposition.

La partie la plus importante de sa tâche sera de faire rentrer les créances et d'acquitter les obligations sociales. Il a, à cet effet, le droit d'intenter toutes les actions de la société et de défendre à toutes les demandes dirigées contre elles.

Comme pendant la durée de la société, les tiers auront action non-seulement contre le liquidateur qui remplace le gérant, mais encore contre
chacun des associés. On a même vu que la jurisprudence n'a jusqu'ici
consacré l'action directe contre les commanditaires que quand la liquidation est ouverte.

En laissant de côté ce point, à propos duquel nous avons admis une solution plus large, on doit signaler deux différences importantes entre les
actions que les tiers intentent après la dissolution et celles qu'ils intentent quand la société existe :

1° La dissolution a relâché les liens qui unissaient la personne morale à la personne de ses membres. Le liquidateur ne représente que la
société et non pas comme le gérant, d'après une opinion très-répandue,
la société et les associés. Par conséquent le jugement obtenu contre lui
ne pourra être exécuté que sur le fonds social ; pour atteindre les associés une nouvelle procédure est nécessaire. Mais la gravité de cette distinction est atténuée par la solidarité qui persiste entre la société dissoute
et ses membres ; les jugements pris contre le liquidateur interrompront
la prescription et feront courir les intérêts à l'encontre de chacun des
associés.

2° L'art. 64 du Code de commerce établit pour l'action des créanciers
sociaux une prescription particulière. Ce texte, qui a donné lieu à de vives controverses, est ainsi conçu : « Toutes actions contre les associés non
« liquidateurs et leurs veuves, héritiers ou ayant-cause sont prescrites
« cinq ans après la fin ou la dissolution de la société, si l'acte de société

« qui en énonce la durée ou l'acte de dissolution a été affiché et enre-
« gistré conformément aux art. 42, 43, 44 et 46, et si depuis cette for-
« malité remplie la prescription n'a été interrompue à leur égard par
« aucune poursuite judiciaire. »

L'idée d'une prescription spéciale avait été énergiquement combattue
au Conseil d'État. Rien, disaient ses adversaires, ne justifie la faveur que
l'on veut faire aux associés ; ce sont des débiteurs engagés dans les mêmes
conditions que tous autres débiteurs. Ses partisans répondaient qu'il était
à craindre que la « prolongation de la solidarité pendant trente années ne
« compromit trop gravement le crédit des associés : que la propriété de
« chacun d'eux serait incertaine, qu'il serait exposé à voir ses biens char-
« gés d'inscriptions même pour les dettes de ses coassociés et qu'il se trou-
« verait dans l'impossibilité de former un établissement personnel. » Le
Conseil d'État se laissa toucher par ces motifs et vota l'article.

Le texte ne parle que des associés non-liquidateurs ; comme il consacre
une exception, il semble que l'on doive admettre sans hésitation qu'il est
inapplicable à l'associé chargé de la liquidation. D'ailleurs la différence
s'explique rationnellement : l'associé liquidateur connait exactement les
affaires de la société ; il sait ou doit savoir s'il reste des dettes non réclamées ; il lui est facile de prendre toutes ses mesures pour les acquitter
avant de clore sa liquidation ou tout au moins pour ne pas demeurer exposé à des recours trop onéreux. S'il y manque par négligence ou par
ignorance, il ne mérite aucune protection. Mais il se présente une grave
difficulté. L'action qui peut être dirigée contre le liquidateur est double ;
il peut être poursuivi à raison des valeurs sociales dont il a les mains
garnies ou bien à raison de l'obligation personnelle qu'il a contractée
comme tout associé. Quand la poursuite n'atteint que les valeurs sociales,
rien de plus simple que d'appliquer la prescription trentenaire ; si le
liquidateur a conservé la détention de l'actif, il n'a aucun recours à
exercer contre les autres associés : ceux-ci conservent intact le bénéfice
de la courte prescription. S'il a déjà partagé le fonds social, il intente contre eux une simple répétition de l'indû nécessairement limitée à ce qu'il
leur a remis et à ce qu'il a dû payer ultérieurement ; recours relativement
peu onéreux et dont l'éventualité n'est pas de nature à compromettre leur
crédit. Il n'en est plus de même lorsque l'actif étant épuisé, le liquidateur
a été poursuivi comme tenu personnellement ; dans ce cas évidemment il

a un recours contre ses coassociés à l'effet de les obliger à supporter une part dans la contribution ; comme le dit M. Troplong, l'opinion contraire serait absurde et inique. Mais alors que devient l'avantage conféré aux associés non-liquidateurs par l'art. 64 ? Vingt-cinq ans après l'expiration du délai qui doit accomplir à leur égard la prescription, ils peuvent être recherchés pour toutes les dettes sociales. Au lieu d'une action directe, ils subissent une action récursoire, mais en définitive ils paient tout comme s'ils étaient soumis à la prescription de droit commun. Devant ce résultat, plusieurs auteurs ont pensé qu'il était nécessaire de limiter à cinq ans l'action intentée contre le liquidateur en sa qualité d'associé. Mais la jurisprudence et la plus grande partie de la doctrine ont préféré à bon droit s'en tenir au texte. Le résultat dont s'étonne l'opinion contraire est non-seulement conforme à la lettre, mais encore à l'esprit de la loi. Comme on a pu le voir d'après les paroles par lesquelles l'art. 64 a été défendu au Conseil, le Code de commerce a eu exclusivement pour but d'abréger pour les associés les effets de la solidarité : or l'action récursoire, d'après l'art. 1214 du Code civil, ne peut être intentée contre chacun que pour sa part ; quand elle existe seule, c'est-à-dire au bout des cinq ans fixés par l'art. 64, la solidarité a disparu (1).

Quand le liquidateur est un tiers, il ne peut être poursuivi que jusqu'à concurrence de l'actif social : en d'autres termes, il n'est exposé qu'à la première des actions qui peuvent être dirigées contre le liquidateur associé. Les associés échapperont ainsi au bout de cinq ans même aux suites indirectes de leur obligation personnelle. C'est une anomalie, mais elle résulte forcément de la combinaison des principes et de l'exception admise par la loi. On a essayé d'y échapper en soutenant que l'art. 64 ne visait point cette hypothèse, que parlant d'associé non liquidateur, il supposait un associé liquidateur, que, fût-il applicable, le tiers était un simple mandataire, et qu'ainsi les associés étaient réputés liquider eux-mêmes, qu'il fallait donc en tout état de cause admettre la prescription trentenaire (2). Ces raisons sont insoutenables : le liquidateur est aussi bien un mandataire quand il est associé que quand il est étranger à la société. Quant à l'argument de texte, c'est une pure divination

(1) Troplong, n° 1031. — Bédarride, n° 702. Dalloz, n° 1007.
(2) Bédarride, t. II, n° 692.

qui va contre l'intention bien évidente de la loi ; la loi veut protéger l'associé non-liquidateur ; qu'importe que l'associé liquidateur soit un tiers ? les obligations sociales en sont-elles allégées et la protection moins nécessaire (1) ?

A l'inverse, la liquidation peut être faite par tous les associés simultanément ; en ce cas étant tous liquidateurs, ils sont tous soumis à l'art. 2262 C. civ.

Quand il y a lieu d'appliquer l'art. 64, on n'a aucune distinction à faire entre les deux actions qui peuvent être dirigées contre les associés. Qu'il s'agisse de l'action fondée sur leur obligation personnelle ou de celle fondée sur ce qu'ils auraient recueilli une partie de l'actif social, leur situation est identique. Ils sont au bout de cinq ans à l'abri des recherches des tiers ; le texte est clair, il dit : « Toutes actions sont prescrites. »

De là résulte que les commanditaires ou les actionnaires peuvent invoquer la courte prescription tout aussi bien que des associés en nom. Sans doute, ils ne sont tenus que d'une obligation parfaitement déterminée, et n'ont point à redouter de surprises aussi désastreuses que s'ils étaient tenus *in infinitum* de tout le passif; mais si on devait se laisser toucher par cette considération, il faudrait en tenir compte également à l'encontre de l'associé en nom, et le déclarer tenu pendant trente ans de l'action exercée jusqu'à concurrence de ce qu'il a retiré de l'actif, car cette action n'est pas autre que celle qui existe contre le commanditaire. La loi, du reste, n'établit nulle différence entre les diverses sortes d'associés : elle se sert des termes les plus généraux (2). On peut enfin invoquer l'art. 52 de la loi de 1867. D'après ce texte, l'associé qui se retire d'une société à capital variable reste tenu pendant cinq années des obligations existantes. Il s'agit ici d'un actionnaire, puisque le titre concerne spécialement les sociétés par actions. Or sa retraite est une véritable dissolution partielle. La commission du corps législatif l'a expressément reconnu, et a déclaré qu'elle faisait une simple application de l'art. 64, 6o (*Moniteur* du 14 mai).

Quel est exactement le point de départ du délai de la prescription de cinq ans ? L'art. 64 commence par dire que l'action se prescrit

après la fin ou la dissolution de la société, mais il précise cette indication vague en ajoutant... « si l'acte qui en énonce la durée ou l'acte de
« dissolution a été affiché, enregistré conformément aux articles 42, 43,
« 44 et 46, et si *depuis cette formalité remplie* la prescription n'a pas
« été interrompue... » Il s'en suit manifestement, que dans les cas où
la dissolution doit être publiée après qu'elle a eu lieu, c'est seulement à
la publication que se place le point de départ du délai. Rien de plus
juste d'ailleurs et de plus conforme aux principes : tant que la publication n'est pas faite, la dissolution n'est pas réputée avoir eu lieu à l'égard
des tiers, ceux-ci ne peuvent donc être réputés en état d'exercer les
droits qu'elle leur ouvre (1).

On admet unanimement que si un associé liquidateur est régulièrement
remplacé, la prescription de cinq ans commence à courir en sa faveur à
partir du jour où il cesse ses fonctions (2). Un auteur semble penser
qu'il serait logique d'appliquer la même règle au liquidateur qui cesse
ses fonctions parce que la liquidation est terminée : c'est-à-dire d'accorder le bénéfice de l'art. 64 à tous les associés liquidateurs et de ne faire
de différence entre eux et leurs coassociés que quant au point de départ (3). Mais sans compter les arguments donnés plus haut, le raisonnement par analogie est tout à fait inexact. Tout autre est la position
du liquidateur remplacé au cours de ses opérations et celle du liquidateur
qui les conduit à terme. Le premier n'a pu comme le second prendre
connaissance des affaires de la société dans tous leurs détails ; on ne
peut lui reprocher de ne pas avoir relevé toutes les dettes ni surtout
de ne pas les avoir acquittées. La raison qui justifie l'application de
la prescription trentenaire manque à son égard.

Les derniers mots de l'art. 64 semblent n'admettre pour interruption

(1) Civ. Cass., 24 novembre 1843. S. 46. 1.131. Demang. sur Bravard, t. p. 159.
Bédarride, II, n° 696.

(2) Rej. 8 août 1849. D. P. 49, 1, 309. — Cependant un arrêt récent de la cour
de Cassation, admet que l'associé qui a participé à la liquidation, ne peut plus invoquer la prescription quinquennale, Civ. rej. 28 mai 1872, D. P. 72, 1, 247. A ne
prendre que les termes de l'arrêt, il ne faudrait pas beaucoup d'efforts pour les
mettre en contradiction avec la solution que nous adoptons ; mais dans l'espèce
les faits étaient d'une gravité particulière, de plus la liquidation n'était pas terminée et les actes d'immixtion s'étaient prolongés jusqu'à une époque voisine de la
demande.

(3) Demang. sur Bravard, T. I, p. 453.

de prescription que des poursuites judiciaires, mais on est d'accord pour ne pas attacher de valeur à l'apparence restrictive de la formule qu'il emploie. Une dérogation faite à ce propos aux règles ordinaires serait inexplicable.

III. Liquidation en cas de faillite.

La marche de la liquidation se modifie quand la société est en état de faillite.

On sait qu'une société de commerce peut être mise en faillite comme tout commerçant. Si elle est en nom collectif, sa faillite entraine celle de tous les associés. Ce principe, contesté autrefois, ne fait plus doute aujourd'hui ; les associés sont tenus de toutes les dettes de la société : elle ne suspend ses paiements que quand eux-mêmes y sont contraints. Ce n'est que dans des cas exceptionnels qu'il en est autrement : si par exemple un associé absent lors du jugement déclaratif, reparait avec des sommes suffisantes pour couvrir le passif.

Du reste, depuis la loi de 1838, tous les associés ne subissent pas nécessairement le même sort dans la faillite commune. Les créanciers peuvent consentir à l'un ou à quelques-uns d'entre eux des concordats particuliers.

De la connexion qui existe au point de vue de la déclaration de faillite entre l'associé et la société dérivent d'importantes conséquences :

1° La faillite de l'associé peut être déclarée au siége social, bien qu'il ait un domicile distinct (1).

2° Les actes visés par l'art. 446, qu'il a faits postérieurement à la cessation des paiements de la société ou dans les dix jours qui l'ont précédée, bien qu'il fût encore *in bonis* à cette époque, seront nuls. — Les paiements effectués dans les mêmes conditions après la cessation des paiements pourront être annulés (2).

Quand la société est en commandite, sa faillite entraine pour la même raison que dans la société en nom celle des associés tenus personnellement. Il ne peut être question de celle des commanditaires.

Dans les sociétés anonymes, la société seule est faillie.

(1) Req. 23 août 1853, D. P. 53, 1, 59.
(2) Req. 17 avril 1861, D. P. 61, 1, 254.

Une question délicate s'est présentée au sujet des associés tenus seulement jusqu'à concurrence de leurs apports. S'ils doivent effectuer leurs mises à des termes non encore échus, doit-on dire que la faillite, conformément à l'art. 444, rende leur dette immédiatement exigible? La jurisprudence le décide; il est vrai que les commanditaires ou les actionnaires ne sont pas eux-mêmes des faillis, mais ce ne sont pas non plus des tiers, ils font partie de la société, on peut dire que c'est la société elle-même qui est débitrice des apports qu'ils ont promis, et que par conséquent cette dette est privée du bénéfice du terme (1).

Après le jugement déclaratif, les biens se trouvent soumis au régime de la faillite; il n'existe à cet égard aucune différence entre la société et un failli quelconque. Le dessaisissement a lieu, le liquidateur est remplacé par un syndic qui représente non plus seulement la société, mais encore la masse, et qui comme tel peut exercer certaines actions qui n'appartiennent point au liquidateur, notamment l'action en responsabilité contre les membres du conseil de surveillance, pourvu que la responsabilité existe envers les créanciers *ut universi* (2). Les vérifications de créance, les délibérations des créanciers sur le concordat, etc., ont lieu suivant les règles ordinaires. On comprend que nous n'avons pas à insister sur ces points, qui rentrent dans la théorie de la faillite; nous indiquerons seulement une grave question à laquelle a donné lieu l'application d'un de ses principes à une combinaison financière, inconnue lors de la rédaction du Code et très-fréquemment pratiquée aujourd'hui.

La plupart des obligations émises par des compagnies le sont à un taux inférieur à leur valeur nominale: en même temps il est stipulé qu'elles seront remboursées sur le pied de cette dernière valeur. Ainsi, une obligation de 250 fr. est émise à 140 et doit être remboursée à 250 au bout d'un temps plus ou moins long, soit une prime de remboursement de 110 francs. Si la compagnie débitrice fait faillite, les porteurs pourront-ils invoquer l'art. 444. Co. et figurer dans la masse pour la somme qui leur avait été promise en remboursement? Au premier abord,

(1) Paris, 1er août 1850, D. P. 51, 5, 255. Paris, 23 juin 1859. D. P. 60, 5, 567.

(2) Req., 13 janv. 1869, D. P. 70, 1, 67. Comp. Douai, 10 août 1868, D. P. 68, 2, 201. Paris, 23 mars 1869, D. P. 69, 2, 115. Colmar, 3 juin 1869, D. P. 69, 2, 115. Note de M. Griolet sur l'arrêt de Paris précité, D. P. 69, 2, 115. Angers, 13 janv. 1869, D. P. 69, 2, 90. Ce dernier arrêt paraît avoir admis l'action d'une manière trop large.

l'affirmative semble certaine ; la compagnie s'est engagée à payer 250 francs dans soixante ans par exemple ; c'est bien là une dette à terme. Telle est la solution que donna le tribunal de commerce de la Seine dans l'affaire du chemin de fer de Graissessac à Béziers (30 septembre 1861) ; mais elle fut condamnée par la Cour d'appel et par la Cour de Cassation. En effet, si l'on se rend bien compte du mécanisme de cette combinaison, on verra que l'on n'est pas en présence d'une simple dette à terme. Dans l'espèce, et les choses se passent toujours ainsi, la société servait annuellement aux obligataires un intérêt un peu inférieur au taux ordinaire du commerce, 5f,35 au lieu de 6 0/0, soit 0,65 0/0 de différence. C'était à l'aide de cette retenue qu'elle était réputée capitaliser à intérêts composés, qu'elle devait parvenir à payer les primes de remboursement sans rémunérer trop chèrement les prêteurs. En réalité, comme le disait dans ses conclusions M. de Raynal, ce n'était qu'une économie faite au profit des actionnaires par la compagnie, grâce à une retenue. Mais pour que le système pût fonctionner, le temps était absolument indispensable ; contrainte de payer avant l'expiration des longs délais qu'elle avait stipulés, la compagnie déboursait des sommes énormes sans rien recevoir en échange.

On arrivait ainsi aux résultats les plus singuliers : pour peu que le dividende distribué à la masse fût considérable, s'il atteignait par exemple 75 0/0, la faillite devenait lucrative pour les créanciers ; ils retiraient une somme bien supérieure à la valeur vénale qu'aurait eue leurs obligations si la société avait prospéré : 187 fr. 50 alors qu'ils avaient acheté leur titre 110 et que les obligations des meilleures sociétés ne haussent que dans de faibles proportions tant qu'on n'est pas dans une période voisine de l'époque fixée pour le remboursement. C'était une violation manifeste de la convention et une injustice ; c'était aussi une violation de la loi sur l'usure, car le produit du capital prêté se trouvait atteindre un taux excessif. « En déclarant que la faillite rend exigible les dettes non échues, disait la cours de Paris, l'art. » « 444 Co. a disposé pour le délai moratoire dont le débiteur perd nécessairement le bénéfice par la liquidation forcée de ses affaires, mais il » « ne peut être appliqué lorsque le délai n'est pas un simple atermoiement, » « mais une condition de la quotité de la créance elle-même. »

Dans son analyse de l'arrêt (1) M. Rataud objecte que le banquier qui a escompté un billet au failli vient dans la masse pour la valeur nominale, la faillite eût-elle lieu le lendemain du jour où il a versé la somme, déduction faite de l'escompte. Sa situation, ajoute l'auteur, offre une parfaite analogie avec celle de l'obligataire. Ayant versé, par exemple, 1182 fr., il avait droit d'en réclamer 1200 dans trois mois, la différence représentant pendant cet intervalle l'intérêt de la somme dont il était privé. Quand il agit immédiatement, il supprime en vertu de l'art. 444 un délai qui était une condition de la quotité de la créance. Entre ce résultat et celui que condamne la cour de Paris, il n'y a que la différence du plus au moins. Le Code a admis cette suppression de délai ; il ne lui voyait pas de conséquences exorbitantes ; elles apparaissent aujourd'hui à la suite de nouveaux contrats ; mais la règle subsiste. A coup sûr l'objection est pressante ; est-elle irréfutable ? L'analogie, ou plutôt l'identité, est complète entre le cas proposé par M. Rataud et l'affaire du chemin de Béziers ; mais la solution universellement admise pour le billet escompté résisterait-elle à une analyse exacte ? L'escompte retenu par le banquier représente les intérêts à courir jusqu'au jour de l'échéance : or d'après l'art. 445, le cours des intérêts est arrêté par la déclaration de faillite. Rigoureusement, en s'armant de ce texte, ne pourrait-on obliger l'escompteur à réclamer strictement la somme qu'il a payée ? La pratique ne l'admet point ; mais c'est qu'en définitive le remboursement se fera longtemps attendre, il n'aura très-probablement lieu que bien après l'échéance du billet, qui ne dépasse guère 3 mois ; il est équitable d'atténuer les causes de perte en laissant à la créance sa valeur nominale. Dans l'hypothèse d'obligations remboursables à long terme, ces considérations n'existent plus ; tout au contraire, il n'est que juste d'évaluer les titres à leur taux d'émission. Mais en agissant ainsi, loin de corriger la loi, on l'applique dans toute sa pureté et on corrige une interprétation traditionnelle qui manquait d'exactitude.

Que si d'ailleurs la faillite est imputable au débiteur, les tribunaux peuvent le condamner à des dommages-intérêts pour avoir, en donnant lieu d'appliquer l'art. 444, rompu, au préjudice des créanciers, le contrat synallagmatique par lequel en retour d'une diminution d'intérêts il s'était engagé à leur servir une prime (2).

(1) Revue critique, T. XXIV.
(2) Paris, 23 mai 1863. — D. P. 63. 1.319, S 62. 2.327, Cassat. 10 août 1863. D. P. 63. 1.359. S. 63. 1. 128.

TABLE DES MATIÈRES

PREMIÈRE PARTIE.

Sociétés Civiles.

CHAPITRE I.

COMMENT NAISSENT LES ENGAGEMENTS SOCIAUX.

CHAPITRE II.

COMMENT LES ASSOCIÉS SONT TENUS.

CHAPITRE III.

DEUXIÈME PARTIE.

Sociétés Commerciales.

CHAPITRE I.

NOTIONS GÉNÉRALES. — PERSONNALITÉ. — RÉDACTION ET PUBLICITÉ DE L'ACTE DE SOCIÉTÉ.

CHAPITRE II.

SOCIÉTÉ EN NOM COLLECTIF.

CHAPITRE III.

SOCIÉTÉ EN COMMANDITE.

CHAPITRE IV.

SOCIÉTÉ EN COMMANDITE PAR ACTIONS.

CHAPITRE V.

SOCIÉTÉ ANONYME.

CHAPITRE VI.

CHAPITRE VII.

CHAPITRE VIII.

DISSOLUTION. — LIQUIDATION. — FAILLITE.

Saint-Nicolas et Nancy. — Typ. de N. COLLIN.

ADDENDA

L'arrêt de la Cour de Paris dans l'affaire des Crédits de Saint-Nazaire, qui contient l'examen des principales questions sur la responsabilité des administrateurs de sociétés anonymes, a été frappé d'un triple pourvoi en cassation. Par arrêt du 27 janvier 1873 (arrêt qui vient seulement d'être publié dans les recueils de jurisprudence), la Cour de cassation a consacré le principe fondamental posé par la Cour de Paris ; mais portant la responsabilité à ses dernières limites, elle a supprimé tous les tempéraments que la décision attaquée avait crus nécessaires. Ses solutions sont sur tous les points d'accord avec la doctrine qu'on a adoptée dans cette thèse, d'après M. Griolet. (Note sur l'arrêt de Paris D. P. 69. 2. 145.)

1° Le versement du premier quart doit être effectué en numéraire ou tout au moins en valeurs d'une réalisation immédiate et certaine (V. supra p. 84.)

2° Les règles concernant la constitution des sociétés par actions s'appliquent à l'émission de nouvelles actions. (V. p. 80. Résolu en sens contraire par la Cour de Paris.)

3° Les demandes en nullité et en responsabilité peuvent être formées par le syndic de la faillite au nom de la masse des créanciers. (V. p. 164, Cf. p. 127.)

4° Les fondateurs et administrateurs ne sont pas seulement obligés à réparer le préjudice causé ; ils sont responsables du passif. (V. p. 140 et suiv.)

5° Leur responsabilité s'étend même aux dettes contractées après leur démission ; comme le dit un des motifs, ils se trouvent substitués à l'être moral qui par leur faute ou leur négligence est reconnu n'avoir pas d'existence légale. (V. p. 141 et suiv. Résolu en sens contraire par la Cour d'appel.)

Ce serait s'avancer beaucoup que de croire la jurisprudence fixée d'une manière définitive, car l'arrêt n'a été rendu par la chambre civile qu'après partage et contrairement aux conclusions du ministère public. Mais on ne peut que faire des vœux pour que la Cour de renvoi, et à son défaut, les chambres réunies de la Cour de cassation, persistent dans la doctrine si juridique, si ferme et si salutaire dont l'arrêt du 27 janvier 1873 est le premier monument.

Un autre arrêt de la Cour de cassation a déduit la conséquence nécessaire de la responsabilité du passif en décidant que les actionnaires n'ont pas qualité pour invoquer l'art. 25 de la loi de 1863 (art. 42 de la loi de 1867), mais qu'ils ont droit de demander réparation du préjudice causé (art. 1382 C. civ., 44 L. de 1867) et que les administrateurs ou les fondateurs à qui la faute est collectivement imputable peuvent être, d'après le droit commun, frappés d'une condamnation solidaire. (V. p. 142 et 137.)

Les deux arrêts se trouvent dans Dalloz, année 1873, 1, 331 et 333.

POSITIONS

DROIT ROMAIN

I. Le copropriétaire qui a fait dans l'intérêt commun une dépense, qu'il ne pouvait faire pour partie, doit se faire indemniser par l'action *communi dividundo* ; il n'a pas l'action *negotiorum gestorum contraria*.

II. Les actions divisoires sont personnelles ; elles n'ont été appelées mixtes que sous le Bas-Empire, par suite d'une confusion entre l'adjudication et la décision du juge qui reconnaît l'existence d'un droit réel.

III. Les mots *indebiti soluti* dans loi 7. § 3. D. 10. 2. sont une interpolation.

IV. La lésion, si minime qu'elle soit, est une cause de rescision du partage extrajudiciaire.

V. La novation primitive du droit romain n'avait lieu que par stipulation *ejusdem debiti*.

VI. Le fisc pouvait attaquer par l'action Paulienne les actes de son débiteur qui avait seulement manqué d'acquérir.

HISTOIRE DU DROIT.

I. La Pragmatique de St. Louis est authentique.

II. L'auteur du recueil anglais intitulé Britton est inconnu.

III. La règle *donner et retenir ne vaut* doit son origine à des précautions prises dans la période barbare pour assurer le respect des contrats de donation.

DROIT INTERNATIONAL.

I. Un traité qui limite les forces maritimes d'un Etat dans des parages déterminés n'est pas contraire au droit des gens.

II. L'art. 420 C. pr. rend les tribunaux français compétents même quand le contrat est passé entre deux étrangers.

III. L'un des contractants ne peut décliner cette compétence, sous le prétexte que le lieu de son domicile, celui du paiement, et celui de la promesse et de la livraison étaient occupés par les troupes de son pays.

CODE CIVIL.

I. La loi qui attribue cours forcé aux billets de banque est d'ordre public.

II. Le mari ne peut exercer l'action en partage d'un bien dotal sans le concours de sa femme.

III. Aux termes de l'art. 800, l'héritier n'est privé *erga omnes* du bénéfice d'inventaire en vertu du jugement passé en force de chose jugée qui le condamne comme héritier pur et simple, que s'il a accepté cette qualité dans l'instance et non si elle lui est imposée par la sentence du juge.

IV. La réduction des donations faites par un conjoint à l'autre, s'il existe des enfants du mariage, est réglée uniquement par l'art. 1094, 2e alinéa.

V. Les sociétés civiles ne sont pas des personnes morales.

VI. L'art. 1912. 1° ne déclare pas le contrat de rente] résolu de plein droit.

VII. Le *debitum cum re junctum* ne suffit pas pour que le droit de rétention existe ; un texte exprès est nécessaire.

VIII. L'adjudication sur surenchère à la suite d'aliénation volontaire ne résout pas rétroactivement le droit du tiers-acquéreur, mais le transporte à l'adjudicataire.

PROCÉDURE CIVILE.

I. Le paiement fait par le tiers-saisi le libère envers son créancier débiteur saisi, mais le rend responsable envers le saisissant, même pour ce qui excède les causes de la saisie.

II. L'appel en garantie peut avoir lieu devant le tribunal français qui révise un jugement rendu à l'étranger.

III. La demande reconventionnelle qui dépasse le taux du dernier ressort rend le jugement susceptible d'appel, sans que l'intimé puisse objecter qu'elle n'est pas sérieuse.

LÉGISLATION CRIMINELLE.

I. La survenance en instance d'appel d'une amnistie ou même du décès du prévenu, bien qu'elle éteigne l'action publique, ne dessaisit pas la juridiction correctionnelle de l'action civile portée devant elle.

II. La publication d'annonces mensongères, en vue d'obtenir des souscriptions, faite en France par une société étrangère, est punissable aux termes de l'art. 15 de la loi du 27 juillet 1867.

III. Un acte arbitraire de l'autorité ne met un citoyen en état de légitime défense que si ses conséquences, ayant d'ailleurs un caractère de gravité suffisant, ne peuvent être réparées par les voies légales.

DROIT COMMERCIAL.

I. Les créanciers ont une action directe contre les commanditaires.

II. La législation actuelle ne permet pas les distributions d'intérêts aux actionnaires en l'absence de bénéfices.

III. L'action en restitution de remises indues, dirigée contre un commanditaire par les créanciers de la société, est commerciale.

IV. Les fondateurs d'une société anonyme, constituée en violation de la loi, et les membres du premier conseil d'administration sont solidairement responsables de tout le passif social.

V. La société en participation peut avoir pour objet une série d'actes divers.

VI. En cas de faillite d'une société, les obligataires ne sont pas fondés à réclamer la prime de remboursement qui devait leur être ultérieurement payée.

DROIT ADMINISTRATIF.

I. Une dépense ne peut être inscrite d'office au budget d'une commune qu'après une mise en demeure formelle adressée par le Préfet au Conseil municipal.

II. Un propriétaire peut réclamer devant les tribunaux civils une indemnité pour les travaux de fortification temporaire effectués en temps de guerre sur sa propriété, lorsque ces travaux rentrent dans un système de défense organisé en arrière du territoire ou opèrent les armées : peu importe que le département soit en état de siége, si l'état de siége est motivé par des raisons de sécurité intérieure.

III. Un propriétaire ne peut réclamer par voie contentieuse aucune indemnité pour les dégâts causés à sa propriété par des travaux de fortification, quand la mise en défense a eu lieu devant l'ennemi (art. 39. Décret du 10 Août 1853) ; il ne peut qu'obtenir un dédommagement dans les conditions prévues par la loi du 6 Septembre 1871.

4 décembre 1873,

Vu par le Président de la Thèse ,
A. VAUGEOIS.

Vu par le Doyen de la Faculté,
PH. JALABERT.
Nancy, le 5 décembre 1873.

Vu :

Le Recteur,
JACQUINET.
Nancy, 5 décembre 1873.

ERRATA.

Page 10, avant-dernière ligne, *au lieu de* : ordinaire, *lisez* : originaire.

Page 16, ligne 3, *au lieu de* : insuffisant, *lisez* : suffisant.

Page 29, ligne 28, *au lieu de* : de sociétés civiles, *lisez* : des sociétés civiles.

Page 52, ligne 9, *au lieu de* : instituteurs, *lisez* : institeurs.

Page 81, ligne 3, *au lieu de* : ces, *lisez* : ses.

Page 85, ligne 5 et suivantes, *lisez* : Il y a des effets qui équivalent à de l'argent comptant, les coupons échus de rentes sur l'État, ceux d'obligations ou actions de sociétés à l'épreuve, les billets de Banque (1), les bons du Trésor payables à vue. De telles valeurs...

Page 87, ligne 24, *au lieu de* : les appréciations, *lisez* : ses appréciations.

Page 91, au bas de la page, *au lieu de* : s'est élevée une grande difficulté, *lisez* : s'est élevée une grave difficulté.

Page 122, ligne 29, *au lieu de* : au minimum, *lisez* : au-dessous du minimum.

Page 126, ligne 26, *au lieu de* : du conseil de surveillance, *lisez* : du premier conseil de surveillance.

Page 133, ligne 27, *au lieu de* : clause de dissolution, *lisez* : cause de dissolution.

Page 140, à l'avant-dernière ligne, *au lieu de* : Par l'art. 27, *lisez* : Par l'art. 44 (art. 27 de la loi de 1863.)

Page 141, lignes 1 et 2, *au lieu de* : L'art. 12, *lisez* : L'art. 42 (art. 12 de la loi de 1863.)

Page 155, ligne 23, *au lieu de* : sequalur es, *lisez* : sequa'ur res.

Page 168, ligne 9, *au lieu de* : gation, *lisez* : gestion.

Même page, même ligne, *au lieu de* : 08, *lisez* : 65.

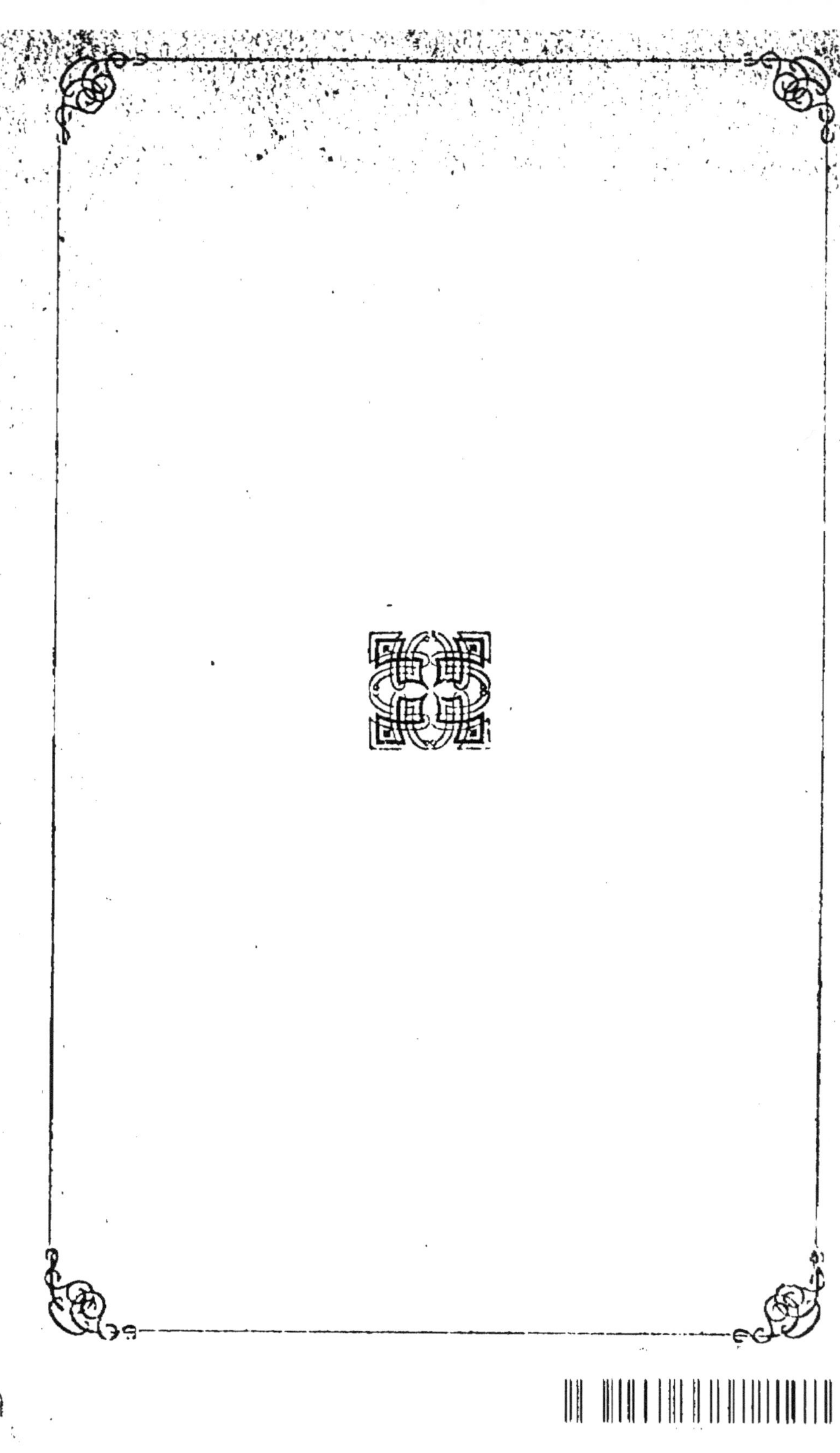